海外遊学紀行

小谷 匡宏
Odani Tadahiro

はじめに

海外旅行は私のエネルギーの源であり、私の人生そのものと言ってもよい。

28歳の時初めて海外に飛び出して得がたい経験をした。以来71歳の今まで、ちょうど50回、海外に出かけ、滞在日数は686日になる。行った国の数は84ヶ国。

一人旅が多かったが、60歳の時、生きるか死ぬかの大病をしてからはツアーに参加することが多くなった。金さえ出せば苦労なしに目的地に連れて行ってくれるのでありがたいし、ブータンやコーカサス、南米のピラミッドめぐりや、マチュピチュにも行けた。ツアー旅行もそれはそれで楽しいのだが、一人旅こそ旅の醍醐味である。旅先で頼れるのは自分だけである。全てを自分の責任で行う。厳しい体験をすることも多いのだが、そんな時にこそ、根性が磨かれる。海外旅行と人生は似ている。

社長から会長になってカネと時間にやや余裕ができ、人生を振り返ってみることにした。幸い、全ての旅行に日記があるので、それをもとに綴ってみた。

旅の多くは好きなアールヌーヴォーの取材のためだったが、それ以外の成果があった旅も多い。

初めての海外旅行記を読み返してみると、酒ばかり飲んでいたようだ。

あくまで私的な遊学の旅なので、縁あってこの本を手にされた方、どんどん読みとばして下さい。

初めて海外に行った頃の私

目次

Ⅰ　三度目の世界一周はビジネスクラスで　7
平成28年（2016）11月29日～12月13日

Ⅱ　東欧への旅　77
オーストリア・チェコ・ブルガリア・ルーマニア
平成14年（2002）5月4日～5月17日

Ⅲ　湾岸戦争に遭遇　129
トルコ・ギリシャ
平成3年（1991）1月12日～26日

Ⅳ　初めての海外旅行は世界一周　171
昭和49年（1974）6月20日～11月17日

I

三度目の世界一周はビジネスクラスで

平成28年（2016）11月29日～12月13日

アールヌーヴォー本の追加取材に大金投入

私は２０１６（H28）年9月末をもって、株式会社になって37年、その前の個人企業から通算すると43年に及ぶ小谷設計の社長を退任し、代表権のない会長になった。経営に対する責任が激減し、恐ろしくヒマになった。そして、フトコロにも多少余裕ができたので、今までにやったことのないぜいたく旅行〈ビジネスクラスで世界一周〉にトライすることにした。

コトの始まりは、いま作っているアールヌーヴォーの本の記事のうち、アルゼンチンだけが未取材で、いくつかの建築があることがわかっていながら、これはもうあきらめて今回まで取材した国だけで出版しようと思っていた。が、妙に心残りで、この機会に無理してでも行ってみようと思い立ったのだった。

アルゼンチンは遠い。日本からいうとまるで地球の裏側にあって、乗り継いで行って、最低飛行機の中で二晩寝ることになる。HISで往復の旅費を調べると、20万円で意外と安い。でも、遠いからビジネスクラスでと考えたら、何と往復100万円かかるという。

しばらく考えて、かねてより読んでいた「世界一周の本」を思い出し、HIS、近畿日本ツーリスト、日本旅行などに次々に電話したが、世界一周の切符は取り扱っていないという。困ってJALに電話したらOKで、行程を言うと計算してくれて93万円だという。ANAにも電話したら83万円でだいぶ安い。ビジネスクラスで旅行すると、マイルがたまって東南アジアくらいならタダで往復できるらしい。かねてよりマイレージカードを持っているANAで行くことにした。

「世界一周の本」ではANAが属するスターアライアンスメンバーのチケットは65万円くらいと書いてあったが、燃油サーチャージや空港税がついて83万円になるそうだ。一生に一回ぜいたくしようとビザカードで83万円振り込んだ。こちらにもポイントが付くので、現金で払うよりお得だった。

最大の目的はアルゼンチンのブエノスアイレスだが、アールヌーヴォーの本の中で、アメリカのフランク・ロイド・ライトとルイス・サリヴァンの写真が今一つなので撮り直したい。シカゴに行けば、この二人が設計した建物の写真が撮れるので、まずシカゴから始めよう。

そして、アルゼンチンへ飛び、さらにヨーロッパへ行く。ルフトハンザでフランクフルトに行けば、ルートヴィヒ大公の造ったダルムシュタット芸術家村にもう一回行ける。

さらにチューリッヒ経由でベルンに行けば、初めての世界一周で行ってすごく良かったところだったのに、そのアルバムが失われてしまい心残りだった。もう一回、写真が撮れる。

最後は、ハンガリーだ。昨年4月に行ったのに鉄道の延着で行けなかったペーチに行く。そこでは、ジョルナイ工房の焼き物を見る。ブタペストではホテルゲレルトに泊まり、その写真を撮る。昨年行って1㎞も離れていないところに泊まったのに他の写真を撮るのに忙しく、日本で写真を整理したらホテルゲレルトの写真は前に行った時の雪の中の写真しかないことがわかり、ぜひもう一回、正面の写真を撮り直したい。また、カーロイコーシュの住宅団地の写真を撮りたい。

16泊17日の行程の中で、機内で4泊する。残りの12泊で、これらの写真をすべてクリアしたい。という訳で、今回の旅に出かけることになった。

成田→シカゴ　11月29日　曇り、晴

昨夜は埼玉県高麗川市の友人宅で泊まった。

6時半起き。朝食もおいしかった。二日酔いなし。足も痛くない。

9時46分のバスで駅へ。高麗川→川越→池袋→東京→千葉→成田→成田空港と乗り換え、四時間で着いた。しかし出発まで四時間ある。

Check in（チェックイン）はさすがビジネスクラス、早い。丁寧。

両替、ドル2万円　スイスフラン1万、ハンガリーフォリント2万。

ＡＭＥＸにつかまり、時間つぶしにてがう。結局ゴールドに入ってしまった。多く使うと特別にマイルがたまるらしい。年会費3万円。

あと一時間、ラウンジでゆっくりする。

ユナイテッド航空のラウンジはめちゃくちゃ広く、たくさんの人がいるので聞いてみると、ビジネス、ファーストの他に会員がＯＫとのこと。飲み物や軽食、色々フリー。トマトジュースにウォッカを入れて二杯頂く。四時間もあった待ち時間だったが、両替したりＡＭＥＸと話したりして、ラウンジの利用は少なくて済んだ。

ユナイテッド航空882便は17時40分発、座席は6Aで窓際、隣のオジさんは半ズボンだ。十時間半でシカゴにつく。座るとすぐに、「サムシングドリンク」「シャンペンプリーズ」。機は珍しくボーイング747だった。古いが、787よりは安心だ。席は測ってみると70cm×150cmで1㎡ある。フルフラットになる。高知→羽田間の737は49cm×73cmで、0.37㎡しかなかった。

初めての長距離のビジネスクラス。やっぱり良い。食事も良い。メインは西京焼だった。隣の人の食べているポークステーキは巨大。おでん風のも出る。

窓からは、ロッキー山脈の雪が見えた。

ユナイテッド航空では高校で同級生だった森木房江（旧姓岩村）さんが今もキャビン・アテンダントをやっている。元はパンアメリカン航空だったが、会社が無くなりユナイテッドに移った。高知からハワイへ通勤する「超長距離通勤する女性」として有名な人だ。ユナイテッド航空には「体重制限はあっても年齢制限はない」と言っていたので、まだまだ飛び続けるだろう。機内には日本人のC・Aがたくさん乗っているので、ひょっとして彼女の姿を探したが残念ながらこの機には乗っていないようだった。

シカゴの上空まで来たら、ダウンタウンの摩天楼を理想的に見えるように飛ぶ。カメラが棚にあって写真が撮れない。一生の不覚。海沿いの一角だけにビルがニョキニョキと建っている。他は、低層の住宅が恐ろしく多く、規則正しく並んでいる。

横になれたのでよく眠れて、到着は早く感じた。14時20分、シカゴ到着。三度目だが20年ぶりくらいか。

エスタを登録してあるが色々聞かれる。両手の指紋をとられた。市内へはCTA（高架鉄道と地下鉄）で。三日間通用のチケットを買う。20ドル（2200円）。市内まで四十五分かかった。

CTAのLAKE駅を降りると、そこは摩天楼のど真ん中。川を目指して歩く。いきなり、巨大なマーチャンダイズマートが見える。シカゴ川は幅が狭い。マリーナシティがある。隣がIBMビル。そしてその隣が話題のトランプ・インターナショナルホテル＆タワー。高い、92階建て、415m。シカゴのタワーは下の方の10階ぐらいが駐車場で、上の方がオフィスやホテルや住居になっている。マリーナシティは40年以上たっても輝きを失っていない。

予約したダブルツリーホテルは意外に遠く、だいぶ歩いた。ジョンハンコックタワーのすぐ近くにあった。途中、道を聞いたら日本人で、タブレットで探してくれ、ホットドッグを半分くれた。Double tree HOTEL はヒルトンの経営だった。24階建ての20階。部屋は広い。2泊で6万円。シカゴはホテルが高いが他にないので仕方ない。日本で予約してきたので安心。500室ある。

トランプ・インターナショナルホテル＆タワー

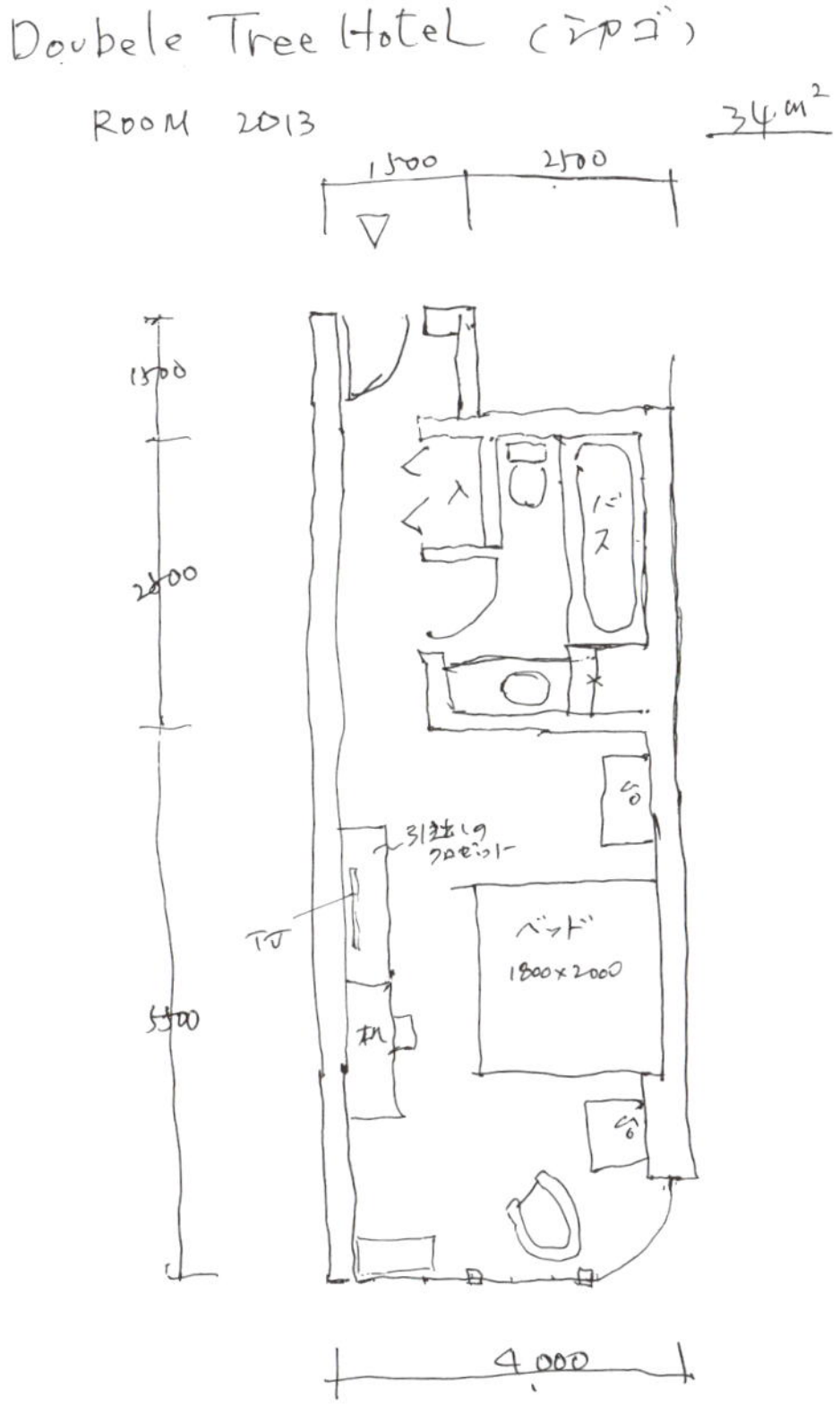

部屋食　マッシュルーム、ビーンズ、もらったハンバーガー、白ワイン

風呂に入った後、外に出る。すぐ近くにホール・フーズ・マーケットという大きな自然食品の店があって、覗いてみる。野菜が詰め合わせできるのでレタス、スパゲティ、グリーンピース、トウモロコシ、マッシュルームを買う。あと、水と白ワイン。全部で24.3ドル。ワインはニュージーランドのソービニオンブラン、軽くておいしい。つまり夕食は部屋で、野菜ともらったホットドッグとフロントがくれたクッキー。上等でした。明日は近くにあった味噌ラーメンか。ベッドは4㎡もありよく眠れた。おしっこが良く出る。

早起きして日記を書く。部屋のファンの音がうるさい。

シカゴ

11月30日、良い天気なので、8時半ごろから出かける。まず、サリヴァンのカーソン・ピリー・スコット百貨店。地下鉄のレッドラインですぐ。地上に上がるとヒルトンホテルの1500室があり、その隣だった。太った中年のおばさんが座りこんで乞食を始める。「私は40セント必要。どうぞお恵みを」とくり返す。

カメラがよくなったので、サリヴァンの装飾がよく撮れる。店も開店していて、中に入る。ベーカリーがあってたくさんの人が朝食をとっている。私もドーナツ一個とコーヒー（大）を頼む。4.5ドル。コーヒーがとてもおいしくたっぷり。ドーナツも歯応えがあってうまい。トイレもきれい。ゆっくりした後、もう一度写真を撮る。コンパクトカメラでもその場で確認できカシオ、ソニー共に広角、望遠なのでうれしい。

十分満足して、次は同じくサリヴァンのオーディトリアムビル。今はルーズヴェルト大学になっていて、超高層の校舎も増築されている。エントランスに入れて、写真も撮れるのでジャンジャン撮る。大階段が美しい。サリヴァン特有の装飾が一杯。床はモザイクタ

カーソン・ピリー・スコット百貨店の装飾　設計：ルイス・サリヴァン

イル。良い写真が撮れる。しかし、それ以上中には入れてくれない。次は外観。前がミレニアムパークで、引きがありうまく収まる。隣のビルも良い。シカゴの高層ビル群がよく見える。

もう一回中に入って、トイレを頼むと2階にあり、女性の守衛がチェックインしろと言ってIDを調べ、入館を許可してくれ、10階のライブラリーに行けという。図書室になっていて静か。ロビーからミシガン湖がよく見える。ダイニングルームが大きくきれい。このビルは劇場、ホテル、オフィスなどの大きな複合ビル。この場所はホテルだった。大きな本が置いてあり、このビルの元の図面がたくさん載っている。

トイレを済ませて、ゆっくりする。学生達が静かに勉強している。オーディトリアムビルの中に入れて、今回の旅の目的の半分は終わったと感じた。本当にラッキーだった。

午後は曇ってきた。14時前からグリーンラインに乗り換えて、オークパークへ。駅が16もあるが、三十分かからない。駅を降り少し歩くと、ライトのユニティ教会。

オーディトリアムビル大階段

オーディトリアムビル（現ルーズヴェルト大学）

オークパークのリス

修復工事中。工事が遅れたようだ。外観の上の方だけを撮って次へ。インフォメーションを冷やかしてから、ライトの住宅群へ。一本道の両側にたくさんある。どの家も敷地が広く大きく、道からセットバックし、芝を張ってある。住宅は大小あり、いずれも大きな樹に囲まれて落ち着いた雰囲気。車は奥の方に停めるようだ。トーマス邸やヒュートレイ邸のようにプレイリースタイルがあるが、パーカー邸やゲイル邸のようにコテージ風のもある。中でもテューダー様式のムーア邸が良かった。ちゃんとライト風のマヤの装飾もついている。

お目当ての建物は一番奥の角にあるライト邸とスタジオ。隣合っていてそれぞれに入り口があり、黒っぽい外観を見せている。ライトらしい直線を多用した建物で、ペリカンの装飾がとても良い。家の前の道路が工事中でちょっぴり残念。

ツアーに入らないと中に入れないので断念。ちょっぴり覗く。大きくない建物群だが、しっかりした構成で外観のシングル葺の壁もなかなか良い。センスを感じさせる。

ショップがあり、ライトの作品集が本当にたくさん並んでいる。作風も変わっていったので、たくさん出ているのだろう。ライトの設計は950と聞いていたが、実際は638で、完成したのは約400という。私より少ない。でも、私よりうまい。

ムーア邸（オークパーク）

ペリカンのレリーフ

ロンドン近郊のレッドハウスを見に行った感じだったが、それより近くて楽だった。足は少し疲れたが、問題はない。中谷先生に出会ってよかった。ヒザが調子よい。

二時間くらいでライトのたくさんの作品を見て楽しかった。まさか、オークパークに来れるとはね。でも、ユニティ教会は残念。行き帰りのCTAはそれほど混んではいないが殆どが黒人で危なくてしょうがない。変なのも寄ってくるし、気が抜けない。CTAを乗り継いで16時半にはホテルに帰りついた。雨も少しパラついた。たった一日で大戦果。100％目標達成。昨夜ファンの音がうるさかったので部屋を変えてもらう。2013から2202へ。同じ角部屋で反対側、静かでうれしかった。ちゃんと言うべきことを言ってよかった。

すぐ近くの「牛角」でラーメンを食べる。12ドル、チップetc込。ピリ辛で、カルビが多く入っていて、うまい。頭にびっしょり汗をかいた。隣は中国人。若い女性の客が多い。牛角の前のミソラーメン屋も客が多く入っていた。

昨夜に続いてホールフーズで野菜と水とワインを買い、部屋で食べ飲む。ニュージーランドのソーヴィヨンブランは軽くて本当にいける。マッシュルームとビールも最高。一本あけて、

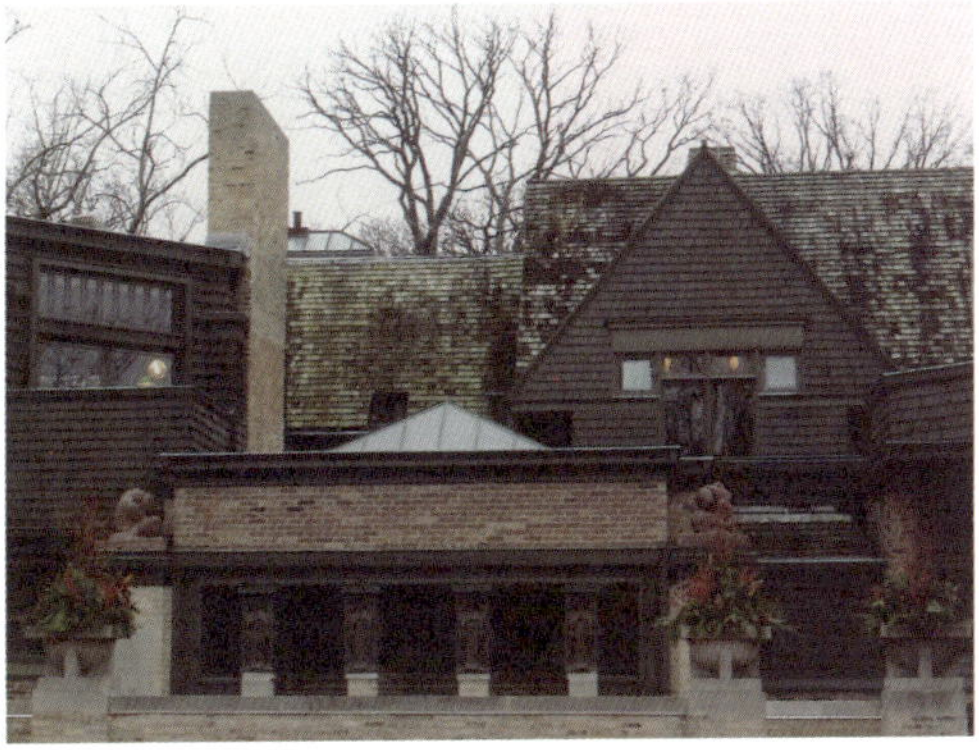

ライト邸（右）とスタジオ（オークパーク）

いつの間にかイスで寝ていた。今日の戦果大、作る本の値打ちがまた上がった。

交通費とホテル代以外は本当に金がいらないな。

シカゴ → ブエノスアイレス　12月1日(木)

朝方起きて、風呂、そして日記。そしてまた寝る。部屋が静かなのでよかった。8時に起き、どやこやして9時から近所の散歩、チェックアウトが12時なので、それまでに朝食を済ませるのだ。

シカゴ川まで歩く。やはりトランプタワーが存在感大。さすがSOMの設計。新しいアクアという女性建築家設計の超高層アパートを始め、有名ビルがぎっしり。一周りして、ホテル近くのダンキンドーナッツでバーガーとコーヒー。うまい、コーヒーの量、大。10時にホテルに帰り、12時にcheck out。CTAで空港に向かう。

シカゴは寒い。初日はそれほどでもなかったが、昨日は寒かった。今日はもっと寒い。5℃くらい。それで25℃も高いブエノスエイレスへ行くのだから大変。

相変わらずアメリカは異常に太った人がたくさんいる。特に女性に多い。シカゴは黒人がとても多い。

空港には午後1時に着く。ユナイテッド航空の専用ターミナル、check inがすべて機械。機械がたくさんあるエコノミーの方が並ばないので早い。

ここも大きなラウンジがあるが、アルコールが有料。やむなくコーヒーとパン、野菜だけにする。朝日新聞と日経があったので、隅から隅まで読む。

出発の予定は17時30分、ヒューストン行き。ヒューストンでの乗り換えが九十分しかないのに、出発が一時間以上遅れる。イライラ、ヒヤヒヤするが、係員に聞くとableという。ヒューストンまでもアルコールが出たが、コーヒーのみにする。ヒューストンには出発時刻の十分前に着いたが、ゲートがE4に着き、隣のE5ゲートから出発だったのでギリギリだが間に合った。車イスの人達が数人いて、それに手間取っていたのも幸運。

ヒューストンからブエノスアイレスはB777。一瞬B787と思ってヒヤッとしたが、777でよかった。日本語のテレビがあった。夕食は鴨のローストの後、「ショートリブ」牛の煮込み。ボリュームもありうまかった。アテンダントがシャンペンをやたらついでくれ、遠慮なく飲んだ。嬉しかった。酔っ払った。

ブエノスアイレス到着　12月2日(金)　快晴

アルゼンチンに着けば通算81番目に訪れた国となる。

席がフルフラットになりゆっくり寝られるので、ビジネスクラスは本当に楽。10時45分、ブエノスアイレス到着。快晴。やはり暑い。30℃くらいある。

イミグレーションはスムースに出たが、なんと両替が大変。空港の隅の方に一軒だけ国営銀行の支店があり、長蛇の列。両替に一時間かかった。この非効率は何だ。ガードマンに警察もいる。街ではぼろぼろの札があるのに、20ドル札が汚れていると言って替えてくれない。210ドル交換して3286ペソになった。初め物価が高いと感じたが、半分なら安い。1ペソは約7円。ガイドブックには13円とあるので、約半分。

空港バスは快適。200ペソ（1400円）で市内（チェントロ）まで行き、あと車でホテルまで送ってくれる。ホテルはNHグリジョン。パリのクリヨンと同じ名前の四つ星ホテル。ジュニアスイートで広いが、中庭の部屋だったので表通りに変えてもらう。これで気分が三倍よくなった。ホテルマンが親切で、目当てのアールヌーヴォーを探してくれる。四か所見つけてくれたので、15時頃から早速歩く。

地下鉄があるので、それに乗れば早いのだが、「まずは見物」と歩いたので、遠い遠い。途中、面白い建物を見つけた。これはよかった。足も痛い、暑い。

最初に行ったのは、スペインクラブ。資料の写真では想像もつかないくらい凝っていて良い。日

スペインクラブ　右・玄関（ブエノスアイレス）

光が強すぎて写真が白けてしまうが、実は影の部分に装飾がたくさんあり、美しいのだ。内部も良い。守衛が入り口から中を撮らせてくれた。この建物はルーマニアのオラデアあたりと比べても負けない。来て良かった。1階にレストランがあり、良さそうなので帰りに寄ろうと思って寄ってみたが、クローズだった。夜は8時からだという。

さて、お目当ての百合の館へ歩く。遠い。途中、チリホテルがあって、これで気分がまぎれた。これは中級。リヴァダヴィア通りの900番くらいから2031番まで歩く。100番で一ブロックだ。近づいて来ると足の痛さも忘れ、歩行が早まる。

オルテガの百合の館、これが一番有名。モルタルで百合をデザインした外観で、パリのラヴィロットのセラミックホテルを思い出す。しかし、モルタルのみで安く上げており、良い発想だ。隣に面白い建物があり、屋上にガウディの竜の門がある。さらに三人の男のモニュメントもあり、建物は奇妙だが面白い。ガウディのカサ・バトリョとカダファルクのカサ・アマトリエルの「不協和音の通り」と対比されるかもしれない。帰って調べてみると、「夢に不可能はない」と書いてあり、建物の名前は「尊敬するガウディに捧げる」だった。

三軒見つけた。あと一軒は発見できず。疲れた。TAXIをつかまえ、スペインクラブへもう一回行って、ホテルへ帰る。ブエ

百合の館（ブエノスアイレス）

ノスアイレスは日本とちょうど十二時間違い。

あまりに疲れてビール一本飲んで（これが冷えていてうまい、ハイネケン）うたたね。晩飯を食おうと外に出たが、今ひとつ好みの店がない。この国は夕食が8時くらいからと遅いので、まだ早いようだ。所々に、若者がたくさん集まってビールを飲んでいるビアホールがある。結局、ホテル前のレストランでサンドウィッチをテイクアウトし、酒屋でビールとワインを買って部屋で夕食にする。

サンドがあまりに巨大、中のポークステーキが二人前くらいある。かなりうまい。ビールがしみる。付け合わせのポテトスライスは揚げすぎ、ワインと思ったものはベルモットだった。これもまあいける。大満足の夕食だった。

ホテルは広く、静か。シャワーの湯が大量に出る。疲れて寝て、4時頃起きて日記を書く。半日足らずで半分の建物を見て満足なので、切り上げてヨーロッパへ行くことも考えたが、もう二度と訪れることはないブエノスアイレスを4泊で堪能しよう。物価も1／2になったことだし。

ガウディの竜の門もレプリカ（ブエノスアイレス）

12月3日(土)　快晴

朝、日記を書いたあと、もう一度寝たら気持ちよくて9時頃まで寝てしまう。疲れを回復していたのだろう。それから朝食。ブエノスアイレスの夕食は8時からあとなので、朝食も遅く、人でいっぱいだった。中年の男女が多かったが、まだアルゼンチンに来て、一人も美人に出会っていない。

スイカ、メロン、キウイ、オレンジがうまく、特にメロンが甘かった。肉系は数種類のハムのみ。パンの種類がやたらと多い。

10時頃から出かける。昨日は二万歩近く歩いたので今日はTAXIにする。TAXIはたくさんいて、安い。昨日見つからなかったカーサ・ムーション百貨店へ。これはネオバロック的というべき建物だが、ガラスのカーテンウォールが近代へ向かうデザインとしてアールヌーヴォーに入っているのだろう。それから歩いて、リーオバンバ通り1175番地の集合住宅へ。八ブロックも歩いた。遠かった。フランス生まれのパブロ・パテル

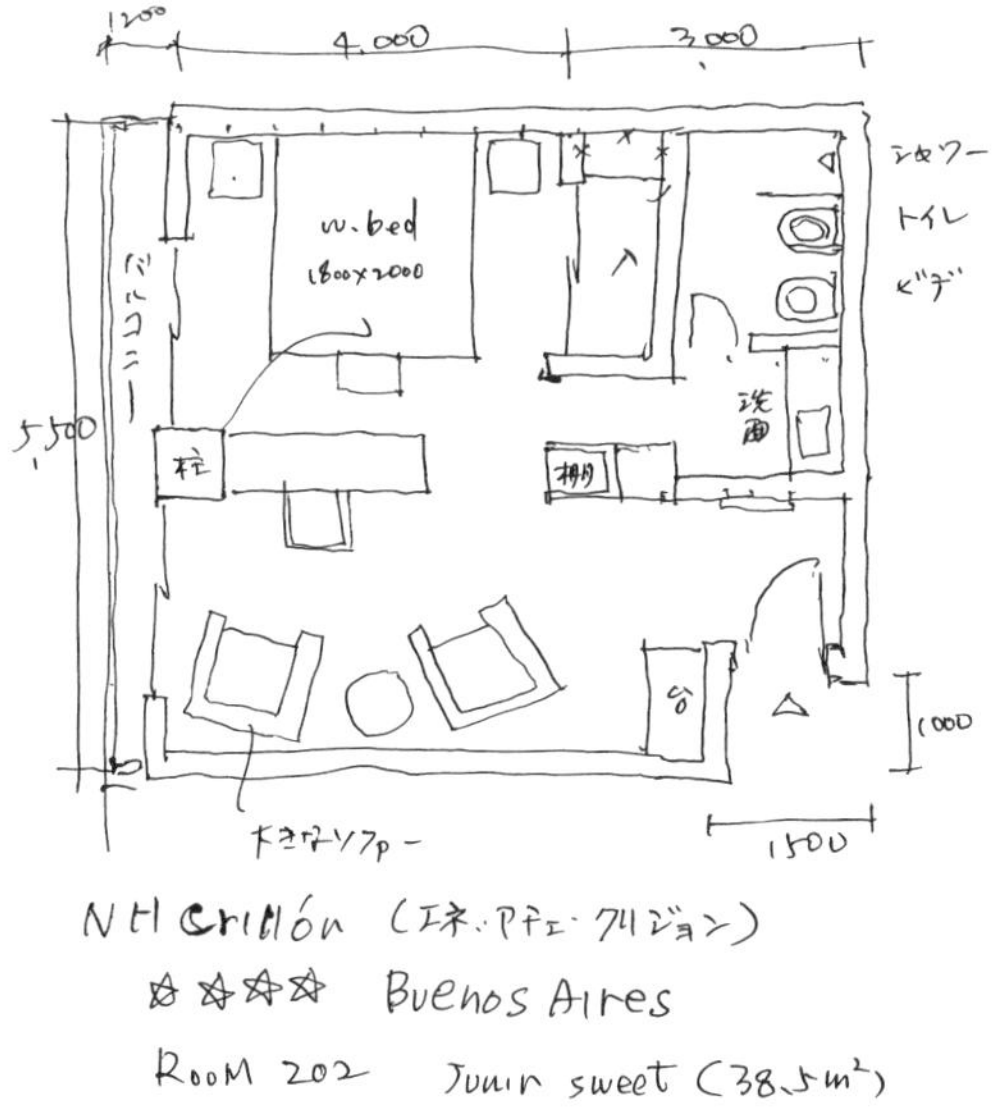

舌平目のグリルとアスパラガスのチーズ焼き

の作品で、大きい。そして、ギマールの自邸を彷彿とさせる建築、石の外観に鋼鉄のバルコニーの手摺りが美しい。1階に良いカフェがありコーヒーを飲む。付け合わせの水もレモンスカッシュ風でうまい。トイレを催して二回入った。よく出てお腹がすっきりした。

いったんホテルに帰り、スペインホスピタルの場所を確かめて、また出かける。昨日と同じような方向。TAXIを降りてすぐはわからなかったが、一ブロックを歩くとなにやら怪しい建物が。これだ。古びて使われていないが、これこそアールヌーヴォーの建物だ。建築家はフリアン・ガルシア・ニューネス。ブエノスアイレス出身で、バルセロナでドメニクに学んだ。ドメニク流の形態と装飾が見事だ。修復されれば重要文化財の建物になる。これは写真では紹介されていない、大発見だ。ただ太陽が真上にあって外観はどこも影ばかり。朝来たらいいのかもしれない。

大満足でホテルへ帰ろうとTAXIをつかまえたが、かなり走ってからスペインクラブの前を通る。どうやらホテルと反対方向へ走っている。信号でストップさせて降りる。ちょうど12時過ぎで、レストランが開いていて入る。大きなホールに、客は私を含めて四組。メニューを見てSole(舌平目)のグリルとアスパラガスのチーズ焼きを頼む。そしてビール。Soleは単に焼いただけで、オリーブオイルとレモンと塩、こしょうの味付け。逆にアスパラガスがとてもうまかった。量も多い。昨日写真を撮ろうとして怒られたが、客なのでどんどん写真を撮る。大いに満足してTAXIでホテルに帰る。

これで八つの資料のある建物のうち六つを見つけた。あと二つだ。フロントで聞いたらコロンボの名前でネットにあり、場所を特定。フロントの兄さんは優秀。まだ2時半なのでまたTAXIに乗ってでかける。

地図で見ると八つの建物はほぼ一直線上にあり、歩くと遠いが、TAXIならかなり近い距離。何度も何度も同じ道を走ったので、かなり地理を覚えた。コロンボのカリセ邸は大きな集合住宅。なんとコロンボはミラノのソマルーガの弟子だという。どおりで、師の邸のように裸の婦人像と子供の彫刻がたくさんある。そして師に勝るとも劣らぬデザインの暴れぶり。楽しめた。

そして最後の孔雀邸へ。少し遠いのでTAXIに乗る。運ちゃんが道を間違えてしまい、こっちが教えて元へ戻る。メーターを倒してなくて、アーア。20ペソ(140円)渡して降りた。

写真を見せて建物の場所を聞くと目の前だった。こんなことはよくある。孔雀邸の前にかなりいける建物があり、HOTEL　CARAYとある。今は使われていないが、カーサムーションよりよっぽどアールヌーヴォーだ。

さらに目当ての孔雀邸の隣で2階建ての「私の方がアールヌーヴォーよ」という建物がある。形態はアールヌーヴォーの原則に従ったものでかなり良い。ただ、壁がいくつかの原色で塗られていて品がない。おまけにSONYの

孔雀のレリーフ（ブエノスアイレス）

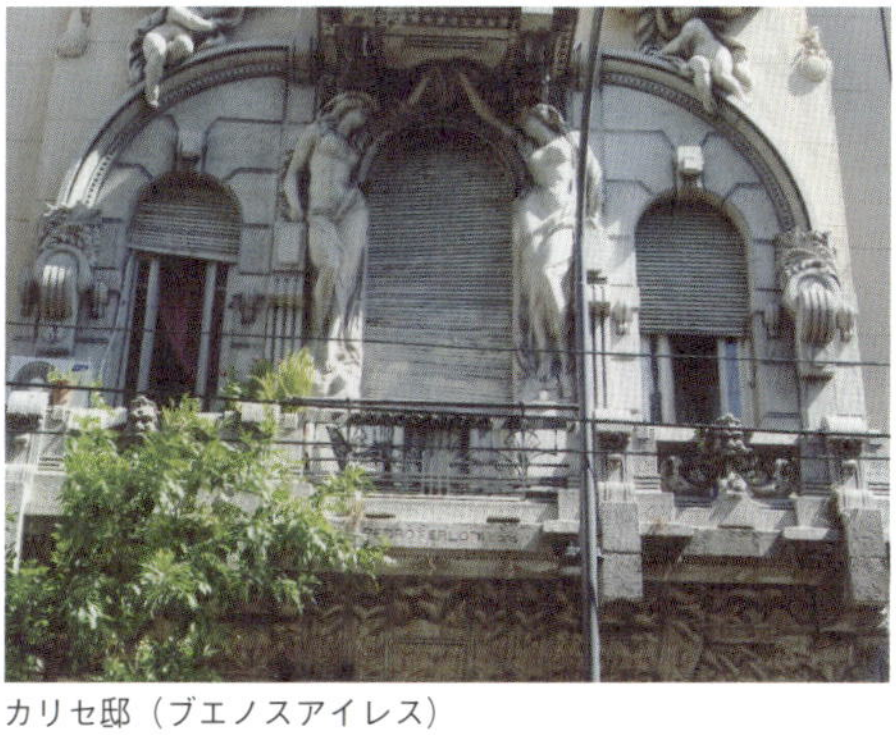
カリセ邸（ブエノスアイレス）

方のカメラがＰＯＰになっていて真っ赤に写っている。笑ってしまった。

さて、孔雀邸はコロンボの代表作として評価が高い。一見するとロマネスクとゴシックとイスラムの混淆のようだが、細部を見ていくと装飾タイルが美しく、向かい合った孔雀のレリーフが四対並んでいて印象的。全体に装飾も手が込んでいて、よく見たら秀作。

たった二日間で同じ所を行ったり来たりしながらも、八つの建物と、資料にはないかなりいけるアールヌーヴォーを五、六軒見つけた。一旦は本に載せることをあきらめていたブエノスアイレスだったが、来て良かった。これで来年春刊行の『アールヌーヴォーの残照』が完全なものになる。

100％満足してＴＡＸＩでホテルに帰る。今日何度目のＴＡＸＩだろう。運転手がペルー人の若い人だった。

ホテル前の酒屋でシャンペンと水とビスケットを買い（150ペソ＝１０５０円）、部屋で楽しむ。今夜は達成感が高い。シャンペンとビスケットが同時になくなって、これで今夜の食事は終わり。

ブエノスアイレス　12月4日（日）　晴

今日は日曜日なので人通りは少ない。朝食は7時半頃、フルーツ中心の簡素な食事。

フェリーでウルグアイのサクラメントに行くつもりでＴＡＸＩに乗る。港まで100ペソ。

フェリーは出発まで一時間待ちで、たくさんの人。行きは良いのだが、何と帰りは21時15

分しかないという。真夜中になるではないか。再確認して、中止。驚いたのはタイムテーブル（時間表）の表示がないことだ。聞いたら、係員でもコンピューターのキーを叩かないと答えられない。ウルグアイまでフェリーなら高速船でたった一時間なのに。惜しいところで82番目の国に行くことを逃してしまった。

こんなところが国民性なのか。しばらく、フェリーターミナルや船を見る。乗客達の服装も質素で、相変わらず美人不在。スペインから1200万人も移民してきたというのに、よほど下層階級の人が来たのか。スペインならエキゾチックな美人がたくさんいるのに。

TAXIでホテルまで戻る。帰りは50ペソ。一方通行が多いので、多少の誤差はわかるが2倍はないだろう。行きのメーターが途中で急に上がったと思ったが、やはりやられた。この国のタクシーは客が乗ると、みんな音楽をかける。それがサービスだと思っているらしい。やかましいのだ。

ホテルに帰ってついでに「9月5日大通り」まで歩く。札幌や名古屋などの100m道路より広い。道路の中に森がある。歩いて腹が減った感じになり、ホテルでもう一回朝食をとる。今朝発見したスクランブルエッグとソーセージを食べる。ほとんどノーチェックなのでゆっくり食べられた。この国の人は夕食が遅いので朝食も遅い。11時までモーニングタイムだ。

エスプレッソを優雅に飲んで部屋に帰る。ハチミツがうまかった。さっき気付いたが、ホテルの下がスターアライアンスメンバーのユナイテッドのオフィスだ。ブエノスアイレスの目的が二日で達成されたので、席があれば一日早くフランクフルトへ出発したい。今日は日曜なので明日トライしてみよう。

午前中に二軒廻って本屋に行くつもり。本屋は日曜なので12時Ｏｐｅｎ。それに合わせてＴＡＸＩで11時出発。まず百合の家へ。初日より時間が早いので太陽の角度が少し違う。カメラのモードをＰＯＰモードにして撮る。一昨日より良い写真が撮れた感じ。外壁の百合の化粧はやはりモルタルだった。叩いてみてわかった。そして別のＴＡＸＩでスペインホスピタルへ。こちらは北西に陽が当たっている。やっぱり南半球だ。ＳＯＮＹのモードを変えて撮って明らかに鮮やかになった。こちらは古びて黒ずんでいるだけ、装飾タイルが美しく写る。

満足してそろそろＴＡＸＩを拾おうかという時に背中に何か感じた。この街はクーラーの水がしょっちゅう上から落ちてくるので、それかと思ったが違う。汚物らしい。鳥のふんとも思ったが。

一人の婦人が笑いながら寄ってきて、えらく親切にふいてくれる。そうするともう一人の中年の婦人も寄ってきて、ティッシューをくれたりする。あまりにしつこいのでオカシイと思い、警戒して「もういい」と離れる。その間、妙に足にさわったりもした。二人が信号を渡り切るのを見届け再び写真を撮り始めた時、いきなり30歳

スペインホスピタル

くらいの男が背後からズボンのポケットに手をつっこんで財布を抜き取り、信号を渡って逃げた。

ヤラレタ！　ヤバイ！

私は「ウワア」と大声で追っかける。70ｍも追っかけたろうか。昔なら負けないが、今71歳でしかもヒザが痛い。のに、よく頑張って走った。「ウワア」と叫び続けたのが良かったのか、男は財布を道路に投げ捨てた。私はあわてて止まり、そのはずみでコケて左手小指を多少痛めて血が出た。肩も少し痛い。財布の中を確認するとクレジットカードが入っていて、そのままである。ＶＩＳＡのゴールドカードがなくなるとメンドクサイ。ホッとした。キャッシュは見事にない。１５００ペソと100ユーロだけしか入ってなかったので、２万円くらいの損害。

今まで700日近く外国で生活したり旅行したりしているのにこういう被害はめったにない。ベトナムに続いて二回目の被害。ベトナムでは100ドル札を一枚やられた。結局のところ2万ほどなくなってしまっただけ、それで済んで良かった。最近、コロンビアで一橋大学生が携帯をとられて、追っかけて撃たれて亡くなったことがあった。私はとてもラッキーだとも思える。ずいぶん親切なヒッタクリさん。ありがとう。感謝します。

建物の写真を撮っていると良い建物ほど無防備になるものだが、よほど間抜けに見えたのだろう。それとも金持ちに見えたのだろうか。とりあえずペソが一文無しになり、計画

スペインホスピタル

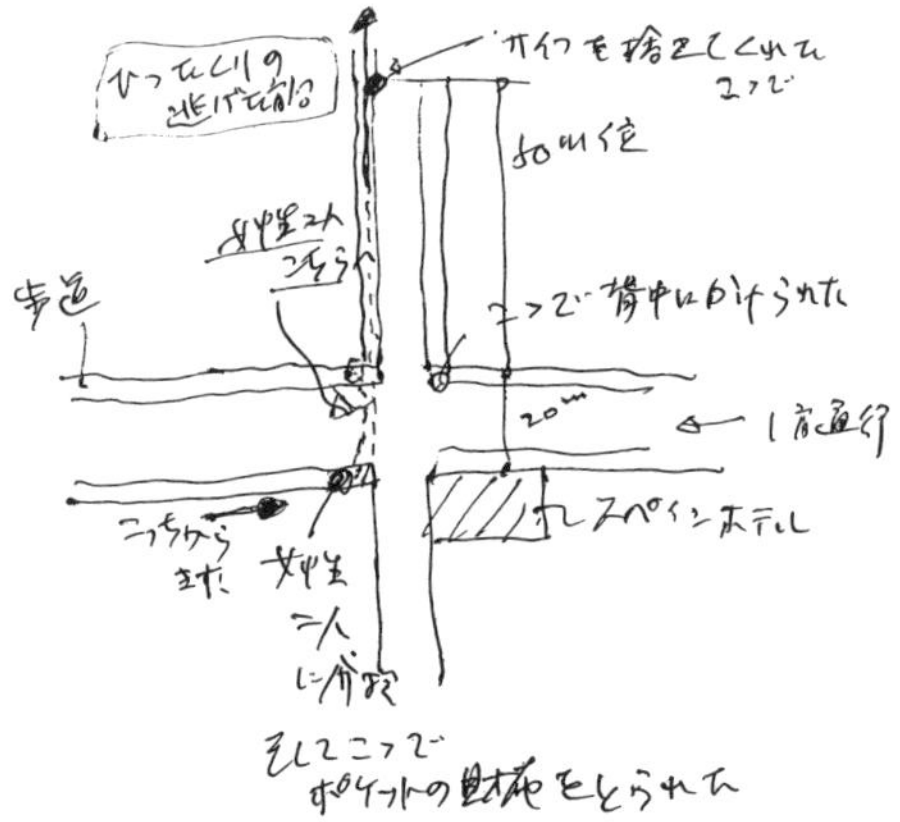

を中断してＴＡＸＩでホテルに帰る。ペソがないのでドルで払った。11ドル、相場の二倍払った。

ここでめげる訳にはいかない。ホテルのフロントが心配してバンソーコーをくれた。両替もしたいのでバンクへ行くも日曜で休み。大きなホテルで頼んでみたら、ダメな代わりに近くのショッピングモールに行けという。言われるままに行くと大きなショッピングモールの地下に両替所があった。ケチって50ユーロだけ替えた。700ペソ余りくれた。これは空港より一割悪い。が、ありがたい。

とりあえず金ができたのでＴＡＸＩをつかまえて、エル・アテネオ・グランド・スプレンディドという本屋へ行く。ここはグランドスプレンディド劇場をそのまま利用した大きな本屋で、内装が素晴らしく、「世界の美しい本屋」の第二位だそうだ。さっそく建築のコーナーへ行く。残念ながら目当てのアルゼンチンアールヌーヴォーの本はない。代りに安藤忠雄や伴茂の本がたくさんある。タッシェンの「モデルニスモ」があって買おうかと思ったが、多分中身は一緒で名前が「モデルニスモ」になっているだけなので結局やめた。

ブエノスアイレスの予定をウルグアイ以外全て完了してホテルへ帰る。午後3時だ。シャワーを浴び、ズボン、パンツ、シャツ、上着を洗濯してゆっくりすることにする。

今日は日曜で、隣の酒屋も反対側のワインショップも休み。残っていたベルモットで乾杯する。

ところで、ガイドブックにケチャップ強盗のことが書いてあった。その通りなのだが、背中に何かかかって、だいぶたってから反対側の歩道の方から来た婦人たち、そして三人目の若い男、多分グルだと思うのだが、符合しないこともあり事実はわからない。予防策は、現金だけ取られても大したことはないので、使うだけの現金のみを入れた財布をポケットに入れて、他の金やクレジットカードは肩掛けのカバンに入れておくことだ。さらに、本には「ケチャップ強盗は決まって日曜に起きる」とある。まさに日曜日だった。どうも宗教的理由がありそうだ。神も日曜だけは盗みを許してくれるのだろうか。

ズボンやシャツは数時間で完全に乾いた。

夕食は結局、残りのベルモットと店で買ったビスケットだけになった。ビスケットは（写真）こんな感じで、赤いのはゼリーが二枚ではさまれていて、かなりうまい。十枚くらいあって、一枚だけゼリーが口からはみ出ていて、それが舌を出したように見

世界一美しい本屋「エル・アテネオ・グランド・スプレンディド」（ブエノスアイレス）

えてとても面白い。今夜の私の状態ソックリ。

今日一日の食事は、生まれて初めてホテルの朝食を二回食べたのと、残りのベルモットとビスケットと水だけ。金は2万円くらい取られたけど、食事は水を入れて55ペソ（約400円）と節約したことになり、だいぶ取り戻した。二晩続けてビスケットの夕食。それでお腹は充分だった。普段は食べすぎていることがよくわかる。

夜、池田からTELがあり、どうも声がしわがれて出にくい。カゼを引いたのかと思ったら、大声を出し続けたせいだと気付いた。これには副産物がある。10月から痛風やら半月板がなくなっているとかで病院通いとなり、上手に歩けなくなっていた。それが70m全力で走れた。ホテルに帰ってもヒザが痛くない。心理的に負けて痛みを感じていたのかもしれない。歩くことにまた自信が出てきた。強盗屋さん、ありがとう。

顔の形のビスケット

ブエノスアイレス→フランクフルト

思い出した。昨日、スペインホスピタルの写真を撮っているとタクシーが止まり、「そこを撮っていると身ぐるみはがされるゾ」という感じのジェスチャーをした。その時は何のことかわからなかったが、親切に教えてくれたのだ。ここは常習犯がいる所のようだ。鈍感だった。

朝8時朝食。相変わらずの朝食。今日はウェイター、ウェイトレスが三人もいる。二晩続けて夕食がビスケットだったので、腹がへこんでベルトがゆるくなっている。アメリカも含めて一日二食が多い。アルゼンチンでは野菜不足になる。

9時に下のユナイテド航空が開いたので切符の変更を申し出るが、ルフトハンザでないとダメだめだと言う。同じスターアライアンスなのに。

次に、文野旅行社（文野和義社長）へ行く。看板が出てないのでわかりにくかった。4階にあり、社員は男性二人、女性二人。何と社長が高知県黒潮町の出身で、10歳からこちらにいるという。うちにいる文野さんの親戚らしい。奈半利の安光さんも知っている。何という奇遇、親切に調べてくれる。

今日の席は空いている、ただ空港に行かないと変更できないという。多分ＯＫなはずと、ダメ元で空港に行くことにした。

文野さんとの話は楽しかった。昨日の出来事も聞いてもらう。共通点がたくさんある。随分親切にしてくれた。感謝。

12時、Check out。空港に向かう。タクシーはホテルの手配で空港まで600ペソ。チェックインカウンターの裏にルフトハンザのオフィスがあり、今日乗りたいと言うとＯＫしてくれた。14時からチェックイン開始なので、それまで待てという。

近くにマクドナルドがあったので、時間待ちをかねて昼飯とする。ビッグマックとコーラとポテトフライで89ペソ（630円位）。日本では滅多にマックは食べないが、海外で食べるマックとコカコーラは本当にうまい。もうしばらくここに座って待つ。フライトは19時55分だ。

ホテルをチェックアウトする時に例のハンサムなフロントマンが写真はよく撮れたかと聞くので、コンプリート、パーフェクトと答えた。「空港で飛行機に乗れなかったら帰って来い」と言うので、私もI hope so!と答えた。本当に彼に出会ってなかったら、八つの建物のうち半分も見つからなかったかもしれない。インターネットのおかげとは言いながら、良かった。

4泊の予定が3泊で済んで、フランクフルトに2泊できればもう一度ダルムシュタットに行けて、大好きなオルブリッヒの作品に会える。

席はちゃんと確保できた。手数料なし。ボーディングまであと三時間。ただただ待つだけ。今日は町でも空港でも合格点の美人に十人ほどあった。三日間一人も会わなかっただけにこのまま次へ行ったらブエノスアイレスには美人は一人もいないと思うところだった。良かった。

トイレに行ってふと見たら、2階にスターアライアンスのラウンジがあるではないか。入ってみると、シカゴと違ってここはシャンペンもワインもフリー。Boardingまであと一時間と少し。もうちょっと早く気付けばよかった。きゅうりとトマトが食べられる。オリーブもピクルスもある。あっ、生ハムが出た。これだからビジネスクラスは大好きだ。

シャンペンははや三杯目、乗るまでに酔っぱらうじゃないか。ま、いいか。シャンペンは需要が多くあっという間になくなる。こんなラウンジがあるなんてブエノスアイレスはあなどれない。最初からここに来ればよかった。ここにはヒッタクリの人もいない。生ハムとピクルスとシャンペンは本当に相性が良い。街で食べて飲んだとしたら、もう一万円はいった。昨日盗られた金の半分は返してもらった感じ。

ラウンジはほとんど白人。フランクフルト行きがあるのでゲルマンの顔をした人が多い、まるで別世界だ。生ハムがなくなったのでヒヨコ豆をいただく。生ハムはもう出てこない。

楽しい時間は過ぎるのが早い。シカゴのラウンジはやたら人が多く、アルコールは有料だった。ユナイテッドの「友の会」みたいな人は皆入れたみたい。だからアルコールは有料。ここはスターアライランスだからファーストクラスかビジネスクラスの人だけしか入れない。ここなら何時間でもいられる。ずっと居続けたいくらいだ。

これからフランクフルトまで十三時間のフライト。酔っ払ってあっという間に着きそうだ。　あっ、へミングウェイみたいな人が向こうに座っている。経営している老人ホームでこんな気分を年に一回でも味あわせることができないだろうか。例えばバースディに。ＶＩＰ ｄａｙとか。食事の好みを聞いて寿司をとるとか。

シャンペンも生ハムも姿を消した。私も姿を消そう。

ラウンジでくつろぐ人々

ブエノスアイレス→フランクフルト　12月6日　曇り

12月5日17時55分、ルフトハンザLH551は定刻に出発した。私はすぐ眠ってしまったらしい。出発して一時間後くらいに夕食が出るのだが、その頃ちょっと目が覚めて、アテンダントにグッドモーニングと言われた。テンダーロインステーキとシュリンプのどっちか、と聞かれたのでテンダーロインと答えた。そしてまた眠ったらしく、次に目が覚めたら周りは真っ暗。皆寝ている。

私の前だけテーブルが出ており、ナプキンがかかっている。係の人を呼んで、夕食を出してもらう。その時、時計を見たら、出発してすでに三時間も経っている。また二時間、寝たらしい。

明かりをつけるのもはばかられて、薄暗い中で赤ワイン、水とともにステーキをいただいた。テンダーロインとはヒレ肉のことで、牛の背中の上の部分。牛肉は身体の部分によって14に分かれており、すべてに名前がついている。ヒレはもっとも柔らかくおいしい部分だ。そして、おいしかった。尻毛《しっぽ》はテールと言って珍重されているが、14の中にはない。

食事をすますと、また眠ってしまった。シャンペンがよほど

ビジネスクラスの乗客（ルフトハンザ航空）

効いた。ロゼ系のうまいシャンペンだった。このシャンペン効果で、13時間15分の長いフライトが短く感じられた。

朝方、目が覚めて見回してみると、6列×6列の36席がすべて埋まっている。たまたま一席だけ空いていて乗れたようだ。ブエノスアイレスとフランクフルト。スペインやイギリスなら分かるけど、ドイツとアルゼンチンは政治的にも経済的に結びつくものが考えられないが、400人以上も乗れるボーイング747がファーストクラスを含めて満席なのは不思議な気がする。

ちなみにアルゼンチンは1880年までスペインの領土で、国民の90%がスペイン人と先住民の混血で、残りが他の白人と先住民の混血だそうだ。いずれにしても1200万人がヨーロッパからアルゼンチンへ流れ込んだというから、ヨーロッパもその頃は貧しかったのだろう。

かつてイギリスもこの国を所有していたことがあり、サッチャー首相の時のフォークランド紛争は有名だ。フォークランド諸島は今もイギリス領だ。

昔、ボーイング747のエコノミーの座席の寸法を測ったことがある。一人当たり占有面積は60㎝×80㎝で、わずか0.48㎡だった。高知→羽田の737−800はもっと狭く、49㎝×79㎝で、わずか0、3871㎡だ。最近までこの線はB767だったので、もっと広かった。B737といいボンバルディア機といい、高知県民は虐待されている。

成田→シカゴ間はボーイング747で、ジャンボがまだ飛んでいるのにびっくりしたが、ジャンボは航続距離13，000kmともっとも長く、500席以上あるエアバス380に次いで座席数も多くファーストクラスもかなりあるので、まだ重用されているようだ。

ところで、B747のビジネスクラスの寸法は70cm×150cmで堂々1.05㎡で、エコノミークラスの二倍以上あり、フルフラットになる。1.5m以上背丈のある人も足が前の席の窪みに入るのでゆっくり寝ていける。ブエノスアイレスからフランクフルトは同じB747だが、B747―800とあり、隣との距離が相当あるので、測ってみたら90cm×150cmで1.35㎡。エコノミーの三倍だ。二人ずつ席がくっついているが、ゆったりできるビジネスクラスの旅は最高だ。ちなみに、ヒューストンからブエノスアイレスのB777は65cm×150cmで0，975㎡と少し窮屈だった。

午前11時10分、フランクフルト到着。何やら風景がおかしい。大地が妙に白けており、かすんでいて遠くが見えない。よく見ると、雪が降っている。真夏のブエノスアイレスの30℃から一晩で30度近く下がってヨーロッパに着いた。この温度差はスゴイ。

フランクフルトは三度目なのだが、前に来たのが20年以上前で、まるで土地勘がない。ガイドブックどおり、Sバーンに乗って中央駅まで行く。空港から9km

フランクフルト市庁舎（真ん中）

のところが中央駅で、こんなに大都市の近くに空港があるのは珍しい。市の真上を飛ぶ香港の次くらいに中心地に近い。三つ目が中央駅なのだが、電車の窓の外はずーっと森だ。こんなだったのかと不思議に思ったが、緑の党のあるドイツならではと思った。

ホテルは中央駅の真ん前にあるサヴォイホテルにする。駅から近いのは何かと便利だ。昔、「駅」のドイツ語を知らなくて苦労したことがある。今はタクシーに乗っても「ハウプトバーンホフ」と大きな声で言える。

今回はビジネスクラスの旅なので、昔のように貧乏旅ではない。シカゴはダブルツリーホテルでヒルトンの経営。2泊で6万4000円かかった。ブエノスアイレスはNHホテルでエネ、アチェ、クリジョンと読み、NHホテルグループの四つ星。かつてパリのコンコルド広場にあるホテルクリヨンに泊まったことがある。1泊4万5000円もする最高級ホテルだ。それと同じホテルの名前が気に入って泊まった。格は落ちるが居心地が良く、フロントの応対が最高だった。フランクフルトはサヴォイホテル。ホテルサヴォイは、これまたロンドンでは最高級ホテルであまりに格が高く泊まったことがない。ここのサヴォイホテルはだいぶ古いが、れっきとした四つ星ホテルで、浴室のバスタブが深いのが気に入った。

シングルが1泊86ユーロと安い。通り側の部屋にしてくれと頼んだら、すべてツインだという。それでいくらかと聞くと、96ユーロで大差ない。迷わず高い方に決めた。ホテルに泊まって、窓の目の前が壁だったりすると気分が落ち込んでくる。で、極力ストリートビューの部屋を選ぶことにしている。2泊で2万円強。

フランクフルトになぜ来たかというと、ブエノスアイレスからフランクフルトへルフトハンザの直行便が飛んでいること。そして、初めての海外旅行の時のフランクフルトのアルバムが失われて今は無く、制作中の本のために旧市庁舎の写真を撮ろうと思ったことであった。

ホテルに落ち着き、日本に電話した後、中心部に出かける。ガイドブックに市電で一駅と書いてあったので、乗って一駅で降りた。マイン川に平行に走るはずなのにマイン川の橋を渡った。この時点ではまだ、とんでもない方向に来たことを気づいていない。しかも、地図を忘れてきている。まあいいや、急ぐ旅じゃない、と見当をつけて歩き始めた。この辺りは高級住宅街で、イギリスでマンションと呼ぶ一戸建ての高級住宅が並んでいる。堂々とした造りの家ばかりで、一軒、アールヌーヴォー風の家も見つけた。シュテーデル美術館があった。この大きな美術館にはフェルメールの「地理学者」があるはずだ。

しかし、とりあえず先を急ごう。明らかに違う方向に来ていると感じた。何人に聞いても、川の向こうの方だという。人専用の面白い橋を渡ったら、インターコンチネンタルホテル

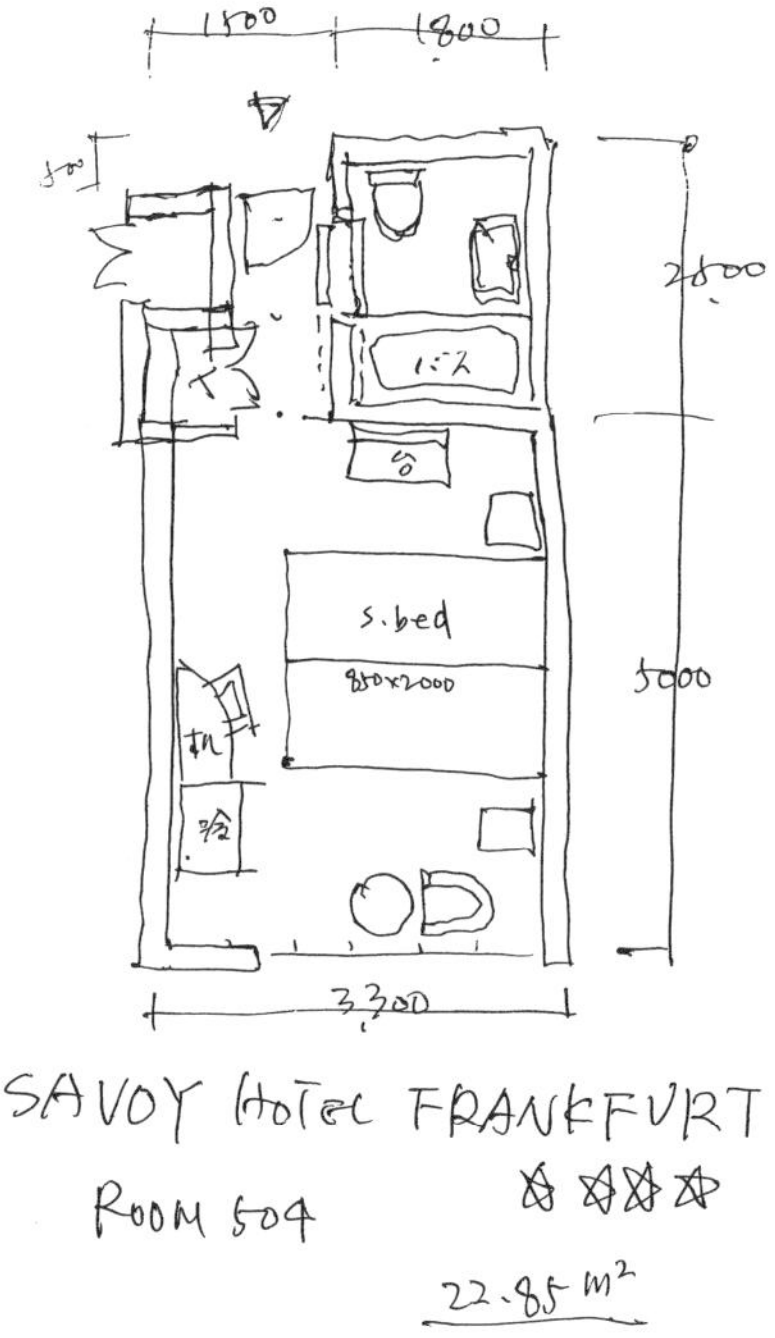

がある。そこで地図をもらおうと行ってみる。二人のホテルマンが親切に地図をくれ、教えてくれる。市庁舎広場レーマーまで3㎞だという。「この次来たら必ずここで泊まる」と礼を言ったものの、1泊5万円のホテルにはなかなか泊まれない。ホテル前にいたTAXIをつかまえた。レーマー広場は今まさにクリスマスマーケットが開かれていて、派手に照明や飾りをつけたコテージがたくさん出て、クリスマス用品やフランクフルトソーセージを売る店などにぎやかで、人もいっぱいいて肝心の市庁舎は巨大なクリスマスツリーにさえぎられて写真が撮れない。広場の中心にはメリーゴーランドが廻っている。お祭り騒ぎで、地元の人も観光客も興奮気味。広場にある、はかりを持った「正義の女神」も気づかないくらいの人込み。

広場に面して雰囲気の良いレストランがあり、フランクフルターシュニッツウェルが13.5ユーロとあり、午後2時でもあり入ってみる。シュニッツウェルは日本でいう豚カツなのだが、フランクフルトは

冬の並木路　左はマイン川（フランクフルト）

今一つ。ウイーンが別格にうまい。ジョッキのビールが相当苦かった。

クリスマスマーケットをしばらく楽しんで、何とか市庁舎の写真も撮って、タクシーをつかまえ「ハウプトバーンホフ」と叫んでホテルへ帰る。見つけてあった酒屋で、フランス製の白ワインを買い、買って持ち帰ったフランクフルトソーセージをちょっぴりかじって、暗くなった外を見ながら16時半ころ風呂に入り、寝る。お疲れさまでした。明日は、ダルムシュタットへ行こう。

フランクフルト→ダルムシュタット

12月7日　曇り

昨夜、早く寝たので、夜が長い。24時過ぎてからは、寝たり起きたり、日記を書いたり。

朝8時になっても夜が明けない。で、時間つぶしの意味もあって、予約していない朝食を食べる。15ユーロも取るだけあって種類超豊富。客も多く、日

クリスマスマーケット（フランクフルト）

本人の若い人たちが目についた。野菜がかなりあって、野菜とマッシュルームとちょうどに焼いたベーコンばかり食べた。マッシュルームは大好きなので半皿くらいたいらげた。そしてなんと、シャンペンが冷やされていた。ホテルの朝食でシャンペンが出たのは初めて。後学の意味で一杯いただいた。うまい。ネッスルのコーヒーがあって、ボタンを押すと何回やってもお湯しか出ない。ウエイターに聞くと、プラスティックのチップがあって、好みのチップを入れると好きなコーヒーが出てくるという仕掛けだった。

9時前になっても外は薄暗い。雨は降っていない。空は薄曇り。運が良かったら、昼に明るくなるかもしれない。

ちょっと外に出るとショップがあって、恐ろしくたくさんの酒が並んでいた。多すぎて、何がどれやらわからない。若い日本の男性と少し話をする。仕事で、初めてのヨーロッパだと言っていた。

10時6分のハイデルベルグ行きに乗る。懐かしい。43年前、この列車に乗ったことがある。二十分、二つ目の駅がダルムシュタット。人口は14万とあまり大きくないのに、さすがヘッセン大公国の首都であったせいか、大きな駅である。インフォメーションで「F」のバスを聞くと、反対側の出口の方だった。長い通路を渡ると、折よく「F」が来た。二輌つなぎの美しいバスだ。停留所で止まると、車体が下がる。そういえばフランクフルトの市電も低床型で、とさでん交通で一台が高知の街を走っている。ドイツ人は自然や人を大事にしていることがわかる。

ダルムシュタットは美しい街だ。この街でもクリスマスマーケットが開かれていて、華

ヘットガー作の石像

やかだ。
マチルダの丘駅で降りて運転手に10ユーロ出すと、お釣りが面倒なのか「イイヨ」と言ってくれた。さて、どっちの方向かとうろうろしたら、十歩も歩いて角を過ぎると、見えた！ルートヴィヒ記念塔の美しい姿が。それを目印に丘を上ってゆく。
ここは三度目だが、前二回はタクシーを乗りつけたので、街の風景も丘へのアプローチもなしで、ただただオルブリッヒの建物だけを見た。今回は歩いたので、心構えが充分できた。前に来たときは快晴だったので、塔の写真が良く撮れた。今回は少し沈んで見える。代わりに、ヘットガー作の奇怪な彫刻が迎えてくれる。オルブリッヒ作の大グリュッツカート邸もある。前回は門が開いていて玄関もカギがかかっていず、忍びこんで有名な居間の写真を撮った。貴重な写真が今もある。
芸術を愛するヘッセン大公国の最後の皇帝エルンスト・ルートヴィヒが二十三人の芸術家をこのマチルダの丘に招へいし、自由に作品を作らせた。主たる建物はウィーンから招かれたヨゼフ・マリア・オルブリッヒの設計で、33歳の若さで1901年に結婚記念塔や展示館、自邸を含む多くの芸術家の家を設計した。オルブリッヒは天才だったが、41歳で夭折した。私の大好きな建築家である。ドイツから招かれたペーター・ベーレンスは画家だったが、ここで自邸を設計し、建築の面白さに目覚め、建築家に変身した。後に、電気会社AEGの建築顧問となり工場や製品のデザインをするなど大成して、ドイツのこの時代を代表する建築家となった。自邸の青い玄関ドアはとても美しく、美術誌の表紙を飾るほどだ。ペーター・ベーレンスはここから出発したといえる。

さらに、ブレーメンから来たベルンハルト・ヘットガーは彫刻家だが建築も巧みで、ブレーメンにベットヒャー通りという、一つの通りの両側を全て自分の才能で仕上げた通りがある。また近郊のヴォルプスベーデもリルケやフォーゲラーなどの集まった芸術家村なのだが、そこに自邸とレストランを設計している。ここマチルダの丘には本職のモニュメントや彫刻がたくさんある。中には、日本のダルマさんのような彫刻もある。

今回ここに来た最大の目的は、今制作中のアールヌーヴォーの本の表紙の図柄を決めかねていて、オルブリッヒの芸術家コロニーのエルンスト・ルートヴィッヒ・ハウスの正面入り口が使えないかと思ったことだ。ここの正面入口は金が散りばめられていて、120年たっても美しさを失っていない。両側にある男女の石像は時を経て、風化し、真っ黒になっている。天気が良いとこの石像にのみ陽が当たり、奥の美し

エルンスト・ルートヴィヒハウス（ダルムシュタット）

い部分が日影になってしまい、良い写真が撮れない。薄曇りの今日が良いシャッターチャンスだった。二台のカメラを交互に使い、色々な距離や角度から二百枚も撮って、モニターで見ると気に入った写真が撮れていることがわかった。今東京の三省堂書店で『アールヌーヴォーの残照・世紀末建築家・作品とその生涯』という本を制作中だ。目的は充分に達せられた。前に来た時に見逃していたオルブリッヒの作品もあり、至福の時を過ごせた。しかし、風もないのにもの凄く寒く、手袋をしている手がカジカンで時々シャッターが押せなくなり親指で押したりした。

SHOPがあり、ここの芸術家村の本と今迄とは違う「ユーゲントシュティル」の本があり、大きくて厚く、とても重い。でも購入する。いつも帰りは荷物が重くなる。

帰りのバスは十五分ごとにあり便利だ。フランクフルト行きの鉄道も三十分に一本はあって、午後1時半にはフランクフルトに帰っていた。

小腹が空いたので荷物をホテルにおいて昼食に出る。近くに良さそうな中華料理店があり、2階に上がる。重厚な造り。昼のヴァイキングが8ユーロと高くないので決める。ヤキメシ、ヤキソバ、ビーフン、春巻、チンゲン菜炒め、牛肉とタマネギ炒め。白飯もある。トウモロコシのスープがとてもおいしかった。地元のドイツ人がグループでたくさん来ていた。

15時半ごろになると車がライトをつけて走っている。夏は20時頃まで明るいのに。冬は午前10時から午後3時までが昼間だ。残りのワインを飲んで、昨日と同じ午後4時半には寝てしまう。熊のように冬眠だ。

フランクフルト→チューリヒ→ベルン　12月8日(木)

8時前、朝食抜きでホテルを出て、空港へ。Sバーンの表示が少なく、人に聞いたら、このホームでOK、8時9分発と言う。列車がすぐに来たので乗ろうとしたら、さっきの人が「それは違う、8番か9番に乗れ」と教えてくれる。ちょうど8時過ぎだったので聞き違えた。そのまま乗ったら迷子になるところだった。

空港に着いて、ルフトハンザにチェックイン。空港はとても広く、2㎞は歩いた。何とエコノミーは自動化されていて、それがズラーと並んでいて、空き空き。ビジネスの方が混んでいる逆転現象。しかし、明日のブダペスト行きの切符もくれたので手間がはぶけた。

ここでもラウンジがあり、シャンペンがあった。しかし短いフライトなので控える。朝食をここで食べる。スクランブルエッグがあってうまかった。朝日新聞と日経があり、また隅から隅まで読んだ。安部首相がカジノを作ると言っている。不幸な人がまた増える。

空港で四時間もあったけど、ラウンジのおかげで短く感じる。旅はビジネスクラスだな。

フライトはわずか五十分。チューリヒは何と晴れている。フランクフルトは今朝は霧雨だったのに、快晴だ。ヒャッホー！　元気が出てベルンに行くことにした。

ベルン行きの切符を買って仰天。係員が1等か2等かと聞くので1等と答えると、何と往復で194フラン、2万3000円だ。七十分しか乗らないのに、何だこれは。スイスの物価の高いのは分かっていたけど、高知から池田まで往復し、2万3000円か。このあたりだとユーレイスパスの15日間６万５０００円が威力を発揮するな。ルーマニアならこれくらいの距離は500円だ。往復でも１０００円。２階建ての列車で、１等に多くの人が乗っている。

ほどなくベルン到着、午後３時28分。まだ陽がある。早くホテルを決めて街に出ようと一番近いシュバイツァーホフにする。五つ星。今までずいぶんシュバイツァーホフを横目に見て通りすぎてきた。今回はビジネスクラスの旅なので特別に大盤振る舞い。シティビューの部屋を注文して460フラン。５万６０００円。今まで泊まったホテルで最高額。スイスの首都ベルンの帝国ホテルだから仕方ないな。

可愛いお姉さんが部屋まで案内してくれてあれこれ説明してくれた。冷蔵庫のソフトドリンクはフリーだそうだ。天井にシャンデリアがあり、照明はよく考えられていて、スイッチ類も日本では見たことのないコンパクトなスイッチ盤があちこちあり、それですべてＯＮ、ＯＦＦできる。広さは37㎡でそれほど広くはないが、キチンとしたつくりで調度が立派。フルーツがおいてあり、ナイフ、フォークは銀製、グラスは最上等のもの。

とにもかくにも荷物を置いて明るいうちにと街へ出る。メインストリートをまっすぐ歩くと、

時計塔（ベルン）

正義の女神(左)、熊の噴水(中)、パイプ吹きの噴水(右)

両側に1階にアーケードを持つ独特の街並みが続き、時計塔や市庁舎、大聖堂などがある。

時計塔の時計はからくり時計になっていて、プラハのそれにも負けないくらい美しい。通りの要所要所に噴水があり、そのポールの上に子喰い鬼とか、正義の女神とか、熊の像とかが乗っていて、それがカラフルで面白い。16時半くらいまで陽があったので何とか写真が撮れた。しかし、今時のカメラは暗くなるほどよく写る。昔はＡＳＡ100~400だったのが今はＩＳＯ３２００～６４００になって真っ暗でも写るくらいだ。建物は石像かレンガ造りのモルタル塗りだが、屋根は全て傾斜屋根で、瓦がオレンジ色で統一されており、上から撮った写真で見ると本当に美しい街だ。世界遺産でもある。

ホテルが、ベルンカードという市電、バス乗り放題のカードをくれたので、バスに何回か乗る。二車両連結で低床型のバスで、ひんぱんに走っており利用しやすい。

暗くなってきたので、さあ飯だと、ホテルのブラッセリーを覗いたが服装があまりにも貧弱でそぐわない。またまた歩いて見つけてあったステーキハウスへ行く。骨付き肉が有名な店らしく、店頭にズラーっと並んでいる。入って行くと広い店で、まだ一人も客がいないのにもかかわらず予約済ばかりで断られてしまった。アインシュタインが若いころ三年間住んだ家があって、その1階がカフェになっている店をのぞいてみたが一杯で、他にレストランが少ないので得意の部屋食にしようと決断。

ハムサンドとゴマパンとプレッツエルを買い、赤ワインのハーフサイズを二本買って部屋に戻る。部屋にはリンゴ、プラム、洋ナシ、オレンジ、キウイもあるので、そこそこのバランス。超高級ホテルの部屋食はある意味リッチで、私は大好きだ。19時頃にはいい気分になって寝てしまう。今日もたくさん歩いた。

思い出してみると、43年前この街に泊まった。貧乏旅行なので安ホテルを捜して泊まったが、食事だけはターキーか何かを食べた思い出がある。そんなに高くはなかった。あの店はどうなったろう。

寝心地はとても良かった。しかも、すごく静か。耳鳴りがやかましい。2時頃起きて日記を書き、バスを使う。バスとシャワールームが両方あり、バスの方にもシャワーがある。

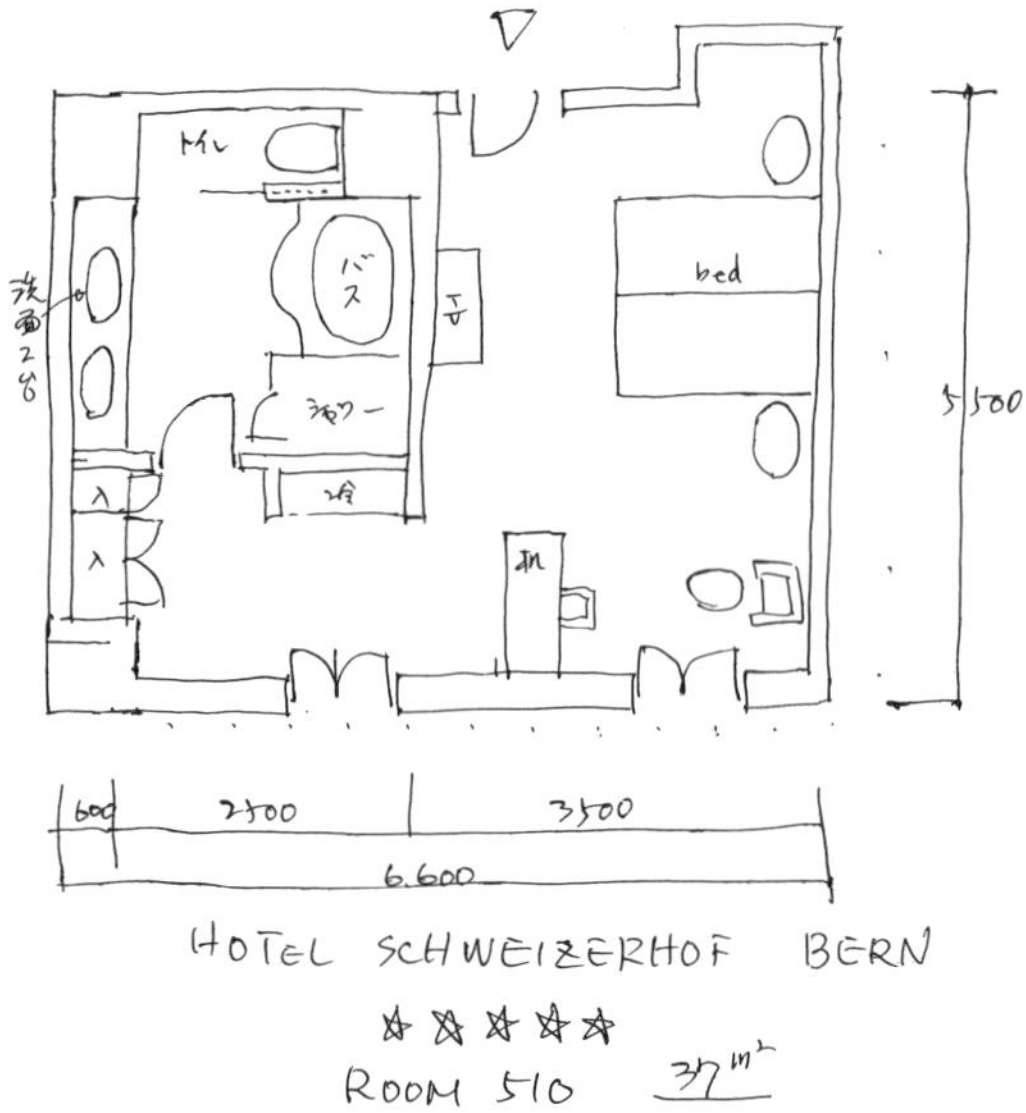

バスのシャワーはバスタブについていて座ったまま浴びられる。シャンプーはブルガリ製だ。ここのバスは気持ち良い。広くて深くて、生れて初めて外国のホテルでお腹までお湯につかれた。

朝食はついていない。部屋で食べるとすると、簡単なコンチネンタルで25FN、3000円。ちゃんとしたのは45FN、5400円。一度やってみたいものだ。夕食のルームサービスは書いたものがない。

考えてみると、良いホテルとは豪華さや広さは勿論だが、欠点のないというのが良いホテルだろう。このホテルは高いのだけが欠点だ。あえて言うと、バスタブ付のシャワーのコネクションが悪くなってお湯が勝手に手に飛んでくるところだけだ。かつてある四つ星ホテルに十数か所、欠点を指摘したこともある。

ベルン→チューリッヒ→ブタペスト　12月9日(金)　晴れ

今日も晴れだが、夜があけてくるのは8時頃。荷物を整理してバッグにつめこむ。ブタペストの資料がない。前のホテルに忘れてきたようだ。「地球の歩き方」の本があるので支障はないが、少し残念。シュミードルの墓廟には行けないかもしれない。だいたいがブタペストは今夜泊まるゲレルトホテルの写真を撮り直すのが目的なので、それには問題ない。あと、4月に来た時に行くつもりで行けなかったペーチがメインなので、ゆっくりしてジョルナイ工房をしっかり見てこよう。

シュバイツアーホフは本当に良いホテルだった。これが5万円ではなくせめて3万円なら常宿にするのに。フロントでのチェックアウトでも女性の対応がとても良い。「また来てね」というので「また来るよ」と言ってわかれた。

8時32分、ベルン発のチューリッヒ空港行きの鉄道へ乗る。2等はものすごく多い人だった。1等で良かったかも。天気は晴れなのに車窓は霧で全く見えなかった。昨日来た時と同じ向かって右に座ったのに、今日も逆光。おかしいなと思ってよく観察したら、列車は東西に走っているので、しかも真冬で太陽は地平線からあまり上らないで、一日中逆光なのだった。

チューリッヒ空港には出発の2時間半前に着く。昨日空港に着いた時にイミグレーションがなく、飛行機を降りたらそのまま出口に出られてビックリした。EU諸国でもたいていは入国審査があるのにここは全くなく、「皆さんいらっしゃい」という感じ。空港でのチェックは荷物検査だけ。ベルトもはずされる。それもビジネスクラス専用があって早い。空港では例によってスターアライアンスのラウンジに行き、朝飯。ここのラウンジはものすごく広い。帰りの出口がわからなくなるくらい広い。食事はそんなに多くないが、パンやハムやフルーツなどあって朝食には充分。飲み物は充実していて、シャンペンもワインもブランデーも飲み放題。もっとも朝は私は飲まないが。固いはちみつがあって珍しかった。

17日間の世界一周旅行も2／3が終わった。あとはハンガリーだけ。ハンガリーは治安がよくて物価が安いので好きだ。今年二回目だ。通算では四回。とにかく、アールヌーヴォーの建物がいっぱいあるのだ。

今回の旅で気づいたことは、シカゴにもブエノスアイレスにもフランクフルトにもベルンにも物乞いがいたことだ。昔は大変多かったのだが、今でもかなりの数の人がいる。かわいそうなのはフランクフルトだ。寒いのでいっぱい服を着て座っている。荷物もいっぱい持っている。なぜか女性が多い。朝見ると、軒下で寝ている。金持ちの乞食は寝袋でねている。貧乏な乞食は布団を頭からかぶっている。

夕方、あっちの乞食のばあさんとこっちの乞食のばあさんが一緒に夕食を作っていた。二人共相当太っているので食物には不自由してないと思われるが、なにしろ寒い。慣れたら平気かもしれないが、展望のない生活はつらくはないのかな。ま、「ホットイテクレ」と言われそうだ。この二人は姉妹か親戚かもしれない。

シカゴの物乞いは積極的に自分の希望額を大きな声で言っていた。ベルンではなぜか若い男で、ちゃんとした感じの男が多かった。社会実験かはたまたシャーロックホームズが変装していたのかもしれない。

パククネが今日弾劾された、と電話があった。政治の指導者は本当に大変だ。必ず政敵がいるし、国民は常に政治というより自分の収入や生活に不満を持っている。それを政治のせいにする。韓国の大統領経験者は軒並み刑務所行きだ。ノテウは自殺した。ソ連のフルショフも確かシベリア送りになった。権力が強いだけ危険が多く、普通にしているといつの間にか犯罪を犯してしまう。政治家にならなくて良かった。

12時25分発、チューリッヒからブタペストへ。

飛行機はなんとボンバルディア。しかしフライトは順調だった。国際線のビジネスクラスといっても、近距離は飛行機も小さく、席はエコノミーと同じ。フランクフルトーチューリッヒ間はエアバス319で3列3列だった。ボンバルディアは変則の3列2列。席が窓際だったので外がよく見えた。アルプスを越えるので、雪を載せた山並みが良く見えたが、アルプスの東の端、インスブルックの上あたりを飛ぶので、高さはせいぜい2000mくらい。山と山の間は村が点在していた。

低空でも空気が冷たいせいだろうか。飛行機雲が五本も六本も交差していたりする。飛行機雲を上から見たのは初めて。下から見るのと同じだ。

ブタペスト到着。ここもスイスに続いて入国管理がない。

ブタペスト国際空港から市内へは、鉄道や直通バスがない。シャトルバスがあるが時間的に不便。空港公認のタクシーがあって、タクシー乗り場のオフィスで一元管理している。頭の良さそうな女の人が一人で客をさばいている。行き先を聞いて「いくらです、社内で払いなさい」と言って予約券みたいなものをくれて、タクシーを呼んでくれる。タクシーは一台一台乗る人が決まっているが、手際が良く、すぐ来る。メーター制なので安心。市内中心まで7000ft（3100円くらい）。24km走るので安い方だ。空港の中には今でも非公認の客引きがたくさんいる。

ホテルは100年前にできたゲレルトホテル。ゲレルト温泉で有名な大きな施設。アールヌーヴォーの真髄とも言える建物。ヘゲデュスの設計。15時半頃着いてチェックイン。予約した部屋がシングルで、申し訳程度の中庭向きなので、またまた交渉して、ドナウ川側のツインの部屋に替えてもらう。大きなベランダがあり、眺めは最高だ。自由橋が目の前。

太陽は低いがまだあって、急いで写真を撮る。ホテル側と温泉側と顔が違うので、それぞれ工夫して撮る。20年くらい前に来て1泊した時もやはり冬で、建物が雪をかぶっていた。今年4月、たった1㎞くらいのところにあるホテルに泊まったのに、ここには来なかっ

ゲレルトホテル

ゲレルト温泉

自由橋（ブダペスト）

た。アールヌーヴォーの本を出すにあたって、良い写真がないのに気づいた。そのためにわざわざ来たのだ。

チューリッヒからだいぶん東の方に来たので、午後5時には真っ暗になった。日本を出た時は三日月だった月が半月になって美しく輝いている。

自由橋がライトアップして、ドナウ川のゆったりした流れを写して、これまた絵はがきのように美しい。夜になって食事の時間になったのだが、全然お腹がすかない。昼前に空港のラウンジでワイン付きのブランチを食べて、午後に機内でおやつを食べた。無理に食べる必要もないので、倹約の意味もあり、今夜は抜きにする。下のレストランでコンサートをやっていて、ブンチャカブンチャカ12時までやっていた。夜中に目覚めて荷物を解いてみたら、ブタペストの資料が出てきた。所定の位置の反対側に窮屈そうに入っていた。これで予定通り行けそうだ。

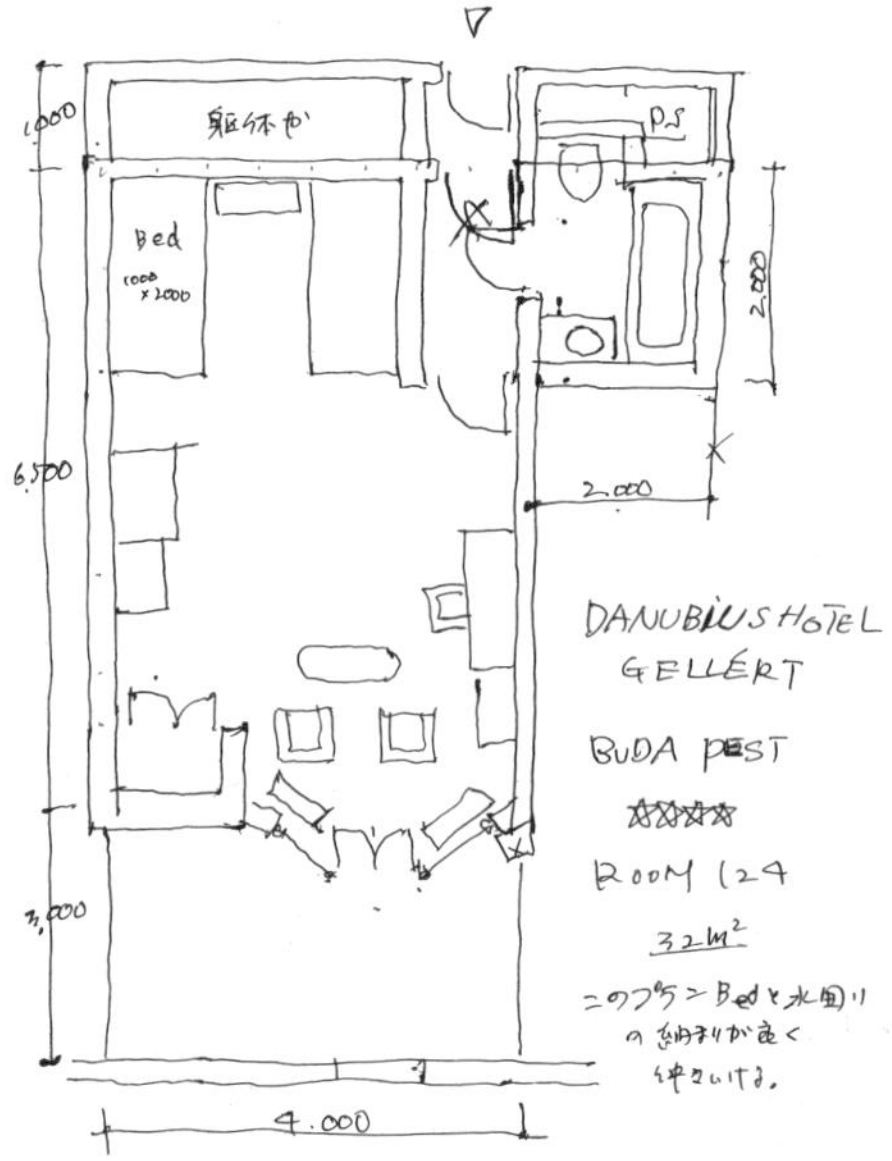

ブタペスト→ペーチ　12月10日（土）　晴れ

ホテルの前から東駅（ケレチ）へ地下鉄があるのを発見した。ガイドブックにはまだ載っていない。コンシェルジュでもらった地図に載っている。これは便利だ。ペーチから帰ってもここに泊まろう。

7時、すでに明るくなってきた。7時半、陽が昇り始めた。ホテルの上の方に陽が当たってきた。8時半のペーチへの出発時には全部に当たっているだろう。

ここの朝食はリッチ。でも、私の食べるものは種類が少ない。好物のマッシュルームがまたあったので、それとベーコン、卵、野菜中心に食べる。今回の旅はほとんど朝食がついてなく、食べる時は有料だったが、ここはインクルード・ブレックファーストだ。

ホテル出発前に建物を見たら、影が全然動いてない。あそうか、ヨーロッパの冬は太陽が上がらず、20度くらいで地平線を平行移動する。いつまでたっても、影はなくならない。

9時45分、ブダペスト発。12時40分、ペーチ着のインターシティに乗る。切符売り場のおばさんが、カードが機能しなくて「フォリントで払え」と怒りだした。そのせいか、ファーストクラスを頼んだのに2等の切符だった。（車掌が来て移動させられた）

三時間乗って往復で８５５５ft（３８５０円）。スイスの三倍乗って5分の1だから、結局15分の1になる。

車内は、1等がガラガラだったのに2等はほぼ満席。窓の外を見ると、また逆光。ベルン行きも往復逆光だった。終着近くになって席が空いてきたので反対側に座ったら、そのうちまた逆光になってしまった。写真は全然撮れない。マーフィの法則は生きている。

ペーチ到着。今年の4月来る予定でホテルの予約までしてあったのに、都合で来れなくなった念願の町。ジョルナイ工房があるのだ。駅前にちらっとアールヌーヴォー風の建物があった。帰りに見ることにしてタクシーを飛ばす。

まず、ホテルへチェックイン。なんとアールヌーヴォーの建物。名前はパラティヌシュ・シティセンターという。改修してとてもきれいだ。三つ星だが、料金は日本円で7000円。しかもツインのシングルユースだ。ベルンのホテルの7分の1。外装とロビー、レストランが本格的アールヌーヴォー。アールヌーヴォーはウィーンでは分離派という過去との決別なので、古典的なコリント式の柱などは使われていないのが暗黙の了解なのだが、ここでは柱頭をデフォルメして堂々と使っている。装飾も出所不明だが、明らかにアールヌーヴォーの建物。面白くてわくわくする。早くジョルナイに会いたいと心がはやる。

パラティヌシュホテルロビー（ペーチ）

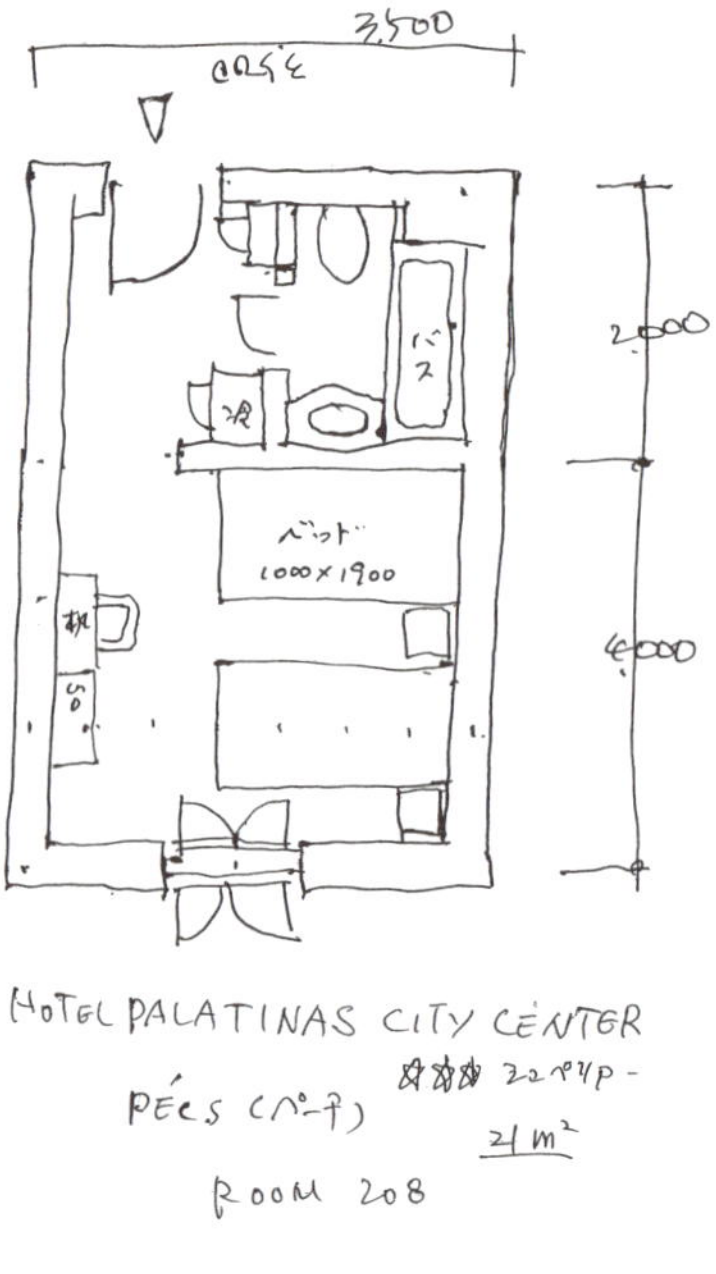

ホテルを出ると、すぐにセーチェニ広場。歩行者天国になっていて、県庁と市役所が広場をはさんで向かい合って建っている。県庁の建物にジョルナイのセラミックの装飾がある。土曜の午後で、とても天気がよく、クリスマスマーケットで人がいっぱい。ここの屋台はほとんどが食べ物と飲み物。うまそうな特大のフランクフルソーセージがあったので、昼食としてビールで流し込む。うまい。ビールは黄金色でよく冷えている。これで日本円で500円。ビールは大ジョッキで200円なのだった。

ジョルナイの本店がない。歩き回ってもない。ホテルでもらった地図で確認すると、街路そのものがなく広場の一部になっている。「地球の歩き方　H15年版」なのにやられた。しかももう一つ楽しみだったジョルナイの噴水もない。探し回ってやっとわかった。クリスマスマーケットの裏で、板で囲われて無残

ペーチ県庁舎

な姿。たぶん凍結防止のため、冬はこうなっているのだろう。

矛先を転じて、ジョルナイ博物館へ向かう。途中、フェニックスホテルにジョルナイのものがあると書いてあるので入ってみると、建物はユニークな造りなのだが、ジョルナイのものは小さな小便小僧が立っているだけ。この黄色は、明らかにジョルナイ。

旧城壁の外まで行ったりしながら、博物館をやっと見つけて入る。

さすがに100年前に一世を風靡したジョルナイだけあって多彩。相当大型の物も焼いていた。レヒネル・エデンがよく使った黄色のセラミックはもとより、有田焼風の磁器や、フランスのガレと見まがうアールヌーヴォーの焼き物、さらにイギリスのウェッジウッドを彷彿とさせる白い皿、なかなかおもしろい。写真を撮っていいのもうれしい。日本の若冲の展覧会は大賑わいだそうだが、ここの客は私一人。係員の方が多い。ゆっくり見れた。ＳＨＯＰでジョルナイの本があった。ジョルナイの歴史から作品まで載っているいい本だ。２０００円。こういう現地に来ないと絶対手に入らない本がだんだん増えてきて、私の大事なコレクションになっている。

すぐ近くに世界遺産の初期キリスト教の礼拝堂跡があるが、疲れたので行かなかった。今回はニアミスということで。

午後５時になり真っ暗になったのでホテルへ帰り、１階にあるレストランで夕食。反対側の、やはりホテルの１階にあるワインカフェには膨大なワインが並んでいる。レストランの天井には形容しがたい、しかし一生懸命の木組みの装飾があり、天井一帯を覆っている。壁にこれぞアールヌーヴォーの孔雀の絵があり、その前で食事。テンダーロインステーキとビールとワイン一杯。１７４０円。味についてはノーコメント。18時には寝てしまった。

12月11日(日)　晴れ

夜中の1時頃起きて風呂に入る。このバスタブも深くてお腹がほとんどつかる。良いホテルだ。充分寝たので日記を書く。旅行をすると、いつもこんなスケジュールだ。海外旅行は今まで約700日、すべて日記がある。日記と写真が私の生きてきた全てだ。そして財産だ。

7時朝食。ここの朝食もなかなか良い。昨夜のレストランでバイキングだ。孔雀の絵はよく見るとモザイクタイルだった。今日も野菜中心の朝食。

8時過ぎ、日が昇りはじめたので、地図で見つけた郵便局へ行く。昨日遠くにちらっと写っていた写真を見たらＰＯＳＴと写っており、キンキンキラキラ。地図にはＰＯＳＴ ＰＡＬＡＣＥ（郵便局宮殿）とあるので、これを見逃してたまるかという訳だ。世界最大の郵便局ではないだろうか。そして、世界一派手な郵便局だと思われる。ウィーンのオットーワーグナーの郵便貯金局の対極にある。

大きなビルなのに屋根があり、ジョルナイのカラーセラミックでふかれている。この街

パラティヌシュホテル（ペーチ）

は、さすがジョルナイの街だけあって同じ屋根があちこちにある。そしてワーグナーの出世三部作、工芸美術館や地学研究所、郵便貯金局とほとんど同じ。どっちが先かはわからないが、同じ材料であるのは間違いない。

階高の高い4階建ての破風部分には巨大な二人の天使のレリーフがある。下から見てもこれだけ大きいので、近くで見るとほんとうに巨大なセラミックだろう。人口14万人のペーチの底力を見る思いがする。少し歩くと、遠くにジョルナイの銅像が見えた。ペーチで見た建物はパラティヌスシュシティセンターホテルと県庁舎と市庁舎とこの郵便局くらいだが、これでもってペーチを語ることができる。

坂道なので少し疲れて、ホテルで休む。10時、ホテルをチェックアウト。TAXIでジョルナイの工場兼博物館ジョルナイクォーターに行く。大きな大きな工場で、巨大な煙突が四本ニョキッと建っている。この工場は公園化され

ペーチ郵便局

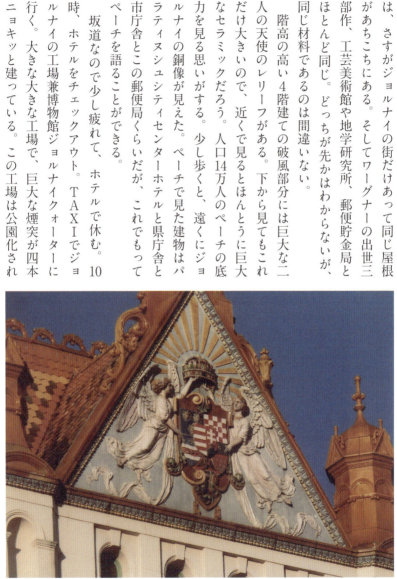

ジョルナイクォーター

ていて、その中にいくつかの博物館や劇場がある。
目当てのギュギコレクションに行く。ここはドクター・ギュギのジョルナイ陶磁器のコレクションを展示している博物館だ。コレクションはジョルナイ博物館をしのぐものがあり、中身が濃い。１９００年前後のジョルナイの最盛期のものが多い。かなり満足したが、今ひとつなんとなく心残りだ。もっとなにかないかと眼を凝らすと、地下にアールヌーヴォーのコレクションがあると小さく書いてある。

はやる心を抑えながら降りてゆくと、いきなり眼がでんぐり返った。ナンシーのエミール・ガレのコレクションかと見まごう、まさにアールヌーヴォーの磁器がズラーっと並んでいる。ガレの作品は日本でも有名で、ガラスの壺なのだが1個200万円～400万円くらいする。ジョルナイのは磁器製で、姿、形、センスはガレやドーム兄弟、ニューヨークのティファニーに勝るとも劣らない。いや、勝っているかもしれない。

ナンシーのナンシー美術館でもこれほどではなかった。今までこれほど興奮したことはないかもしれない。ジョルナイセラミックでアールヌーヴォー建築に寄与したことは広く知られているが、ジョルナイ自身が独自にこれほどのものを造っていたとは今まで聞いたことがない。１９００年前後のものに秀作が多い。ちょうどパリ万博が開かれた頃だ。万博では日本の伊万里焼と雌雄を決していたのではないかと思われる。その後、第一次世界大戦勃発によって息の根を止められたアールヌーヴォーだが、ジョルナイでもその後は作ってないようだ。

これだけのコレクションが、いくつかの例外を除いてジョルナイの作品集に載ってない。しかもその例外の作品は、その本によればアールデコガレリアにあると書いてある。現在のジョルナイの人々でさえ、アールデコとアールヌーヴォーの違いがわからず、自分たちの持っているすばらしいコレクションの値打ちがわかっていないのではあるまいか。私なら重要文化財か国宝に指定したい作品が数々ある。展示されている約600点の作品の半分はアールヌーヴォー。私はその300点全ての写真を撮った。フィルムカメラの時代は「迷ったら撮らない」だった。今は「迷ったら必ず撮る」だ。良くない写真はどんどん消していけばよい。デジタル時代になってありがたい。しかも今回、消してゆくべき写真は一枚もない。

今回持ってきたカメラはソニーとカシオのどちらもコンパクトカメラだ。軽くて性能が良い。値段もたかだか4万円以下だ。あの重い一眼レフを二台も持って、広角と望遠とアオリ付きレンズを使い分けた時代は何だったんだろう。アオリ付きはレンズだけで10万円以上かかった。今回のソニーは広角で、かつ望遠はなんと60倍だ。フィルムカメラ時代の１０００ミリに匹敵する。すごい時代になった。

今制作中のアールヌーヴォーの本にペーチの項が加わる。自費出版だから制作費が高くなる。それでも本当にペーチに来れてよかった。そうでなければ、ジョルナイの作品を知

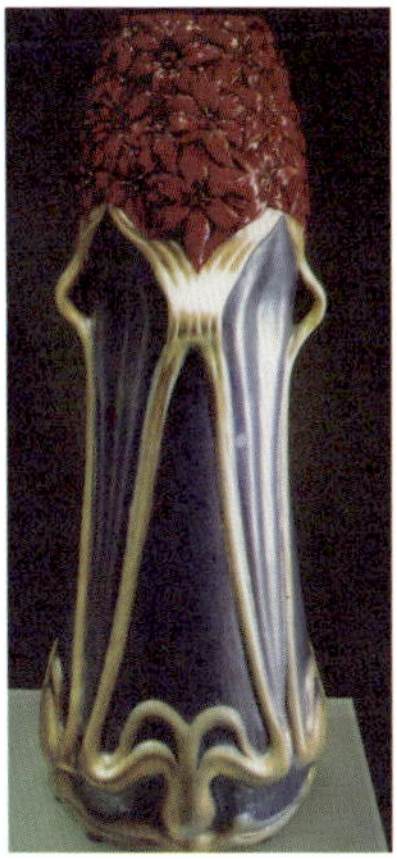

らずに死ぬことになっただろう。興奮は収まりそうにない。

13時10分発のブタペスト行きに乗るべくTAXIを呼んでもらって、ペーチ駅へ。「駅前のあの建物は?」と聞いてみると、鉄道会社のオフィスだという。そういえば、中庭に蒸気機関車を置いてある。大きな建物だ。ペーチで二つ目のアールヌーヴォーといえる。行きは2等車で来たので、帰りは1等に変えてもらう。追加料金がなんと655ft(300円)。なのに2等はいっぱい、1等はがらがら。ベルン行きの鉄道とのあまりの違いにこんがらがってしまう。ペーチからブタペストまで三時間。走っても走っても平原が続き、山は見当たらない。1等車なので自分で席を決められて、帰りは順光の席に座ることができた。しかし、窓外の景色は冬枯れていてなぜか寂しかった。

その昔、ヨーロッパとアジアの中間に住んでいたフン族が、故郷を捨ててこのハンガリーに移動してきたそうだ。たぶん中央アジアの砂漠地帯に住んでいたと思われる。それが移動してきて、この豊かな大平原に至り、定住を決めた。もちろんそれまでに住んでいた人たちは西の方へ追い払われた。これが有名なゲルマン民族の大移動のはじまりだという。フン族が築いたハンガリー国は元はマジャールと言い、日本と同じ、姓が先、名前が後だ。ハンガリーアールヌーヴォーの大家レヒネル・エデンは、レヒネルが姓、エデン(ウヅンと呼ぶ)が名だ。

16時、ブタペスト着。ホテルに帰りつくともう暗くなっている。改めて部屋をもらい、入ってみると川が見えるいい部屋なのだがシングルで狭い。座っていると心が沈んでくる。フロントへ行き、大きい部屋を頼む。一昨日と同じ間取りのツインのシングル使い。75ユーロが115ユーロとアップする。あと2泊するので金のことは言ってられない。部屋をチェンジしてもらってよかった。今度は4階(つまり5階建ての最上階。ほんとうの1階はG階、1階は2階)。

1階のブラッセリーで夕食。今回まだグヤーシュを食べていないので、それを注文し少しビールを飲む。グヤーシュは英語ではシチューと書いてある。出てきたのはまさにビーフシチュー。芋虫のようなうどん粉を練ったマカロニみたいのがついている。味はノーコメント。

ハンガリーのグヤーシュは肉と野菜の煮込みのはずで、もっと野菜が入っていて、汁もたっぷりのはずだ。ちょっと残念。

部屋でTVをつけるとちょうど「007」が始まった。ティモシー・ボトムズの最新版のようだ。彼も年を取ってひげが白い。なんと三時間半もやった。女性のボスが亡くなるストーリーで、アクションも前ほど派手でなく、台詞が多くてマジャール語は全然わからなかった。

ふと見るとカメムシが床をはっている。気の毒だがつぶしてゴミ箱に捨てた。トイレにももう一匹現れたのでつぶして便器に流した。神の使いであったかもしれないのに気の毒なことをした。チベット仏教によると、あれは自分だったのかもしれない。

部屋を変えてもらったのは良いのだが、良くみると今度は机がない。いろいろ工夫してみて、トイレの洗面台が一番良いことになった。台が高いのでイスの上に枕をしいて書いている。

日記を書いていると時々催してくる。こんな時はトイレで書くと便利だ。腰を60cmほどずらすだけで良い。少し匂いが残るのが難。

今、午前5時頃か。もう一回寝よう。

ブタペスト　12月12日(月)　曇のり小雨のち晴

朝7時に起きて、6時から開いている温泉をのぞく。混浴だが水着着用なので、写真OKなのだ。記念写真を撮っている人もいる。土足で入ったので、ビニール袋をくれる。温泉は天井一面がステンドグラスで、壁はタイル貼り、緑色主体なのできれい。はやくもたくさんの人が入浴している。全身イレズミの人も堂々と入っている。前に来た時に入ったので今回は入らず。

その後、朝食。マッシュルーム主体の朝食をする。コンシェルジュが8時から開いているので、ペティーフ広場の位置を聞く。どうも二か所あるらしく、とても近くを示す。もう一回「19区」と言うと、コンピューターではわかったようだが、市内地図の枠内にないので教えられない。TAXIで行けと言う。

10時頃、ベンツの八人乗りのタクシーに一人で乗った。タクシーはペティーフ広場がわからないようで、もう一つの名前・コーシュ・カーロイ広場と言うと、「合点、承知」となった。で、安心して乗っていたら途中から道が違う。

ナビで行っているので大丈夫と思っていたら、今年4月に来た動物園の近くの農業博物館の前で「着いたよ」と言う。「ここじゃない」と言うと、ここは確かにコーシュ・カーロイ通りだった。まぎらわしい名前があって困る。コーシュ・カーロイ通りではなく、コーシュ・カーロイ・プラッツなのだ。運ちゃんがもう一回ナビで捜して、出発。「レッツゴー」と気丈に声をかけた。タクシーは空港の方へ向けてどんどん走り、途中から曲がって住宅街を走り、やっと着いた。

ここは新住宅街で、1910年頃に政府の方針で田園住宅のイメージで、当時民族系アールヌーヴォーの大家コーシュ・カーロイにマネジメントをまかせて、本人はもとより十五人の建築家に腕をふるわせ、第一次大戦前に完成したものだ。ブタペストには何回も来ているが、あまりにアールヌーヴォーの建物が多く、遠い所は後回しになっていた。ここが、今回の十六日間の旅の最後の建物なのだった。

コーシュは敷地全体をデザインした。正方形の公園を真ん中に配し、それを取り囲むように集合住宅を配し、その後方に個人住宅を配置した。その公園の真ん中の両側に大きな住宅街への入り口となる道を配したのだ。その道は建物を突き抜ける形になっていて、その道路の上に建つ建物がコーシュの設計で、有名なのだった。コーシュ特有の鋭い三角屋根を持ち、外壁は板貼りで赤味がかった黒で、なかなかシブイ建物である。真ん中の大きな開口部の車道の両脇に歩道用のアーチがついている。住宅街なので帰りが困るとタクシーを二十分くらい待たせて、大急ぎで広場の周りのステキな建物を写して回った。たくさんの建築家が参加しているのでデザインは色とりどり。しかし、きりっと光っているの

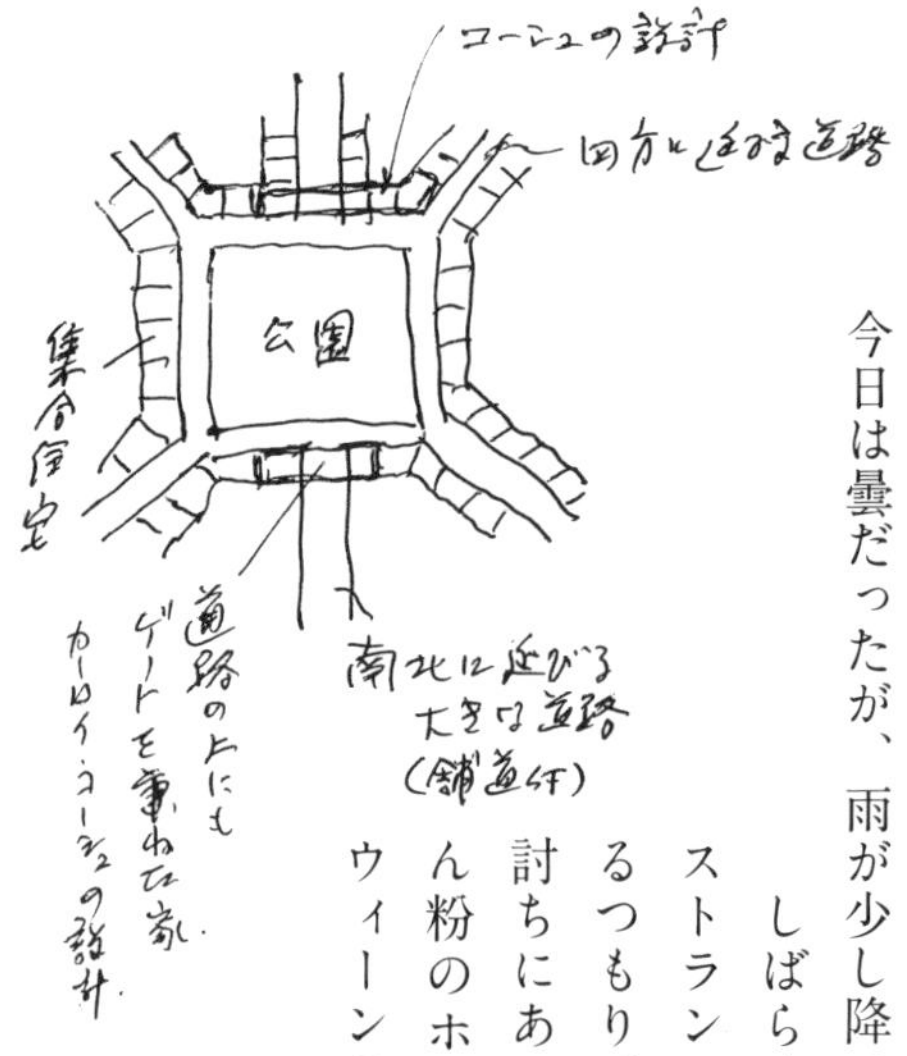

はやはりコーシュの設計なのであった。

　これで今回の目的をすべて達した。TAXIの運ちゃんに礼を言い、ホテルまで帰る。広場に到着時5500ft（フォリント）だったが、帰りついたら8000ft。真っ直ぐに往復したら5000ftだったはずだ。3000ft遠回りした訳だ。こんなことはよくあること。ベンツのTAXIで8000ft（3600円）は安いと思った。

　ホテル到着のついでに、近くにあるウィーン工科大学に歩いていく。多くの建築家が学んだブダペスト工科大学。感慨深いものがある。玄関を入って2Fホールにはノーベル賞受賞者の名前が書いてあった。

　今日は曇だったが、雨が少し降ってきたので部屋へ帰る。

　しばらく休んでいたら急に腹が減ってきた。12時に近くのレストランへ行く。広いレストランに客は私一人。昨夜の仇を取るつもりで、またグヤーシュを頼んだ。仇を取るつもりが返り討ちにあった。またしてもグヤーシュはシチューだった。うどん粉のホニョホニョも同じ。肉の量は多かったが。どうやらウィーンのグヤーシュと勘違いしていたようだ。付け合せに頼んだキューリとキャベツのサラダが、甘酢がけでうまかった。ビール一杯と赤ワイン一杯飲んだ。

　食事をすませホテルへ帰ったら、猛烈に疲れてきてそのまま夕方まで寝てしまった。

起きたのは4時前で、車はもうライトをつけて走っている。昨日お湯が出なくてフロに入らなかった。根性を出して湯を出し続けたら十分くらいしてやっとお湯が出てきた。日本のホテルは絶えず湯を循環しているので蛇口をひねればすぐにお湯が出るのだが、このホテルは100年くらい前のホテルなので遠い遠いボイラーからお湯がやってくるまで十分くらいかかるようだ。浴槽にお腹までつかって断然元気が出た。で、またトイレの横で日記を書く。

若い頃旅行すると、二日同じ靴下を履いているると臭くなった。浴槽に浸かったあと湯を抜いたら垢がこびりついていた。71歳のこの頃は、三日たっても靴下が臭くならない。パンツはクリーニングしなくても水洗いだけできれいなものだ。新陳代謝がそれだけ衰えているのだろう。うれしいのか、悲しいのか。

ペティーフ広場の集合住宅　コーシュ・カーロイ（ブタペスト）

ついでに言うと、10月8日に長野で通風発症。左ヒザに来て歩けなくなった。高知でK内科にかかったら「痛風ではありません」。I整形外科にかかっても「痛風ではありません」。で、治療されず一か月苦しんだ。あまりのこと、人に聞いて海里マリン病院の中谷先生に診てもらうと、レントゲンを撮っただけで「こりゃ痛風ぜよ」。「時間あるかよ」と言うので「大あり」と言うと、MRIを撮り骨密度を調べた。診察の結果は「左ヒザ内側の半月板がなくなっている。軟骨も磨り減っている。骨の一部に血が通っていないところがある。ヒアルロン酸を週一回打つなどしてゆっくり治療しましょう。痛風の方は今日の治療でスーッと痛みが引いていきます」。なんという名医。痛風はたった一日で直った。一週間後、通院すると「痛風は直ったけどちっと痛いろう」「はい、ちっと痛いです」「まあ、週一回は来なさい。気長に治しましょう」「そのうち月一回でよくなります」。

ああ、この一か月の苦しみはなんだったんだろう。徒然草の吉田兼好ではないが、「何事にも先達はあらまほしきものかな」だ。

それ以来、上手な歩き方を忘れた。10年前にも大病して90日間入院し、やっと歩けだしても「つま先」から降りるのか「かかと」から降りるのかわからなくなったことがあった。体が自然と左ひざをかばうのか、痛くない時でもビッコ歩きになってしまっている。かみさんがお風呂仲間に「あんたの旦那さんは何歳ぞね？　しょう痛んぢゅうねえ」と言われたそうだ。

昼のシチューが腹持ちし、夕食はクッキーのみ。最後の夜は「華々しくレストランで」と思っていたが、結局は倹約。空港のラウンジでも機内でもシャンペン、ワイン飲み放題なので、飢餓感がなく、満腹状態。夜中に足がつって痛かった。昨日はたいして歩いていないのに、疲労が蓄積されていたのかも。

面白いデータが出た。ホテル代のデータだ。

5万6000円のホテルに一回泊まってもトータル平均で一日3400円しか違わないことになる。これはぜいたくとは言わないようにしよう。

さらに機内泊が4泊あったので、これを16泊で割ると1万3800円／1泊。四つ星で泊まったので、これは安いと言える。

このホテルはバスルームが一番暖かくて居心地が良い。なぜならば、お湯の配管が露出で上下に通っており保温しているにもかかわらず、さわると熱い。これが温水暖房になっている。

ヨーロッパのホテルでは四つ星ホテルでもバスルームが一番寒い。このゲレルトホテルは築100年だが、こんなホテルは滅多にない。「ホテル側がわざと机のない部屋を用意して、バスルームで日記を書くようにした」とすれば、ニクイはからい。

シカゴ	2泊	32,000円×2
ブエノスアイレス	3泊	14,000円×3
フランクフルト	2泊	12,000円×2
ベルン	1泊	56,000円×1
ブタペスト	3泊	14,000円×3
ペーチ	1泊	7,000円×1
	計	221,000円
12泊したので		221,000 ÷ 12 = 18,4000円
ベルンを除くと		221,000 - 56,000 ÷ 11 = 15,000円

12月13日(火)

夕べも早く寝たので、結果早くから起きていた。7時かっきりに朝食。まずヨーグルトを食べて、あとはキノコノコになるのではと思うくらいマッシュルームを食べて、ゆで卵を一個。7時半には相当明るいので、貴重品バックとカメラを持って外へ。まず近所にあるレヒネル・エデンの兄さんのアパート。シンプルな外壁に煉瓦で模様をつけただけのローコストなのだが、それで歴史書に残るからレヒネルも大したもんだ。

メトロのゲレルト駅へ戻るのに、ブタペスト工科大学の裏を通る。広大な敷地に教会もある。学生達が裏口からどんどん入っていく。学生達は全員裏口入学ではないかと思うくらい、裏から入る。意外と年配の人もいる。学ぶ心はいつまでも大事だ。レヒネルが成功したのは、45歳でイギリスに留学して戻って、50歳を過ぎてからなのだ。

M4の地下鉄ができて本当に便利になった。ブタペストの四本の地下鉄は便利で使いやすい。ナンバーと色で識別して、乗り換えの距離も短く、表示が分かりやすい。一回350ftだから200円くらいか。今日はいやに検札が多い。入り口には必ず人がいるし、途中で二回抜き打ちでやられた。しかし、ちゃんと切符を持っているから心配ない。持ってないと30倍取られる、とか聞いた。その地下鉄で、まず郵便貯金局に行く。レヒネルの最高傑作。二度目だがちょうど順光。時間的にちょうど開いていて中に入る。ホールは初めて。内部の、地味だが頑張った装飾がレヒネルの真骨頂だろう。大建築家はインテリアを重視する。

隣にある自由広場へ。資料によると、この辺りにたくさんアールヌーヴォーの建物があるらしい。歩いて見ると、あるある、たくさんある。今まで来なかったことが不思議なくらいだ。特に、クールシ・アルベルト・カールマンのアパートとビドール・エミールのアパートの二軒が秀作だった。相当良い。アールヌーヴォーの本に載っておかしくない秀作。わくわくする。帰って詳しく調べてみる。

自由広場は広い公園で、人々の多くが犬を連れて、または連れられて散歩している。犬に上着、ズボンをちゃんと着せていたりして可愛がられていることがわかる。犬たちも自由にウンコやらオシッコをしている。さすが自由広場だ。

散歩中の犬

チェックアウトの時間があと一時間に迫ってきた。今日一日はおまけなのだが、近くにフランツリストアカデミーがある。「イエイ」と、地下鉄を乗り換えて行く。見当をつけて歩くが、なかなかない。いつのまにか通り過ぎている。時間切れで引き返す。

あれ、妙な建物がある。これだ。正面が裏の通りにあったので気づかなかった。これも二度目だが、前には中に入れなかった。運良く1階のホールまで入れ、写真を撮れた。あれこれ装飾を寄せ集めたいわゆる折衷主義だが、なかなかきれい。

地下鉄を乗り継いでホテルへ帰ったのが、11時15分。すぐ荷物を取ってチェックアウト。タクシーで空港へ。８５５０ft、少し高い。残った１００００ftを気前よく支払い、「ノーチェンジ」（釣りはいらない）。

で、空港へ。チェックインしたが、荷物が重すぎると言われ、重たい本三冊を抜いて通過。あとは出発までラウンジでシャンペンを飲むだけ。

最後の最後まで頑張れた。あとは帰るだけ。ああ、おもしろかった。

人生は常に修行だ!!

フランツリストアカデミー（ブタベスト）

Ⅱ

東欧への旅

オーストリア・チェコ・ブルガリア・ルーマニア

平成14年（2002）5月4日～5月17日

東欧へ

今回の旅がヨーロッパへ十五回目の旅になる。そうすると、海外脱出は合計二十五回目くらいになる。

よくまあ、健康で、かつ、時間と金がとれたものだと思う。ただただありがたい。

関空→wien→tulln　5月3日(金)　晴

珍しく連休中の出発なので、夜行バスでなく、出発前日の関空前泊となる。

5月3日、早い目に高知空港へ。「司」でザルソバを食い、日本酒をたしなむ。コクのある土佐鶴だった。

空港で日米学院の永国淳也さんと会う。ひょっとして？その通り、寺田寅彦の二年半の留学の日記があって、イタリアあたりを廻るのだという。これも面白い一つの旅行の楽しみ方。ジョン万に続いて二冊目の本にするのだろう。

前泊のホテルは関空から十分くらいのホテル　シーガル。安普請《やすぶしん》だが、ヨーロッパ風のまずまずのホテル。海外から夜着いた人達もよく使うらしい。

コンビニでビールと弁当を買い、食って寝る。

5月4日、8時、ホテル出発。関西空港はそれほどの混雑ではない。型通り、切符を受け取り、check in。

「そじ坊」でザルソバ大盛りの朝食、日本酒一本付。海外旅行時の定番となった、そじ坊のソバ。生のワサビがついてくる。ダブルで780円。上がりに飲んだソバ湯が腹にしみた。願わくば、あと何回かこの幸せを味わいたい。

出入国カードが廃止されていて、かつ出国税も切符に込みなので、イミグレーション（出入国審査）も早い。ガラーンとしていた。

飛行機はオーストリア航空、全日空の共同運行便で、エアバス340。座席は2・4・2の配列で、比較的ゆっくり。機内は空席も少々あった。客は若い女性が多い。そして次が、オバちゃん。男は小数派。トイレが少ないのか、皆よく並んでいた。

フライトは十二時間。早くなったので、機内食は二回。今日は、チキンかカツ丼だった。ここにもBSEの影響がある。私はカツ丼を食った。今一だった。

映画でビューティフルマインドをやる。天才数学者が精神分裂病になり、それを克服して、ノーベル賞をもらう話。プリンストンは秀才学校だな。人間は見えているものを現実として受け入れるし、見えないものは受け入れない。しかし、見えないもので確かなものもたくさんある。妄想とばかり言えないものが……。

機内では気をつけて水をよく飲んだが、ビールも飲んだためか、ウィーン到着直前に痛風発症。急に痛くなる。これも一緒にやっていくしかない。

15時40分、ウィーン到着、二十五分早い。晴、気温27℃。暑い。今回少し荷物が重い。

荷物が多いのか、体力の衰えか。

ウィーンのイミグレーションのパスポートcheckも機械になっている。「オダニタダヒロか」「この写真は君か」。「そうだ」と答えると、「I hope so」だって。

両替、4万円≒320ユーロ。チェコルナ1万円＝2000ユルナ（3000位のはずだが？）

リムジンでcity Air Tenrminalへ。そして、地下鉄でハイリゲンシュタットへ。一つ手前の駅前にフンデルトヴァッサーのゴミ焼却場があって、引き返して見る。なかなか面白い。こういう機能一辺倒の建物にアートを持ち込むのが、楽しい。

今日中にTulln（ツールン）に行くことにする。ハイリゲンシュタットの駅の前がすぐ全長1kmもあるカールマルクスホフ。近くにヌスドルフの水門もあり、懐かしい。

Tullnまでは二十分くらい。ウィーンの森を抜け、ドナウ川を遡る。緑豊かで、美しい。まさに新緑。

Tulln駅は市内から1kmくらい離れているので、歩く。途中、とても良いユーゲントシュティルの家がある。ちゃんとプレートが貼ってある。ウィーン近郊の町にこれがあっても、オカシクないよね。

セントラムはキレイな所だが、土曜でほとんどの店が休み。

ユーゲントシュティールの住宅

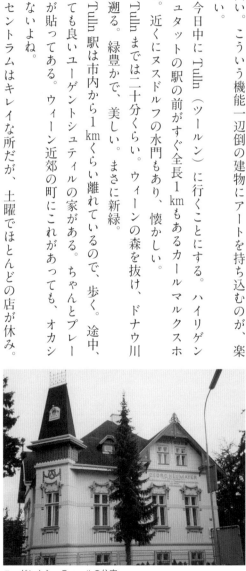

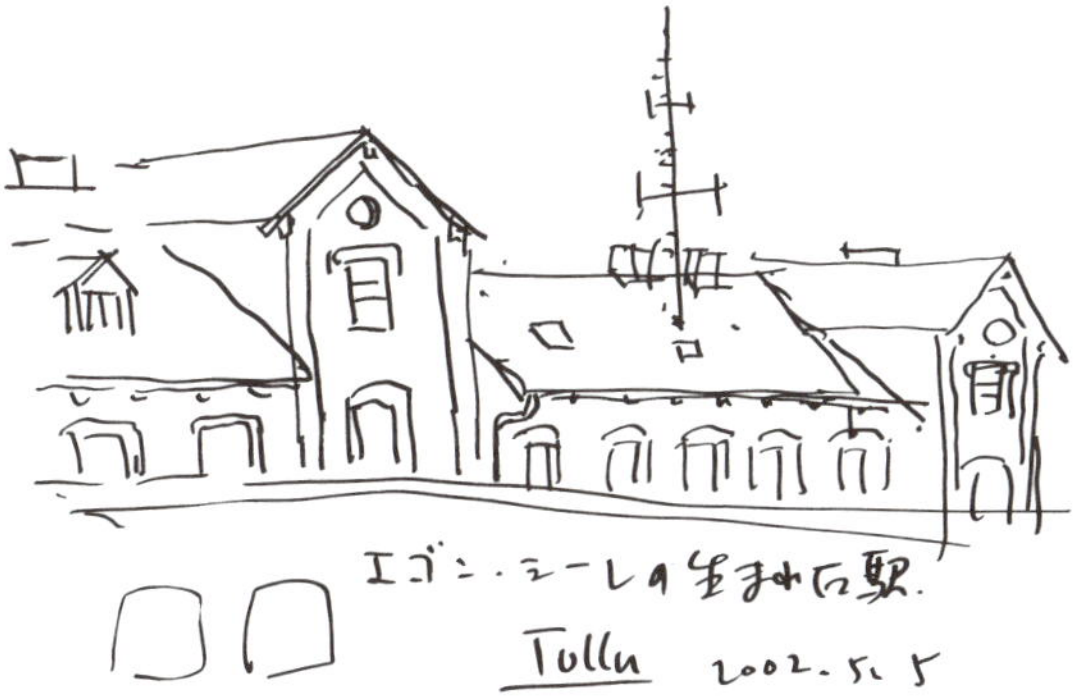

ホテルが一軒あった。しかも、四つ星。ロータリークラブの例会をやっている。構えは凄いが、古い。けれど、ありがたい44ユーロ。部屋は三階の屋根裏。屋内は白一色。バスはシャワーのみ。こじんまりした部屋。

19時30分から少し街を散歩。ドナウ川へ出る。今にも夕陽が沈む頃、ドナウ川に浮かぶボートのレストランで夕食。ここはやはり、ウィンナーシュニッツェル。7.5ユーロで、なかなかうまかった。ボートはかなり大きく、退役した遊覧船をつないだ感じ。

ドナウは本当にゆったり流れている。水質もかなりキレイ。雪どけ水で水量多し。かつ、とうとうと流れている。

この町はエゴン・シーレの生まれた町。シーレの美術館がある。見学する時間が無いのが残念。

右足首に発症した痛風がひどく

ツールンのホテル

なってきた。夕食のあと、ホテルで特効薬のコルシチンを一錠ずつ、二時間おきに飲む。本当は一日一錠だけしか飲んではいけない薬なのだが。朝方には不思議なくらい痛みが引いていた。「よかった」と思ったら、今度はひどい下痢がやってきた。

Tulle（ツールン）→Gmund（グミュンド）→チェスケー・ブディェヨヴィツェ→チェスケー・クルムロフ

5月5日（日）　曇のち晴、夜雨

早朝出発でトラブル。フロントがいない。ホテルのドアは閉まっている。まずいナ。その時、朝6時30分。7時前になってやっと来た。このフロント、クレディットカードを返さずに、またどっかへ行ってしまった。相当バタバタした。TAXIが来たので、駅へ。

7時32分発、国境のGmund行き。Tulln駅

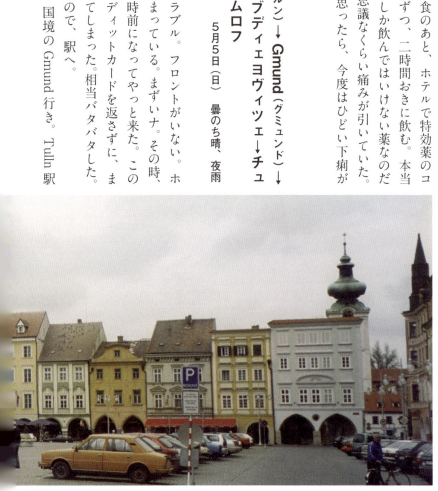

は売店も何もかも閉まっている。水さえも買えない。Gmundへ8時30分。そこで乗り換えて、チェコのチェスケー・ブディェヨヴィツェへは10時30分着。全くの飲まず食わずで倒れそう。さすが国境で、代わるがわる両国の入国管理官が乗りこんで来た。

Gmundからはたった一両の電車。埼玉から来た日本人が乗っていたので、少し話してみる。連休中だけの旅行で、ウィーンからスロベニア・スロバキヤへそれぞれ日帰りしたという。「チェコで四ヶ国へ行くんですね」と笑った。

車窓は延々と平地が続く。畑と森がかわるがわる。チェコに入ると、建物が変化して立派になる。

畑は今、小麦が濃緑色の若葉。その中に菜の花が一面真っ黄色で、とても鮮やかで美しい。白い花が咲いている木はリンゴの木か。

チェコの方の駅には駅員がたくさんいる。まだ人件費が安いらしい。日本を含めて国の歩み

プシェミスル・オタカル２世広場「チュスケー・ブディェヨヴィツェ」

がわかる。

チェスケー・ブディェヨヴィツェに着いて、やっと食物にありつける。ツナサンドと水。相当の空腹状態だった。ありがたいのはその間、痛風の痛みが消えたこと。二時間おきに一錠飲んだのが効いたらしい。快！快！

歩いてブジョビッツの街を見る。大きな矩形の広場があって、それを囲んで3～4階の建物が整然と、かつバラバラに（色、形など）並んでいる。ワルシャワの広場によく似ている。近くに川があるのも、そっくり。

外壁が塗り直されて、とても綺麗な街。ややバロック的。ユーゲントシュティールの建物も「1905年」が一棟あった。

駅に戻る前、もよおしたのでコーヒーショップへ。濃いエスプレッソを飲む。80円ぐらい。アルコールでなくてもうまい。

ちょうど12時35分のチェスケー・クルムロフ行きのバスがあったので、飛び乗る形で乗る。また同じ日本人と会う。

四十分でクルムロフ着。途中の風景も、池があり、林があり、住宅も街もゆったりとしていて、こんな所に

チェスキー・クルムロフの街並とクルムロフ城

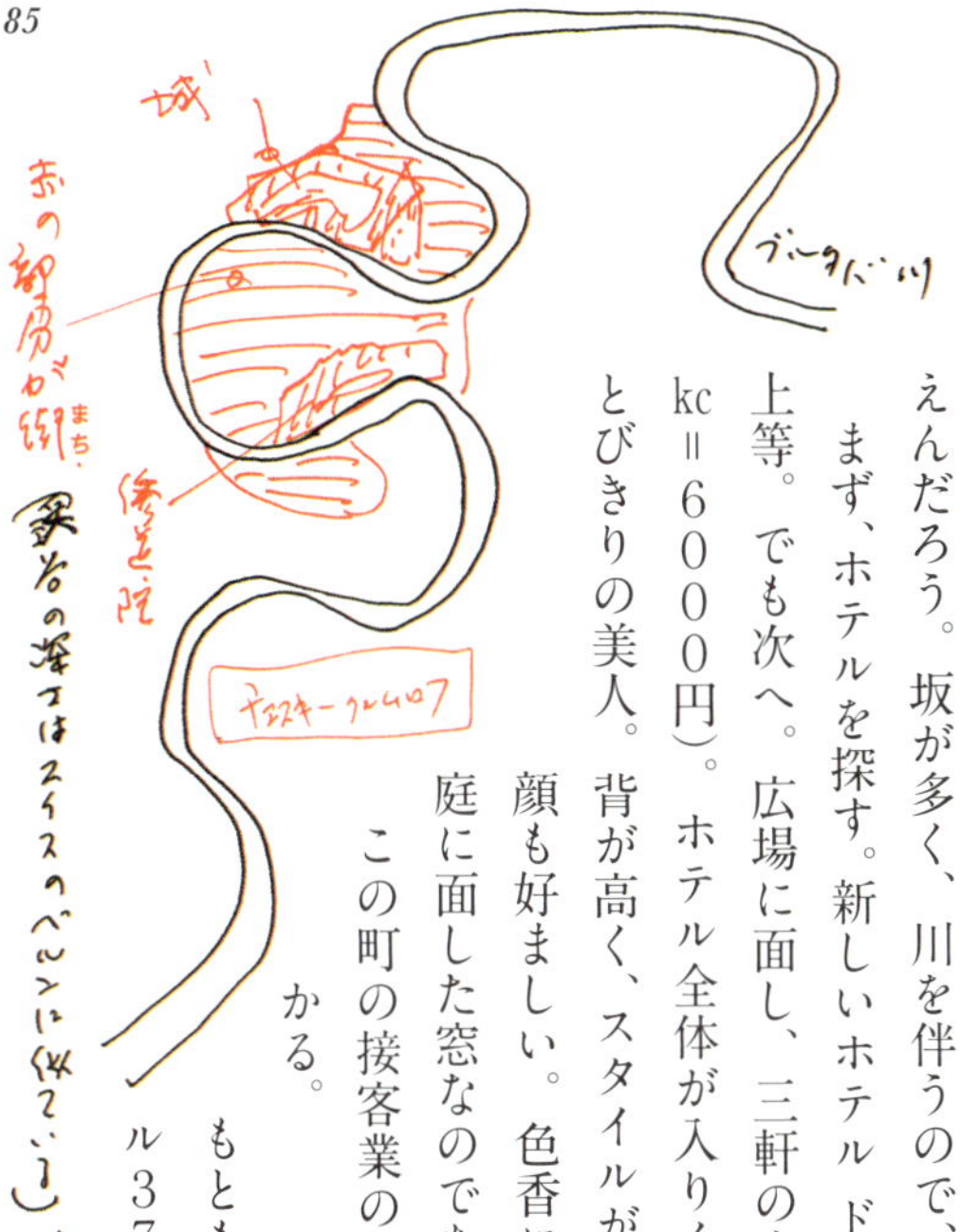

住みたい感じ。

皆と同じに終点の一つ手前で降りて、ブディェヨヴィツェ門から入る。ここは大観光地だ。人の群れ、日本人も多い。

この町はチェコでは珍しく渓谷の町。ブルタバ川が大きくダブルSの字を描いていて、しかも谷が深い。岩山の上に城や町が造られ、景観の良さはこの上ない。世界遺産に指定されてからだろう、建物がどんどんリフレッシュされて、とても美しい。しかも大方のヨーロッパの街はバロック的なのに対して、ここはルネサンス的。かつ、ヴァナキュラー（地方）的。装飾が少く、色や形で勝負している。このあたりが中世的で、人気のあるゆえんだろう。坂が多く、川を伴うので、シャッターチャンスはいくらでもある。

まず、ホテルを探す。新しいホテル　ドボルジャーク（2800kc＝11100円）を見る。上等。でも次へ。広場に面し、三軒の家をつないだズラティー・アンディエル（1500kc＝6000円）。ホテル全体が入りくんでなかなか良い。案内してくれた女性が若く、とびきりの美人。背が高く、スタイルが良く、頭が小さく、胸が大きく、腹はくびれている。顔も好ましい。色香に負けてOKしそうになったが、部屋が小さく、中庭に面した窓なのでちょっと残念。次へ。

この町の接客業の女の人は皆美しくてスタイルが良いことが後にわかる。

もともとは修道院を改修したホテル　ルゼー（No.1ホテル3700kc＝15000円）に泊まるつもりだったが、

その前のホテル　コンビッツへ。通りと川とに面し、眺めが良さそう。聞いてみると満室だが、一室だけ四人用の部屋があるそう。これまた、美人が案内してくれた。

隣の家の2階の南半分をしめた、どでかい部屋（1700kc＝6800円）。ラッキー。ここに決める。

部屋は居間が6m×8m（30畳）あり、それに12畳のベッドルームと便所、シャワー室が付く巨大なもの。

天井の高さも3.6mあり、三本の巨大な木の梁には彫刻が施してあるという豪華さ。床は寄木貼。Bedからトイレまで遠いので、100円ショップのスリッパが役に立つことこの上ない。ラトヴィアのリガのコンベンタセタも大きかったが、広さでは今までNo.1。

一息ついて街を歩いてみる。日曜だし、観光客がむちゃ多い。城の円い塔がやたらと派手なのも面白い。屋根は赤茶で、壁はあらゆる色で塗られていて、ハッとさせられるほど美しい。

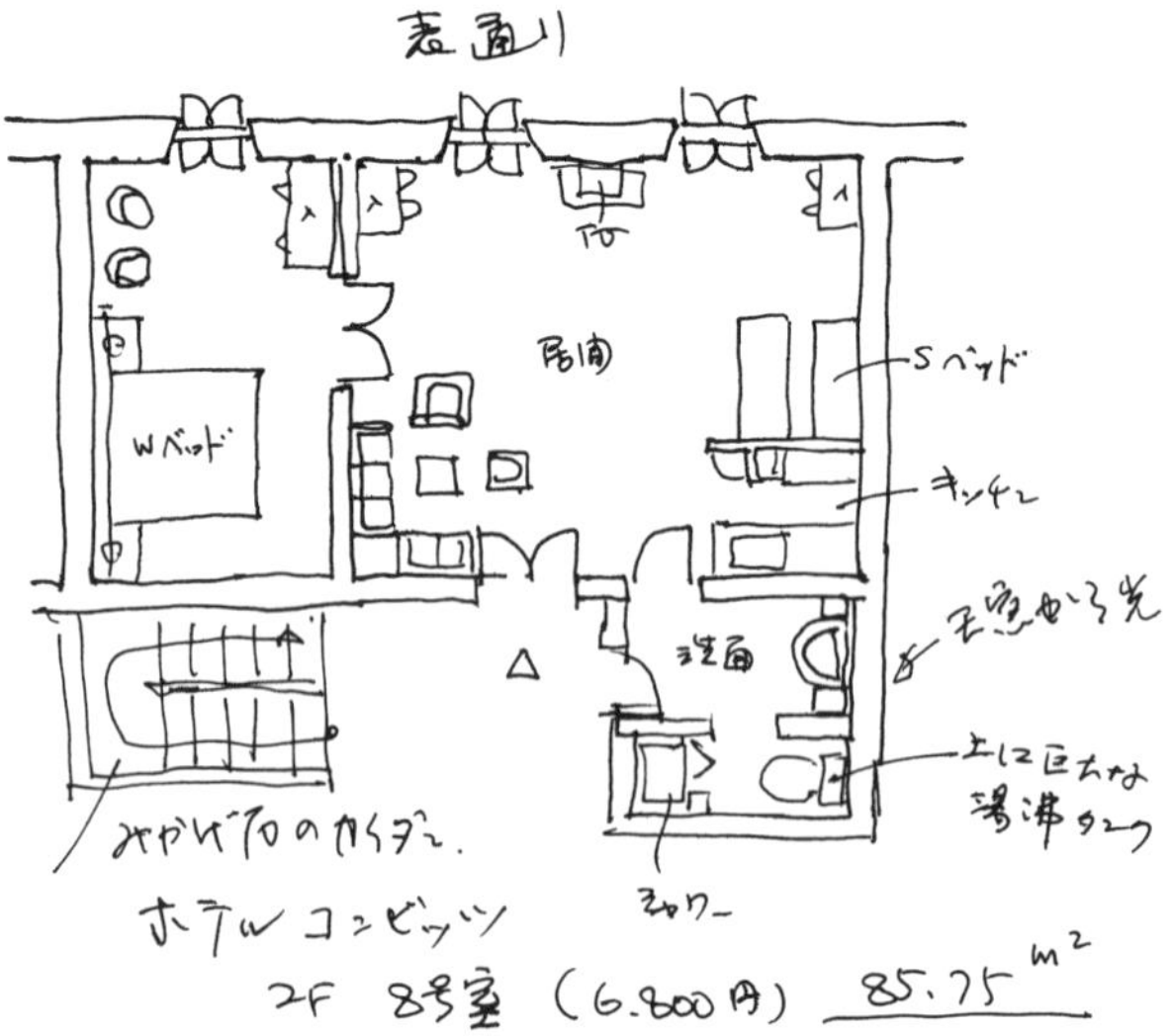

ブルタヴァ川

洞窟のようなレストランで昼食。Trout（ます）の塩焼とビール。じゃが芋の丸焼き付き。ますを暖炉のオキで焼いてくれる。ビールはバドワイザー。両方で175kc＝700円ぐらい。

少し疲れたので、ベッドで休む。薬のせいか、珍しく下痢状態。足は完全に直ったけど、のどもおかしい。こんな時は寝るに限る。15時〜19時頃まで、「具合悪いな」「あお向けに寝たら胃液が逆流するので良くないな」などと思いながら寝る。

起きたら19時を過ぎている。日はまだあるが夕暮れは近い。痛風が直ったら、今度は下痢のため〝ぢ〟になりそう。今日は薬にお世話になっている。薬で薬を抑えるような……。

夕暮れのチェスケー・クルムロフを散策。川が完全蛇行しているので、どこへ行っても川にあたる。坂と城と家と川、とても美しい風景。人間の叡智を感じることができる。歩いても歩いても見あきない。色しっくいの外壁や、しっくいのカキ落しのシンプルな装飾もマッチしている。

城の見える木の橋のたもとのレストランで夕食。サーロインステーキ、ジャガイモのフライ、テーブルの上にショーユ、ビーミ状のものがあり、かけてみると完全にショーユ。しかも三種類あり、１８８９年より、と瓶に書いてある。これは、またふしぎ。

ビールとワイン二杯と水とコーヒーを飲んで、444kc、２０００円弱か。最初は雰囲気よく外で飲んでいたけど雨がふってきたので、中へ入る。ここの姉さんも可愛い。22時頃、豪邸に帰って寝る。

下痢は続いている。腹は痛くない。このままだとバスで移動は出来ないが、明日までに直るかな。広くて歩くのに時間がかかる（午前4時）。

チェスケー・クルムロフ→ピルゼン　5月6日(土)　晴

昨夜の雨も朝は上がっている。この季節、夜は雨、朝夕は曇、昼は晴の天気のようだ。あいかわらず、下痢が続いている。気持ちよく出る。細菌性のではなく、胃が危機を感じて、飲んだ水を全て腸へ流して洗浄している感じ。

朝方、もうれつに眠かった。少し歩いて、バスターミナルへ出発時刻の確認に行く。この街からは長距離便はない。そのうち、早くももよおしてくる。

9時過ぎ、朝食。パンとハムに卵の質素なもの。でも身体がフラフラしていて、久し振りの食物のような感じがして、とてもうまく感じられた。

朝7時35分発のチェスケー・クルムロフ発カルロヴィ・ヴァリ行きがあったが、もう遅い。部屋でグツグツして、色々ルートを考えてみたが、やはり不便な位置関係にある。

バスの方が早いのだが、もよおしたら大変なので鉄道にする。12時30分↓ブディェヨヴィツェ行き。四十分早く行って、駅で日記を書いている。ピルゼンまで、204kc＝800円ぐらい。

晴れてきた。屋根の赤黄が映えてきれい。今日も日本人のツアー客を多く見た。

ホテルの支払いがカードが駄目で、銀行で両替。1万円が２０００kc（ウィーンの空港）、２３００kc（街の両替）、２５００kc（Bank）と増えてきた。

ホテル コンビッツは満足だった。Luzeの半額以下で、こんな広い部屋。Luzeでは中庭向きの小さい部屋だったから、月とスッポン。

cesky krumlovからc.budejoviceまで五十分。Plzen行きに乗り換えて、二時間。15時30分にピルゼン着。（ピルゼンはチェコ語ではプルゼニュだが、英語のピルゼンの方が呼びやすいのでこちらを使う。）

この列車はコンパートメントで、珍しく八人掛けだった。この線は広軌なのだろう。ピルゼンの駅は二度目。前に初めてプラハに来た時、素通りして残念だった。

天気も良く、歩きだす。

駅は、擬アールヌーボー。しかし、もの凄くアンバランスな、イビツな外観。十分くらい歩くと旧市内に入る。あるある。アールヌーボー的建物が、バロックに負けずにある。途端に元気になって、この町に泊まることにする。

この町の広場も大きい。その真ん中にでっかい教会があり、その前のHOTEL Centnalに行く。まずトイレ。ありがたいことに、ホテルまでもよおさずに済んだのだ。下痢は直りかけているようだ。

部屋を見せてもらうと、これまた広い。バスルームが長い。部屋も次の間付きだ。１８００kc（７２００円）で、ツインのシングルユーズ。アメリカンタイプの新しいホテル。バスは、シャワーとバスと二つある。久し振りにゆっくり湯につかる。ビデも初めてついている。部屋の大きさは昨日の半分だが、それでも随分広い。

サッパリして身づくろいしたら、もう5時を過ぎている。しかし、太陽は驚くほど高い。早速、歩き始める。

ホテルの近くに早くもあった。上出来のアールヌーボー。なかなかうまい。リニューアルしてあって、完成すぐのように美しい。カメラの電池が2台とも弱くなって、カメラ屋で交換、再びもどる。この建物は、ミケラッチやストローヴァンくらいの完成度。嬉しい。今、逆光なので、明日もう一度来ることにする。

その他のものもブタペストに負けないくらいある。来てよかった。

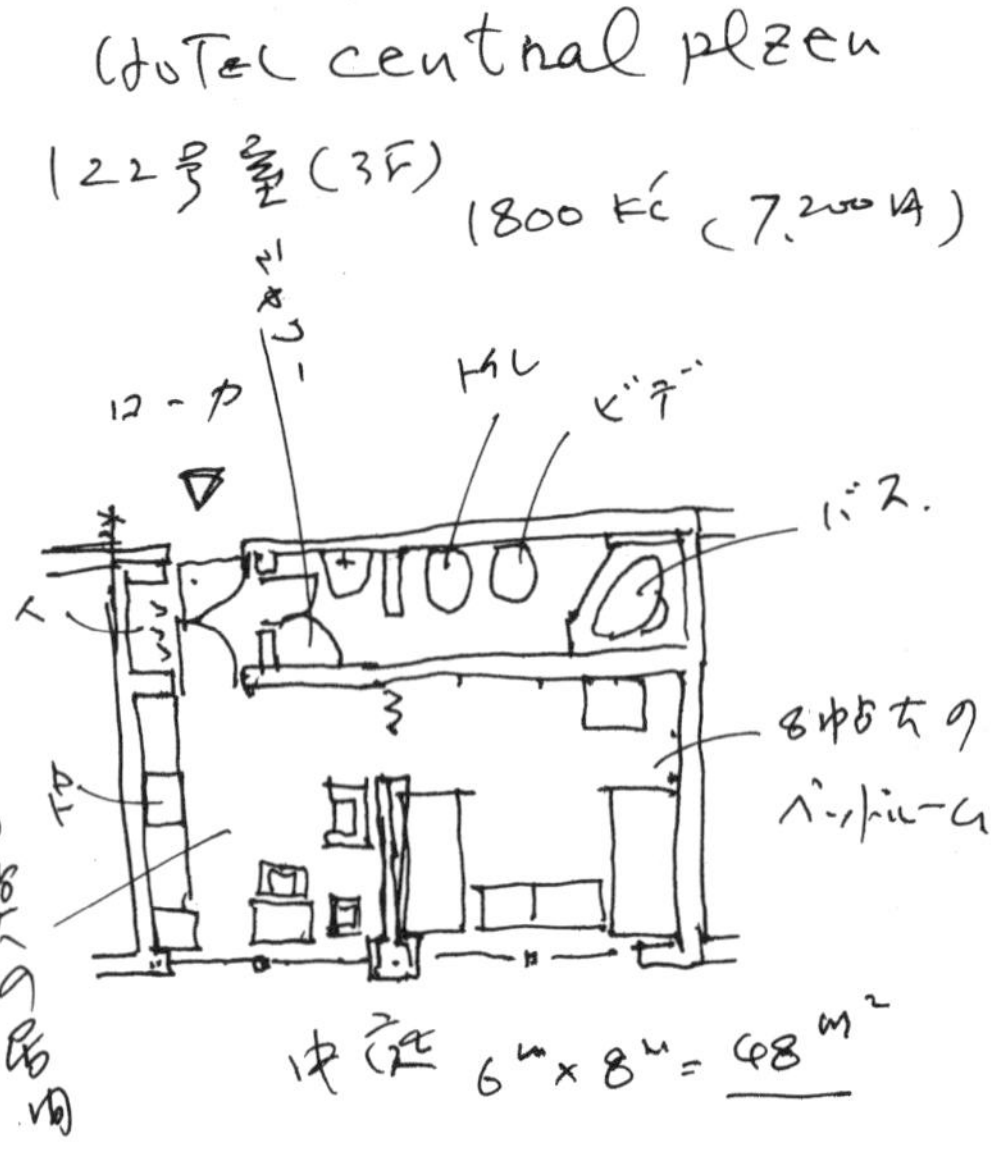

広場では、ビール会社のスポンサーによるジャズコンサートが開かれている。アメリカと何か特別の関係があるらしく、街に「アメリカ」の文字があり、将校が歩いていた。

20時、腹が減ったので、広場近くの古そうな良さそうな酒場に入り、ピルゼンビールを飲む。こっちのは、匂いはピルゼン系だが、味は地酒っぽっくうまい。少し濃いのもテイスト。メニューが全くわからないので、一番上にあるビフテキにする。チェコ語でビフテ

キと書いてある。150gの肉の上にハムが二枚。その上に卵焼きがのっていて、単なるステーキより味わいが深く、長持ちする。
　ガラスの器に入ったキューリとトマトのサラダ。これだと子供も喜ぶかも。旅をすると、自然に体が野菜を要求する。痛風はすっかり引っ込んだが、ビール、肉と、良くないものばかり食べている。
　おっさんの四人組がビールを飲む飲む。大酒盛りだ。この店は、フロアは女の子二人でサービスしている。一人が姉で、腰と腕にイレズミをしている。腰のイレズミがイスに座ると良く見える。Pilsner sekt というシャンパンを一本飲む。うまい。それで、400kc（1600円）。すっかり出来上がって、寝る。

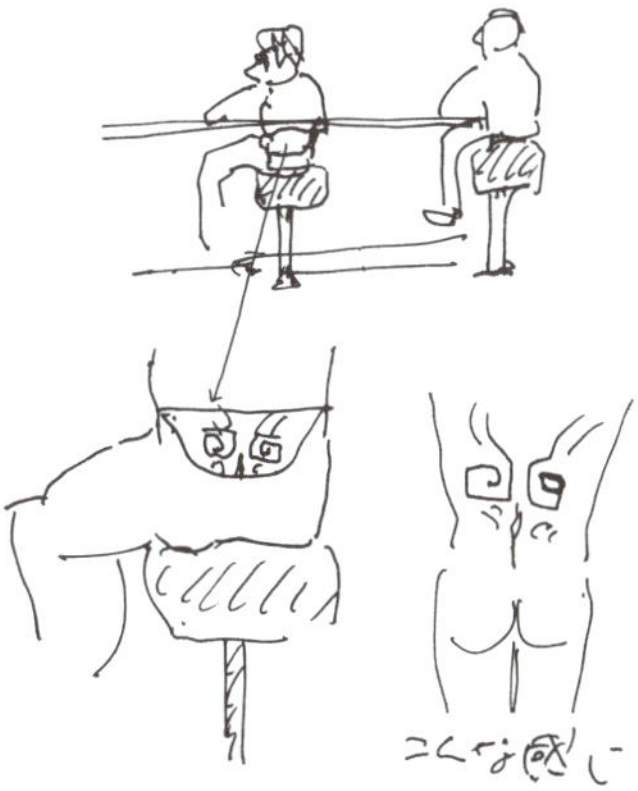

ピルゼンの共和国広場

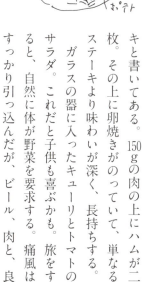

ピルゼン→マリアーンスケ・ラーズニェ→カルロヴィ・ヴァリ　5月7日（火）　晴

下痢はどうやら止まったようだ。トイレでもおならしか出ない。今朝は5時起き。だんだん調子よくなってきた。

バスのターミナルへ散歩がてら行く。しかしあまりに遠く、中止。建物を見る。やはり昨日のドミュー通りの家が最高。スケッチしてみると、そのうまさがわかる。要は、装飾の度合とバランスだ。本当に完成度が高い。

朝食は普通だったが、ヨーグルトがうまかったのと、ハムをパンにはさんで食べるとうまい。それにソーセージ。

ホテルにバスの時間表があり、それによると8時以降12時までない。9時48分の鉄道でマリアンスケ・ラーズニェ（マリエンバート）行きがあり、それに乗る。10時過ぎに着。バスのカルロヴィ・ヴァリ行きはこれまたちょうどがないので、13時55分発の鉄道にする。その間、トラムに乗って市内を見る。これは凄い。谷間にそって、左側がホテル街、右側が公園と延々と続く。ホテルが大きくて、派手で、楽しい。グリンデルワルドを大きくしたような街だ。

最奥にあるコロネード（温泉水をのむためのアーケード）も、大きくて雰囲気がある。ガツン!!と驚かされた。老人が殆どなのだが、人が多い。どの国の人も温泉が好きだ。

中華料理があったので、昼食。カニ入スープ、ヤキメシとビール。ヤキメシの量が多かっ

日本とヨーロッパの建築費の違い ヨーロッパはシンプル。

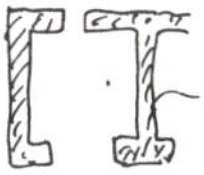

レンガのカベ。に木造作。やす
安くできる。だろう。

日本は大工の芸術。

人口に比べて建物が大きい。施工種類も少なくシンプル。

ピルゼンの建築　アールヌーヴォー NO.1

た。満足。パイナップルの写真をフカヒレと間違えて、一騒ぎ。

屋根が急勾配の木造で、木の装飾のある建物が良いのがいくつかあって、それを撮って、この街は終了。

エクセルシオール、クリスタルパレスなど高級ホテルもそんなに高くないし、明るくて良い街。泊まってみたいと思った。

そして、いよいよカルロヴィ・ヴァリへ。これがまた、超ノロノロの古列車。女の子が車掌、平服である。53kmを一時間半かけて走る。この辺りは、ボヘミアにしては起伏がある方だが、それほど山も高くない。丘程度だ。何度も脱線しそうだと心配した。チェコのローカル線はノンビリだ。けれど、住民の生活の足としては便利だろう。バス停のような駅があったり、プラットホームがなく、線路から5歩も歩くと自分の家の板塀だったりして楽しいことこの上ない。白樺の木が多い。

15時30分、カルロヴィ・ヴァリ着。駅前にいくつ

温泉のコロネード（マリアーンスケ・ラーズニェ）

かアールヌーボーあり。街が少し遠いので、タクシーで最奥のホテル プップへ行く。No.1ホテルなのだが、いっぱいでスイートの330ドルならあるという。よほど金持ちに見えたらしい。4万円出す気はないヨ。

あと二つほどホテルに断られたけど、街の中ほどにあり、坂の上り道にある改装してきれいなホテルに入る。

ホテル プーシキン。このホテルはレストランが主体のようで、フロントも隅の出入口から入り、人一人入れるだけの大きさ。ごく若い女の子がいる。部屋を見せてもらう。59ドル、屋根裏、バス付き。79ドル、ベランダあり。三つ目の部屋は窓が大きく、しかも二つあって気に入ったが、この部屋は100ドル。それでも居心地よさそうなので、これにする。カードが駄目だそうで、ドルはそんなにないし、でユーロならOKで100ユーロ。ドルとユーロの為替差で10％の損。

部屋は快適。窓を開けると涼しい風が吹きこんでくる。対岸の家々や通りの人達が見える。あんまりはやってないホテルらしい。良い立地なのに。エレベーター

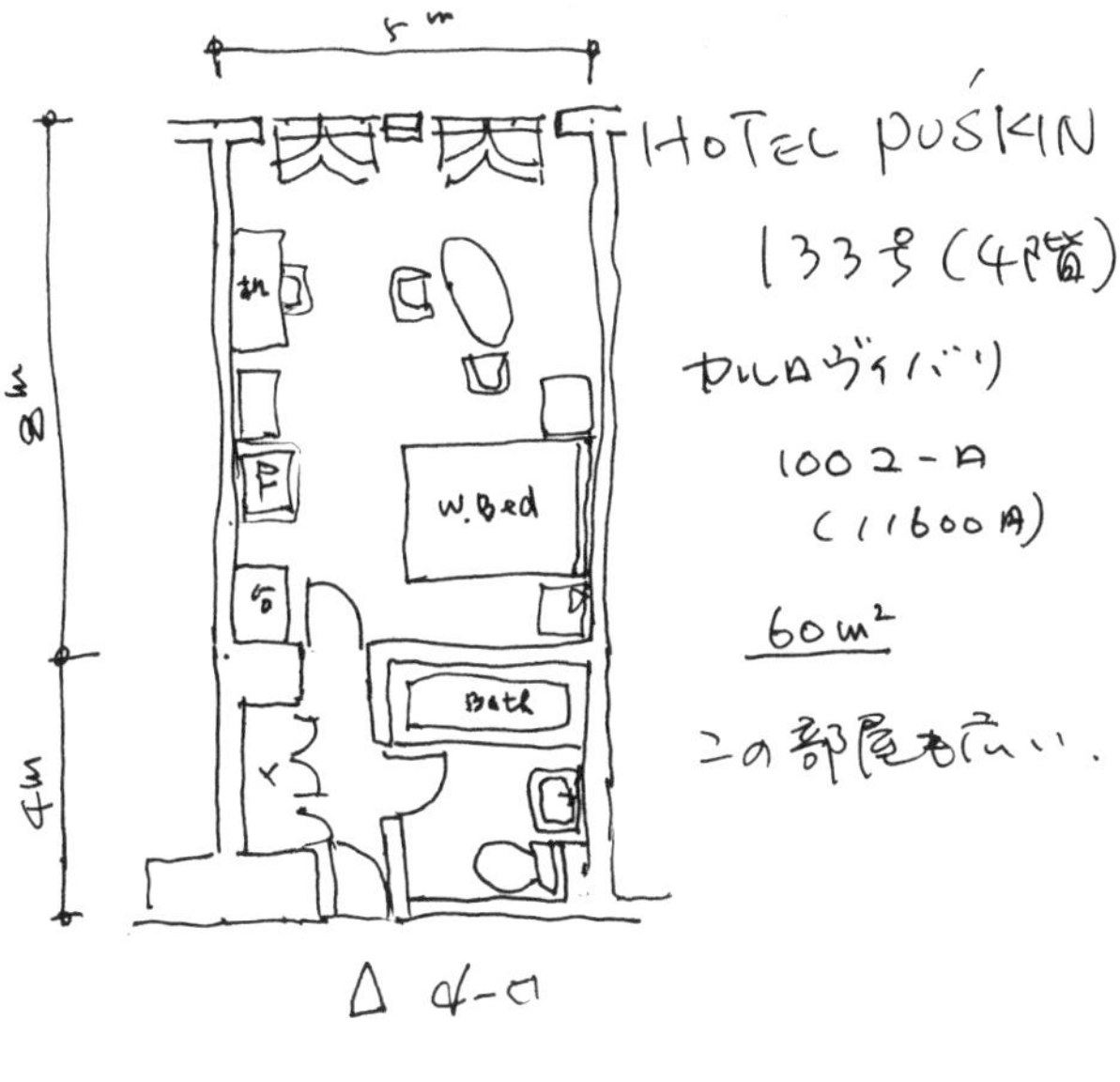

は19世紀のものと思うくらい古く、ドアが木製でスケたやつ。

落ち着いてから街を歩く。ホテルのすぐそばにコロネードがあり、人々が水を飲んでいる。触ってみると熱い。55℃、63℃と温度が書いてある。皆はこんな器で何度も何度も飲んでいる。鉄分の多い、少しイオウの匂いのある、クセになる味だ。ただダカラいいよね。

その真ん前に本格的アールヌーボーあり。改装してピカピカ光っている。結果的に、この街中にはこの建物だけがアールヌーヴォーだった。大方の建物は擬バロック・擬ルネッサンスだ。本格的バロックもボツボツある。

街を一見して思った。ああ、これは銀山温泉だ。街の真ん中を川がうねって流れ、その両側にホテル、土産物屋が並ぶ。コロネードが三ヶ所あるのがなかなかにくいが、良く似ている。それにしても大観光地だ。川があるだけ、こっちの勝ちかもしれないが、マリアンスケ・ラーズニェと両方良い。

建築的には大したことのない街なので、一回りしたら終わり。甘いものを食べたくなって、フルーツポンチのようなものを食べる。75kc。あとべへロフカという地酒のポケットびんを買う。薬草酒だ。まずまずうまい。チェコの三大銘酒だそうな。

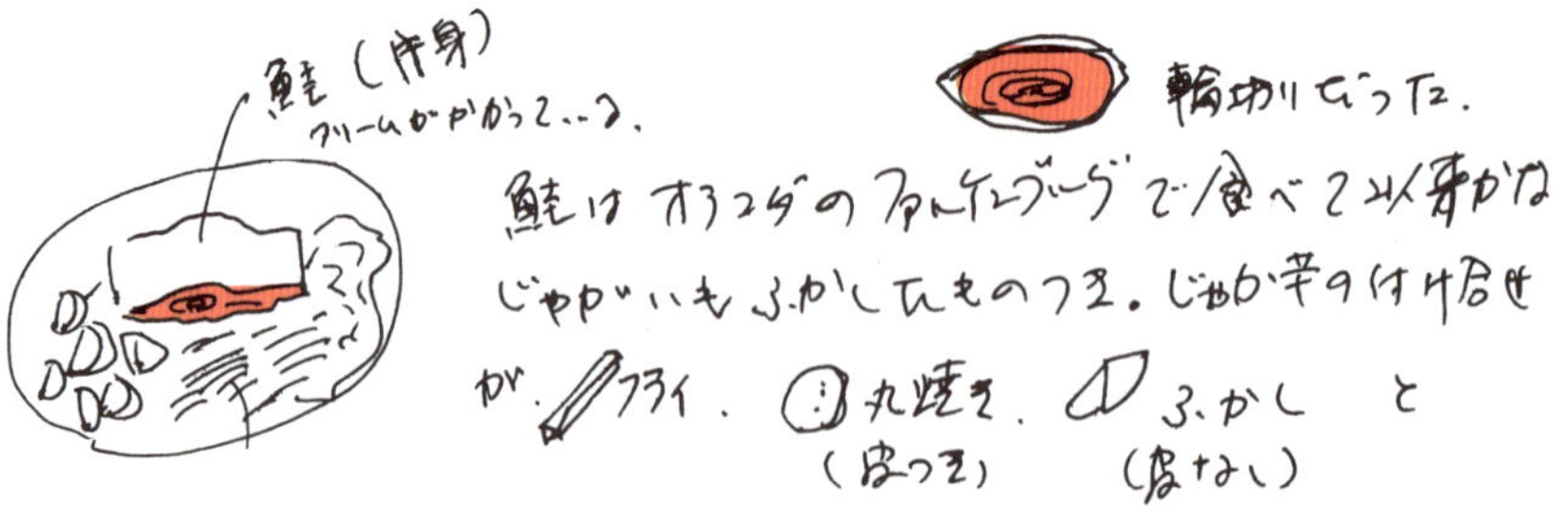

左端：ホテルプーシキン　右下：コロナーダ（カルロヴィ・ヴァリ）

テプラー川とムリーンスカー・コロナーダ（カルロヴィ・ヴァリ）

19時30分頃になって、腹もへってきたので夕食。ホテルの1階のレストラン。地下にタイ料理があって心動かされたけど、鮭のクリーム煮があったので1階の方にする。それと白ワイン一本。

鮭はオランダのファルケンブルグで食べて以来かな。じゃがいもをふかしたもの付き。この旅でじゃがいもの付け合せが、フライ、丸焼き(皮つき)、ふかし(皮なし)と、ちょうど三種類食べた。

にんじんとタケノコ、ゴボウ、大根、どれとも違う。歯応えのある野菜の平切りにドレッシングをかけたもの。今夜の食事は特に完ペキにうまかった。

エスプレッソとカプチーノとミルクコーヒーとクリームコーヒーの別。コーヒーも飲んで400kc(1600円)。あんまりきっちり400だったのでチップなし。

〈コーヒーの種類〉	
Espresso	濃いコーヒー
Café au lait	ミルクコーヒー、カフェオーレ
Cafe Crema	ウインナーコーヒー
Cappuccino	泡立たせたコーヒー

カルロヴィ・ヴァリ→プラハ→ソフィア→プロヴディフ　5月8日(火)　晴

今日は超ロングトリップの日。

朝5時30分、チェコのカルロヴィ・ヴァリをバスで出て、7時30分プラハ着。プラハを二時間以上歩いて、11時45分プラハ発の飛行機でブルガリアのソフィアへ。

ソフィアは時差が一時間あって、15時45分着。ソフィアを一時間半歩いて、17時15分、プロヴディフへ。19時45分、プロブディフ着。二つの首都をリュックを背負って歩き、しかも泊まらず。荷物が重くて、ズボン、長袖シャツ、本二冊を捨てたが新しい本が重い。でも、痛風と下痢が直って本当によかった。

プラハではバスで市内へ。市民会館へ着く。相変わらずきれい。タクシーでカレル橋へ行き、そこから歩く。この橋は妙に心そそられる橋だ。床は石畳、両側に像が並ぶ。エライ重装備だが、そこがまた良いかも。ブルタヴァ川に、この前は気づかなかった堰があった。市庁舎の時計も昔のまま。街が外装をリフレッシュして、もの凄くきれいになった。やはりプラハは大都会だ。ヤン・コチェラの作品も、ヨーロッパホテルも、そのままある。

プラハもソフィアも空港は小さいのに、出入国がスロー。特にブルガリアのイミグレーションはひどく腹が立った。

ソフィアの空港から市民バスで市内へ。ボーッとしていたら、女の子が「ここで降りなさい。ここがcity centerです。バスは空港へターンします」と教えてくれた。それから、歩く歩く。

アレクサンドル・ネフスキー寺院は改装中で何も見えない。ブルガリアホテルで用を足して、地下教会を見て、あとは一路駅へ。17時15分のプロブディフ行きへ乗る。

ソフィアは、これが首都かとあきれた。寺院、政府の建物は立派だが、他のビル、建物はひどい。荒れるがまま。経済が完全にぶち切れている感じ。プロヴディフへの車窓でも、大きな工場の残がい、屋根のなくなった家、造りかけの家に住んでいる人達、住人のいなくなった家などたくさん見た。列車もぼろいし（ただし二時間半乗って4.6Lev、300円は安くてありがたいが）、車窓の風景が汚くて悲しい。荒れた家、掘り返したままの土、ゴミの山。何だ、この国は!!という感じ。夕方になって、羊の群れをつれて家路を急ぐ？一行がよく見かけられてホッとした。

まさに地球を破壊しているのは人間だ、と言わざるを得ない。

夕闇のプロヴディフ着。TAXIで目当てのブルガリアホテルへ。ここでまたフロントで待たされた。怒ったら進みはじめた。人は不合理に出遭うと発言しなければならない。

ホテルは50ドルのシングルと70ドルのダブルを見たが、部屋の広さは同じ。通りに面した部屋なので、シングルの安い方にした。改装済なので、清潔。

この国とこの街は別人格。プロブディフは賑やかで、街もきれいで、人心地がする。カジノもたくさんあって、西側のようだ。ブルガリア人は概して、男も女もブスだが、この

地下教会（ソフィア）

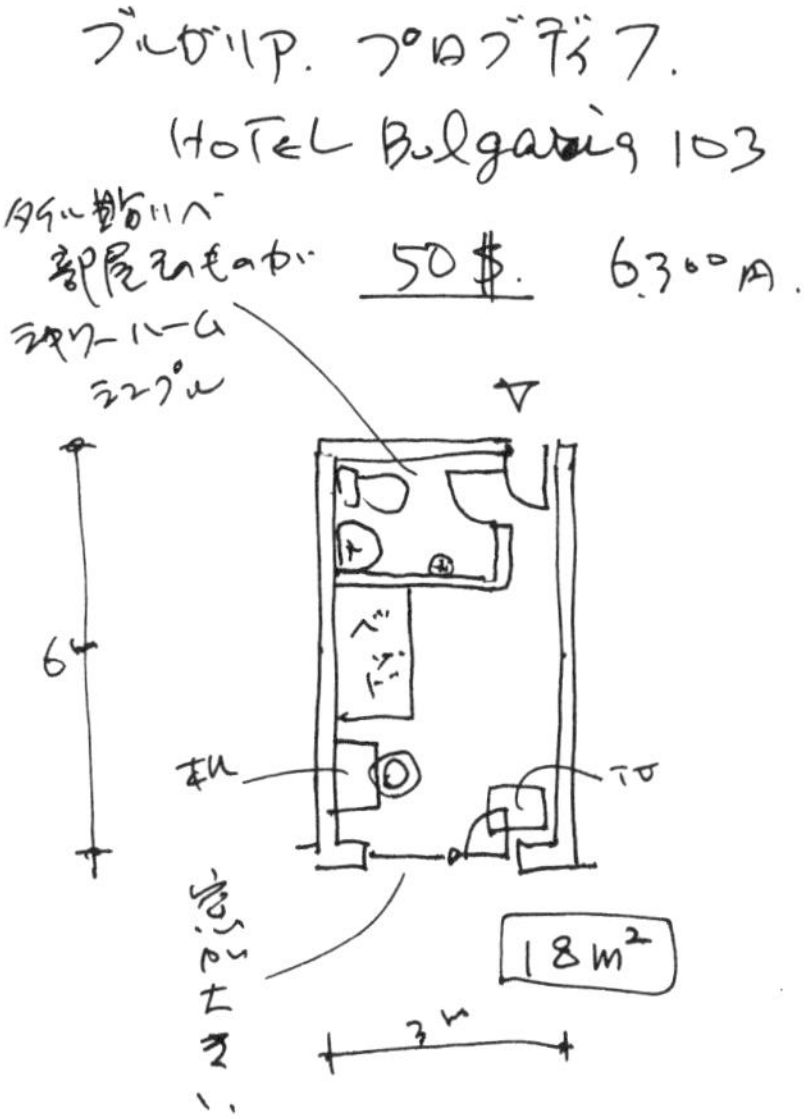

街だけ女の子が可愛い。チェコの女の子は皆きれいなのだ。全員がチャスラフスカと思えば良い。
　夕食に出る。夕暮れで少し暗いが、擬アールヌーボーが少しありそう。良さそうなレストランに入る。中庭で食べる。この時期は外が気持ちよい。マッシュルーム入りの特大オムレツ。子牛のカツレツ。サラダとビール一杯、赤ワインを二杯飲んで、15Lev（900円位）。最後に出てきたキャベツのサラダは超大盛りで、0.9Lev（50円位）。やはり人間は野菜を食わにゃあ。この土地の人は、これにビネガーとオリーブオイル、塩、こしょうをたっぷりかけて食べる。
　ホテルに戻る。1階のレストランバーがえらい賑やかなので入る。ウェイトレスはいずれも10代のスリム美人。超ミニ。大きな店で、照明もうまい。壁と床を照らして、あとは真ちゅうの手スリを光らせている、「Happy」という店。地のブランデー50ml三杯とウィンナコーヒーと黒ビールを飲んで、5Lev（300円位）。カクテルも安い。
　そうか、人生は「Happy」に生きなきゃ、と気がついて、えらく幸せな気分になった。こんな国でも幸せな人は幸せに生きている。大いに教えられた。

プロヴディフ→コプリフシティツァ　5月9日（木）晴

朝食を食べてから早速、目当ての地域民俗博物館になっている豪邸その他へ。偶然、それらしいのにまず当たり、入る。それは博物館ではなく、職安のオフィスみたいだったが、中へ入れてくれた。内部の飾りが良い。

そして、地域民俗博物館へ。ブルガリアの本でいつも見ていたもの。外壁はブルーと思っていたが、青味がかった黒だった。

この街は19世紀中頃とても栄え、当時流行した民族復興様式とバロック様式を融合させ

たとても美しい建物が多くある。その中でもこの建物が最も有名で、イスタンブールから来たハジ・ゲオルギが建てたもの。今は地域民俗博物館になっていて中も公開されている。中も金持ちの家らしく広い。

リストアップされているバラバノフの家、ゲオルギアティの家、ヒンドリヤンの家と順番に廻る。途中の路地も美しく、両側から建物の2階部分が道へかぶさっているのが面白い。ほとんどの家が2階か3階建ての木造である。外壁は色しっくいに、顔料で絵をかくフレスコ画の手法で作られている。半日歩いてとても満足した。この街をまとめてみると、

地域民俗博物館（プロヴディフ）

地域民俗博物館２階大広間（プロヴディフ）

典型的な民族復興住宅（プロヴディフ）

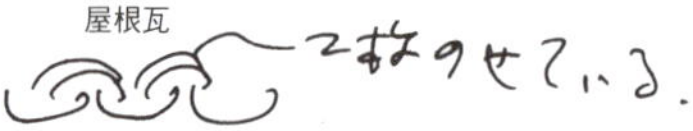

全体の特徴

・屋根、黄色の丸瓦
・必ず通りへ飛び出している。
・どの部屋にも暖炉があり、飾りになっている。
・壁面に腰掛けが長々とある。
・壁面に装飾がある。
・天井は木製で、あらゆる装飾が施されている。
竿ぶちもある。

・外観はしっくいで、カラフル。
・破風がうねっている。
・壁で囲いこんでいる。

十二分に楽しんで、ホテルへ14時にいったん帰る。16時30分のコプリフシティツァ行きのバスに乗るので、15時45分まで休む。ホテル代60%の割増。5ドル＋30ドル。TAXI頼む。2Lev。

通りに飛び出している２階、３階（プロブディブ）美しい通りの突き当たり（プロブディブ）

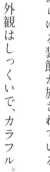

コプリフシティツァ

コプリフシティツァ行きのバスは満員。約二時間、あくまで平原を走りに走る。途中、ジプシーの街があった。こちらではロマと呼ぶ。最後の30分、山へどんどん登る。

到着。エエッ、海抜1060mの町だと？　すばらしい街。バスの乗客のおばさんがついて来いというので行ったら、ホテルへ。ホテルのオーナーだった。民宿で1泊10ドル。内装も新装した一軒家。とても居心地よし。

晩飯をホテルで。豚のステーキ、スープ、ビール、プレーンオムレツ、シャンパンで、20Lev（1200円）。犬がなついてくる。お相伴。硬い所をあげる。

近くのバーで一杯。とても美男美女の若いカップルがいたので写真を撮らせてもらったら、アドレスをくれた。写真送れ、という。うれしくなって、店のみんなに一杯ずつおごった。10Levでおつりがきた。600円。七、八人。ウォッカ二杯、飲む。

コプリフシティツァ滞在　5月10日（金）　晴

今日で旅の2分の1が終わり。天気は全てよかった。

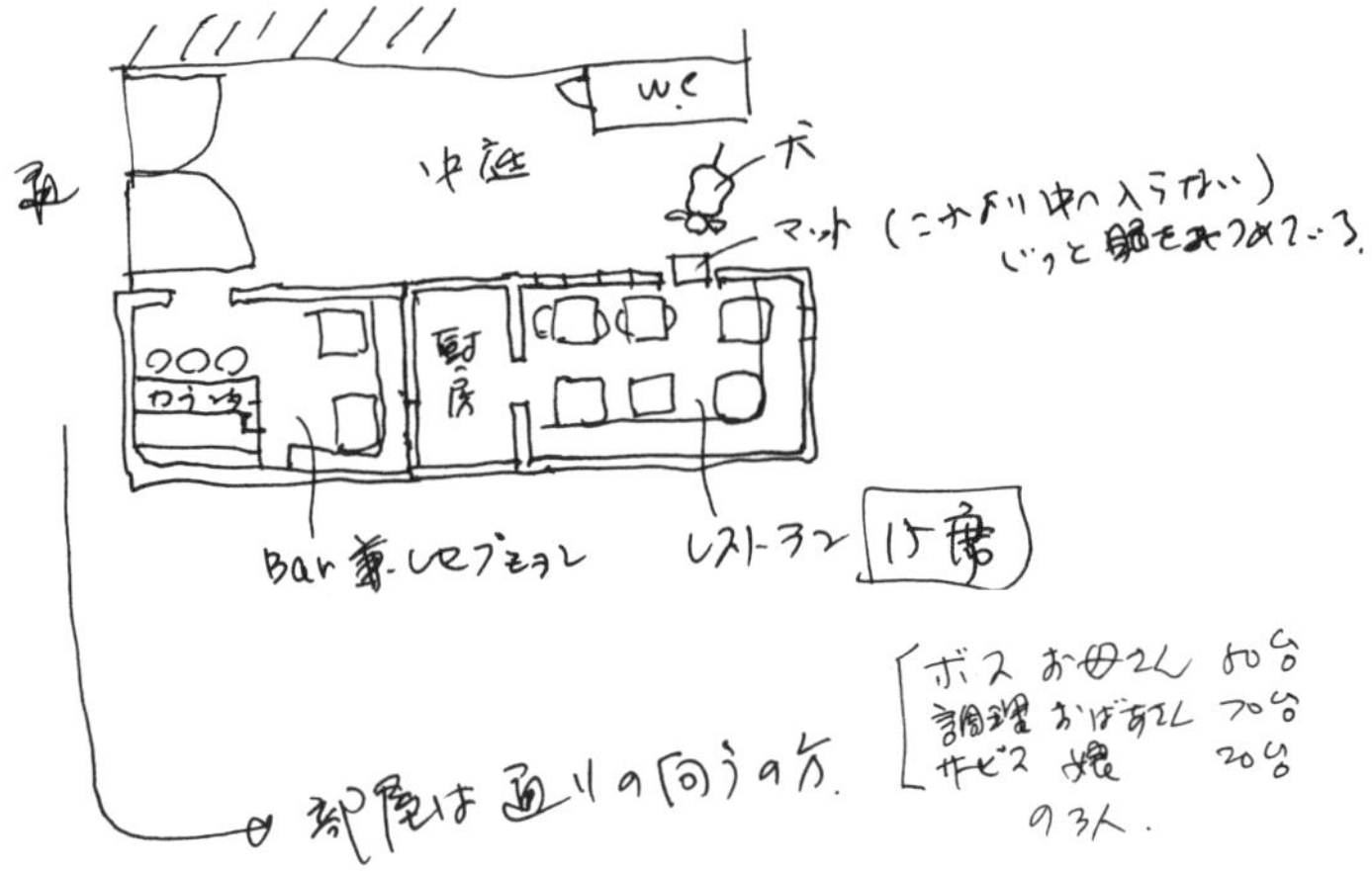

ボス お母さん 40台
調理 おばあさん 70台
サービス 娘 20台
の3人。

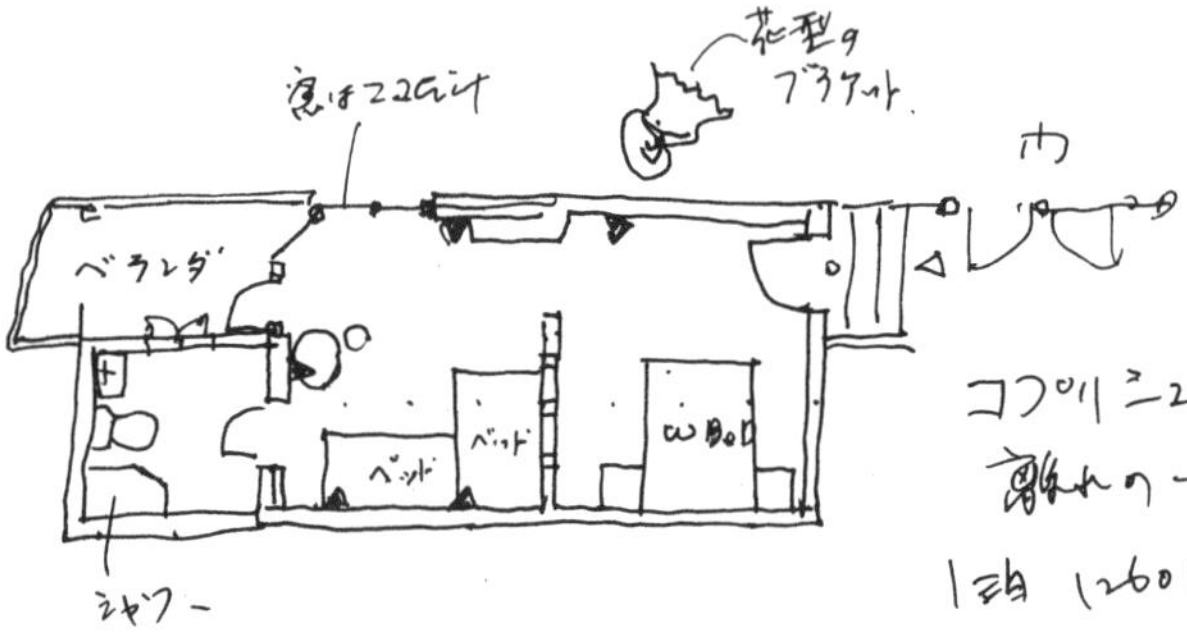

コプリニュテツァの
離れの一軒家
1泊 1260円とは!!
2泊。

照明はブラケットだけ。天井照明は
この街にはない。

4.5 × 8 = 36.0
2.5 × 3 = 7.5
43.5 m²

床 タイル貼の上カーペット敷
天井 桧竿縁天井、周辺くり型付
カベ しっくいカベ

タオルがない。トイレのボールタップ
が壊れている手動。以外は
コスト込み レベル申し分ない。

リュトフ・ハウス

コプリフシティツァの栄えたわけ

14世紀オスマントルコの侵入により、山里に隠れ住んだ人達だが、19世紀に外に出て通商に従事。当時の商人は遠くアレキサンドリアやカイロにも出かけたという。成功した商人達はプロブディフの民族復興住宅に感化され、それ以上の建物を作ろうとした。大工は同じ集団だったため両方の建物は似かよっている。

最も美しい住宅

今も馬車が主要交通機関

美しい石積の塀と門（コプリフシティツァ）

オレスコフ・ハウス（コプリフシティツァ）

コプリフシティツァはブルガリアで最初に「美術館都市」宣言をした町だ。その名の通り、この町は素晴らしい。街全体に統一感があり、プロブディフよりさらに良い。街中がシャッターチャンス。屋根瓦や石の壁のザックリ感。不整形の通り、石畳。全ての家を取り囲む石の壁。なぜか二つ以上ある大きな門。

ホテルも安いし、もう1泊することにして、公開されている六軒全てを回る。間取りや外観など、スケッチしたりしていたら夕方までかかった。1850年頃に裕福な商人が建てた家。一番素晴らしい家の主人は、27歳で死んでいる。トルコに対する四月蜂起の悲劇跡が、プロブディフにもある。家はもう最高。写真参照。

物価の安さ。エスプレッソ0.25Lev（15円）、チーズとハムをはさんで焼いたパンとコーヒー二杯とミネラルウォーターで、2.4Lev（150円）。マッシュルームスープとチキンの煮込み、ビールで、6Lev（360円）。

この国に入って2万円両替して、それで交通費、ホテル代を払って生活しているが金が減らない。

初めて移動しない日で随分楽だったが、家を見、バス停に時間を何回も見に行ったり、インフォメーションに行ったり、随分歩いた。交通が不便なのが、旅行者にはつらい。

明日は、カザンラクで乗り換えて、ヴェリコ・タルノヴァへ行く。

夕食は、チキンのスープ、焼パン、牛の煮こみ、水とシャンパン、ウォッカ二杯。今日も20Lev（1200円）。シャンパンがうまい。犬がまたお相伴してくれた。時々よそへ行く。さびしいので、〝ワン〟と言うと戻ってきた。落ち着いたいい夕食が二晩とれた。

街中、子供の修学旅行のような団体が多い。この民宿にも十人くらい今日は来ている。私のおかげで、古い家の方に泊まらされている。

コプリフシティッァ→カザンラク→ヴェリコ・タルノヴォ　5月11日(土)　晴

コプリフシティッァに別れを告げ、8時30分、バスにて駅へ。9時9分、ブルガス行きに乗り、カザンラクまで二時間。北側は2000m級の山脈。まだ雪が残っている。恐らく700〜800mくらいの高原を走っていると思われる。ソフィアが+550mで、世界で二番目に高い首都だという。ちなみに一位は、ボリビアのラパス。

八人掛けのコンパートメントに六人座った。四人のおばちゃんのおしゃべりが賑やか。一人がスラブ系でフルシチョフの奥さん、一人がアングロサクソンみたいでブッシュの奥さんに似ている。米ソの大統領夫人そっくりさんで面白かった。

11時、カザンラク着。駅前のバスターミナルに行くと、

ヴェリコタルノヴォの街

10時45分のヴェリコ・タルノヴォ行きが出たばかり。しかし、12時30分の最終便がある。ラッキー。

切符を買って、駅前の安食堂でブランチ。ビールとホットドッグ。大きなパンにブルガリアソーセージが一本。その上にフライドポテトとトマトとキューリ。ケチャップとからしとクリームが大げさにかかっている。あまりの豪華さに昼は飲まないビールを頼んでしまった。黒い髪の店のお姉ちゃんが元気一杯。2万円で250Levあった金が、残り約50Lev。心細くなってきた。しかし三日間でまだ16000円くらいで、ホテル代、移動費、食費、本代など生活している。物価は日本の10分の1くらいの感じ。(10分の1↑旅費。食費は5分の1くらいか)

ヴェリコ・タルノヴォまでは二時間で、14時30分着。今までで一番早い到着か。タクシーでセントロへ。15階建てのエタール HOTELに泊まる。9階の東側で、斜面に立っている街が良く見える。眺め最高。しかし階段が一つしかなく、もし火災になったら死ぬしかないと思って、丈夫なシェードを引っ張ったら巾10cmくらいのが元から取れた。

街をゆっくり歩いてみる。斜面に立つ家々というのが、この街の見所だ。ここにも木造の古いのが多くあり、あくまで道へせり出している。斜面に平行にいくつもの道があり、それが交差して、変化をもたらしている。職人街があり、そこが観光のポイント。

中華料理店があり、少し早い夕食。キャベツのサラダとヤキメシで腹一杯になった。マッシュルームと書いてあったのに、出てきたのはきくらげで、今度はマッシュルームのスープを頼んだら、本当にマッシュルームが出てきた。10Lev(600円)。

民族衣装の少女（ヴェリコタルノヴォ）

民族衣装の娘（ヴェリコタルノヴォ）

酒屋で昨日飲んだシャンペンが、2.8Lev（180円）で売っている。それとビールなど買って、部屋でTVを見ながら遅くまで起きていた。言葉がわからなくても結構TVが面白いから面白い。

今日明日とフォークダンスの大会があって、老若男女がたくさん集って、近くの広場で賑やかに遅くまでやっている。民族衣装がとてもキレイ。東の方では21時30分頃から三十分間、光のショーをやっている。真っ暗な中に教会が浮かび上がる。この窓は良い窓だ。

ヴェリコ・タルノヴォ（ブルガリア）→ルセ→ブカレスト（ルーマニア）　5月12日（日）　晴

ここの朝食は珍しく変則。レストランで好みのものを頼む。他に誰もいないので半信半疑。オムレツとソーセージを食べた。今日も快晴。天気には恵まれている。

旅程も大変順調なのだが、交通が不便でしかも遅いので、昨年のバルト海や一昨年のスイス・ドイツに比べると、少々しんどい。移動時間が長いのと、ルートを探すのに苦労する。本日は超移動日。

旅をすると、ただ時間が過ぎ去ってゆくのを待っていることが多い。駅やターミナルで列車やバスを待っている時。列車に乗って窓外の風景に飽きたらただ待つだけ。そんな一時間も、日本にいる時の一時間も、同じ一時間。

11時50分発のルセ行きに乗るべく11時に駅に来たが、その時間の表示がない。その前の便は10時37分の各停で出発したばかり。「ヤバーイ」と思ったが、駅員に聞くと遅れて12時30分になったそう。とりあえずヤレヤレ。

切符は国境のルセまでしか買えない。街のExchangeではルーマニアの通貨は交換してない。さて、どうなるのでしょう。しかも、いらなくなったというビザの件。本当でしょうか。旅は不安の連続。

若い兄ちゃんが英語で話しかけてきた。しばらく相手してくれて、結局、ユーロのコインに興味があるので、一コくれないかというだけだった。で、一コあげた。

風が、ひんやりして心地よい。空気が乾燥しているせいだろう。なぜかコーラを飲みたくなる。そして飲む。コーラは1.2（72円）。エスプレッソは0.21（15円）。

12時30分というのが来ない。待って待って13時7分の各停がきたので乗ったが、さっきの男が違うからおりろと真剣に言うので信用して飛びおりた。あと三十分でインターナショナルが来るという。

どっかでトラブルがあったらしい。そういえば、この駅の前を通って行くはずだから、待ってみよう。バスで行って早く着いても、結局はこの列車待ちになるはずだ。あと30分待ってみる。

来ました来ました。国際列車が来ました。13時25分、一時間半遅れ。「18時か19時には着くだろう」と言う1ユーロの兄ちゃんの弟も、1ユーロくれと言うのであげた。2ユーロのお陰で、ちゃんと乗れた。

まだ、あと一仕事。切符はルセまでしか売ってくれなかった。車掌から買わなけりゃ。

大変。

この列車はイスタンブールから来ている。トルコ↓ブルガリア↓ルーマニア。これはもう一つのオリエント急行じゃないか。ラッキー。そう言えば、寝台車だ。

気の良さそうな若いコンダクターが、切符を買うなら15ドルいる、と言う。少し高いと思ったが、無事に行けるならとOKしたら、別の車輌へ。三人用の寝台車で、別の国のコンダクターがいた。寝ていけるし、鍵もかかるので、安心。15時45分、ルセ着。パスポートコントロール二回。どうやら無事通過したらしい。

17時17分、やっと動き出した。三回目のパスポートコントロール。パスポートを持って行かれた。車掌はノープロブレムだと言う。前にもあったが？

すぐ近くに原発三基あり。橋が古いので、超ノロノロ運転。

17時44分、国境駅着。ブルガリアの国境駅が、ルセ。ルーマニアの国境駅が、ギュルギュウ。

「うるせーっ」

やはり、この国は大変だ。

18時23分、パスポートは返ってきた。ヨカッタ。しかし、まだ出発しない。いったい何時に着くのだろう。たった170㎞なのに、13時30分からもう五時間たった。

予定の11時50分からだと……ウーン。チャウシェスクがこの国の人をバカ者にした？

18時30分、やっと動き出した。ブカレスト到着は20時だな。

ルセからブカレストに着いたのは、夜の8時。そのままシナイアまで行くと23時になるので、あきらめてブカレストの駅前で泊まる。両替したら、100ユーロ（11600円）→288000Levになった。あまり差がありすぎて、混乱する。

ホテル代は50ドルだが、なぜか3分の2にまけてくれた。日曜割引か。

駅で、ライスとソーセージと焼豚煮を食って、あとケバブとビールとウォッカを少し買って、飲んで寝る。

今日は疲れた。

ブカレスト→シギショアラ→トゥルグ・ムレシュ　5月13日（月）　快晴

7時ちょうどにブカレスト発。何と切符が電算化されていて行列はなく、到着時刻まで出ている。11時47分、シギショアラ着。ビザ不要、自由化時にしたのだろう。よかった。

途中、シナイアのあたりが異常に良い、風景も建物も。

シギショアラに到着すると、隣のバスターミナルへ。何とバスが出る直前。五秒遅れてもダメだった。

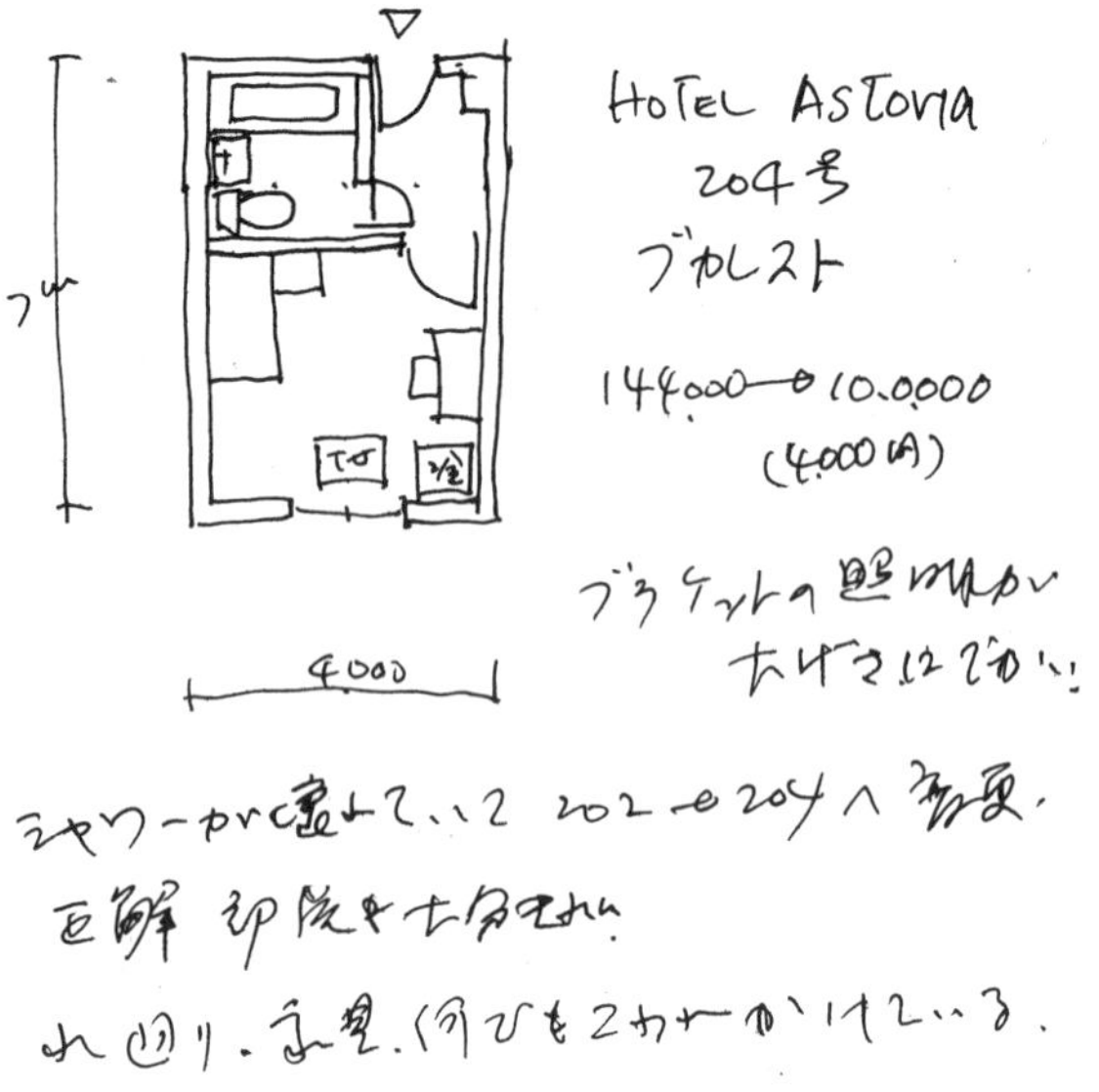

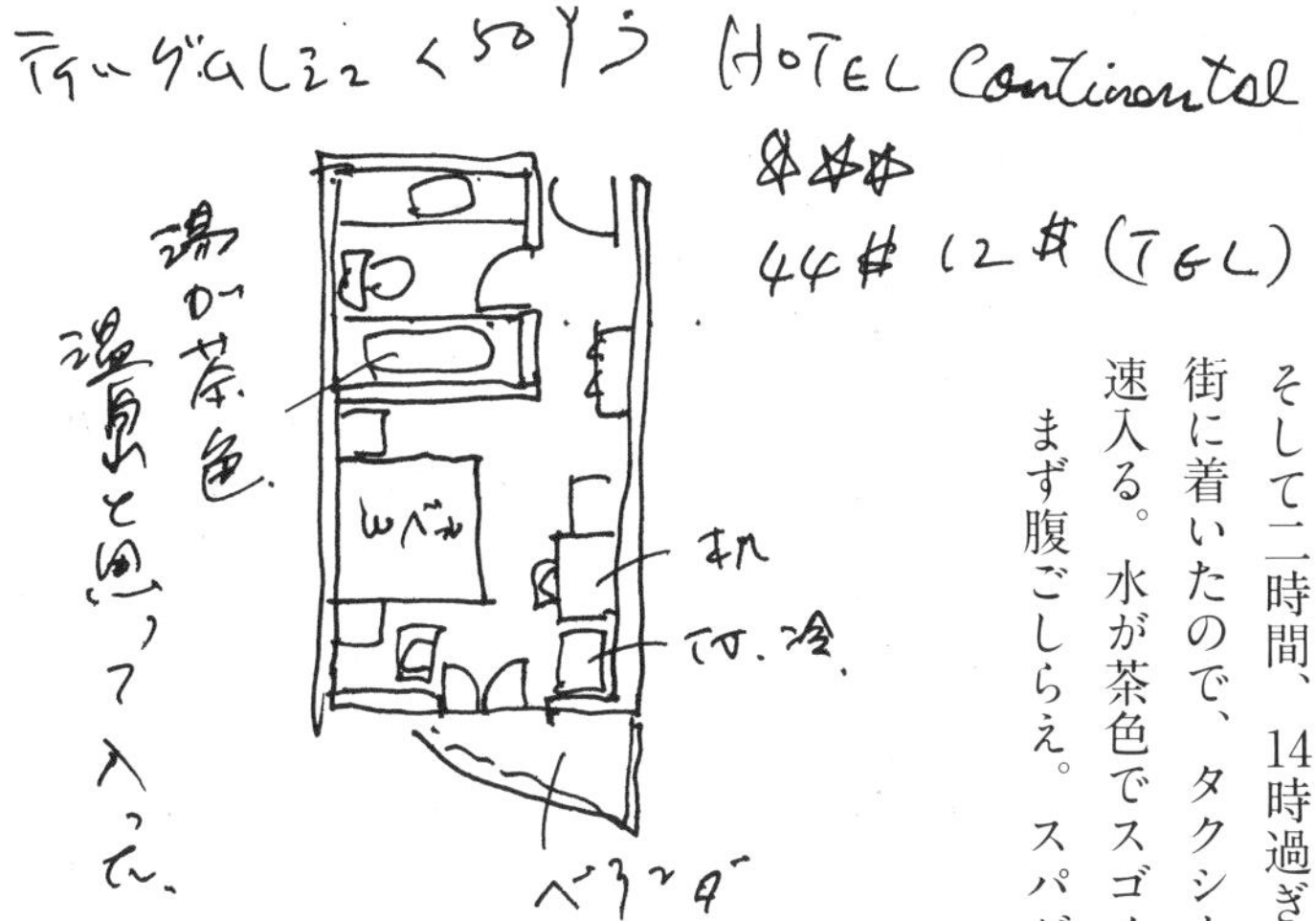

バスは山越えをする。「田舎のバスはオンボロ車」の歌の通りオンボロで、あえぎあえぎ走る。途中、たくさんの村がある。中間くらいに、よさそうな村があった。建物のデザインが良く、建築年も書いてある。門もある。民芸品を並べてもいる。

そして二時間、14時過ぎ、トゥルグ・ムレシュ着。今回の最大の目的地だ。新市街に着いたので、タクシーでホテルへ。今回最高の三つ星ホテル。バスがある。早速入る。水が茶色でスゴイ。

まず腹ごしらえ。スパゲッティ・カルボナーラとサラダ、ビール、うまい。

ブタペストで手に入れた地図を頼りに歩く。あるある。ホテルのすぐ近くの大通りに、続々と。コモル&ヤコブの設計の文化宮殿、市庁舎は大きい。良いのがいくつもある。20あまり見つけた。おおかたは順光で良い写真が撮れたと思う。逆光の分は明日にまわす。

この町にもsandorという、うまい建築家がいる。壊れたものもある。ハイスクールのレヒネル流のものもある。オラデアに負けず、たくさんある。あとはハンガリーのデブレッチェンか。

この時期、日が長いので助かる。20時まで明るい。19時30分頃切りあげて、ホテル隣の昼間のレストランで夕食。グヤーシュスープで、かなり腹がはった。黒ビー

文化宮：コモル＆ヤコブ設計（トゥルグ・ムレシュ）

市庁舎：コモル＆ヤコブ設計（トゥルグ・ムレシュ）

ルがうまい。シャンペンを頼んだら、店まで買いに行った。
隣に若い人の団体がきた。ウェイトレスをからかったり、若さと力があり余っている。
何か肉系を食ったけど、忘れた。うまかった（ビーフストロガノフ）。

トゥルグ・ムレシュ→シギショアラ→プレデアル　5月14日（火）快晴、夕方、雨

8時、朝食。ソーセージがうまい。今回はあまり朝食を食っていないので、一日二食が多い。ベルトがゆるい。

昨日の逆光の所の写真を撮り、満足。トゥルグ・ムレシュが今回のルーマニアの最北。これから来た道をブカレストまで戻る。10時45分発のバスで、シギショアラへ。二時間で着。この辺りは、ロマというジプシー人が多い。独特の派手な服を着ていて、すぐそれとわかる。階級的には貧しいようだ。結構、ものもらいもいる。

昨日会ったボクが「部屋がある」と言うので、とりあえず行く。駅の近く。部屋は良いが、水廻りがひどい。でも、半日休むだけだから我慢。8ドル。

シギショアラを歩いてみる。なかなか良い街ではある。この街は何といっても時計塔。形はきれいだが、意外とずんぐりしている。でも高い所にあるので、どこからでも見える。写真を撮ると、どこからでも写ってしまう。

時計塔（シギショアラ）

屋外階段に屋根があった。案外、雨が多いのだろうか。

昨日の客引きのおばちゃんにも会う。部屋が今いち、信用できないので一旦戻り荷物を確かめて、安心する。

17時43分発でシナイアに行くことに決め、もう一回シギショアラの旧市街に行き、昼食にする。ビールとトマトとアリャリャコリャリャ・ペペロンチーノ。ここだけは味が今一つだった。

暑い。ロマが多い。物乞いする子供もかなり多い。面白い街ではあるが、本に書いてあるほどではないと思った。珍しく白い教会があり、キレイだった。

予定通り、ブカレスト行きに乗る。切符の電算化はブカレストだけだった。そして三時間。周りの乗客が、シナイアには止まらないので次で降りて乗り換えろ、と言う。あまりたくさんの人がそう言うので信用するしかない。17時12分発が止まらないので、17時43分発にしたのに。トーマス・クックとどっちが？

しかし、降りてみてびっくり。このプレデアルの町にはホテルや民宿が50軒もある。初日にシナイアとここが良いなと思っていた街。21時頃、到着。

ここで泊まることにして、駅前にかなり大きいホテル CARMEN HOTEL があり、check in。８５０００Lev（３４００円）。フロントは美人だが、あいそ今いち。

部屋は広く、バスもある。結構汗をかいていたので、シャワー浴びてさっぱりしてから、夕食。人間はよく食べる。食べてるか、寝ているか、移動しているか、だ。

ホテルのレストランでもよかったが、二人の楽隊がうるさいので向かいのレストランへ。

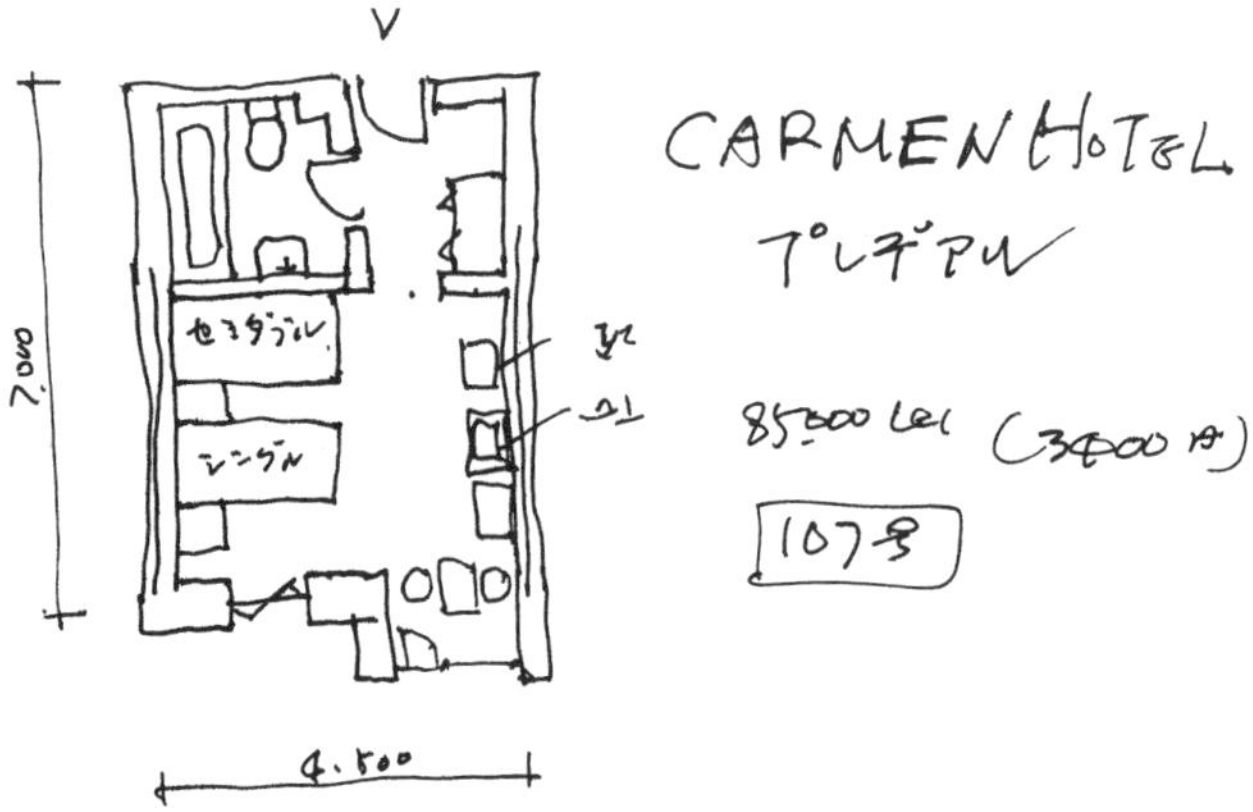

素朴な割に、ウエイターがちゃんとしているのでびっくり。この街は山登りの基地で、グリンデルワルドのような感じ。シーズンになれば賑わうだろう。

スーパーも遅くまで開いてるし、レストランも0時までやっている。メニューが難解で考えていたら、日本食Orez Japonzというのを勧めるので、それにする。ビールとワイン、サラダとorezとスープ。魚のスリ身のスープみたいでとてもうまかった。200000Lev(800円)。

ホテルに戻って、レストランでコーヒーを飲む。甘いお酒を一杯。ここでトラブル。メニューには3万と書いてあったのに、金を払う時には4万となっていて、「いいか」と言う。どうも古いメニューだったようだ。納得いかないので、「絶対オカシイ、払わん」と言ったら、向こうも納得。しかし差額の一万は、あとでチップとしてやったら喜んでいた。たった40円だが、ちゃんとせんとなめられる。部屋に戻ると、23時30分。

毎日平均五時間以上移動している。大変。つながりが悪いのと、遅い。ブルガリアが日本の3分の1、ルーマニアが3分の2の広さで、しかも円いのだから。もっと早くしろ。

朝、ホテルから日本に電話。ムネオはまだいるらしい。

北朝鮮の五人が中国の瀋陽の領事館に亡命したのを中国がつかまえて、大問題になっているらしい。NGOがかんでいるようだ。エリートの外務省より、NGOの方がよっぽどエライ。本当の外交官になりたかった人達かも。

ホテル前の道は幹線で、トラックが夜中もじゃんじゃん通る。

プレデアル→シナイア→ブカレスト　5月15日（水）　晴→曇

プレデアルを朝7時過ぎの便に飛び乗って、シナイア着8時過ぎ。駅前のカレイマンホテルに入る。部屋は満室というのを、デイユーズオンリーということでcheck in。荷物を置く。系列のパレス☆☆☆☆も満室。昨夜遅く着いてもヤバかったかも。で、朝食を食べさせてもらう。一心地ついてから町へ。凄い坂と木。

SINAIAは山の中。駅を降りたら、いきなり凄い階段。

朝メシ食って少々歩く。なかなか良い建物があるが、森の中。移動はTAXIにする。まず、ペレシュ城に行く。ちょうどツアーが始まるのに間に合い、一緒に中へ。タクシーの運ちゃんが英語を解するので、いろいろ段取ってくれる。

靴にカバーをかぶせて歩く。中は豪華、豪華。一ヶ所たりとて無色、無装飾なるはなし。ドイツの白鳥城と張り合って建てたのでは？　19世紀なので、色々な様式の折衷なのだが、なぜかユーゲントシュティルぽいところもある。

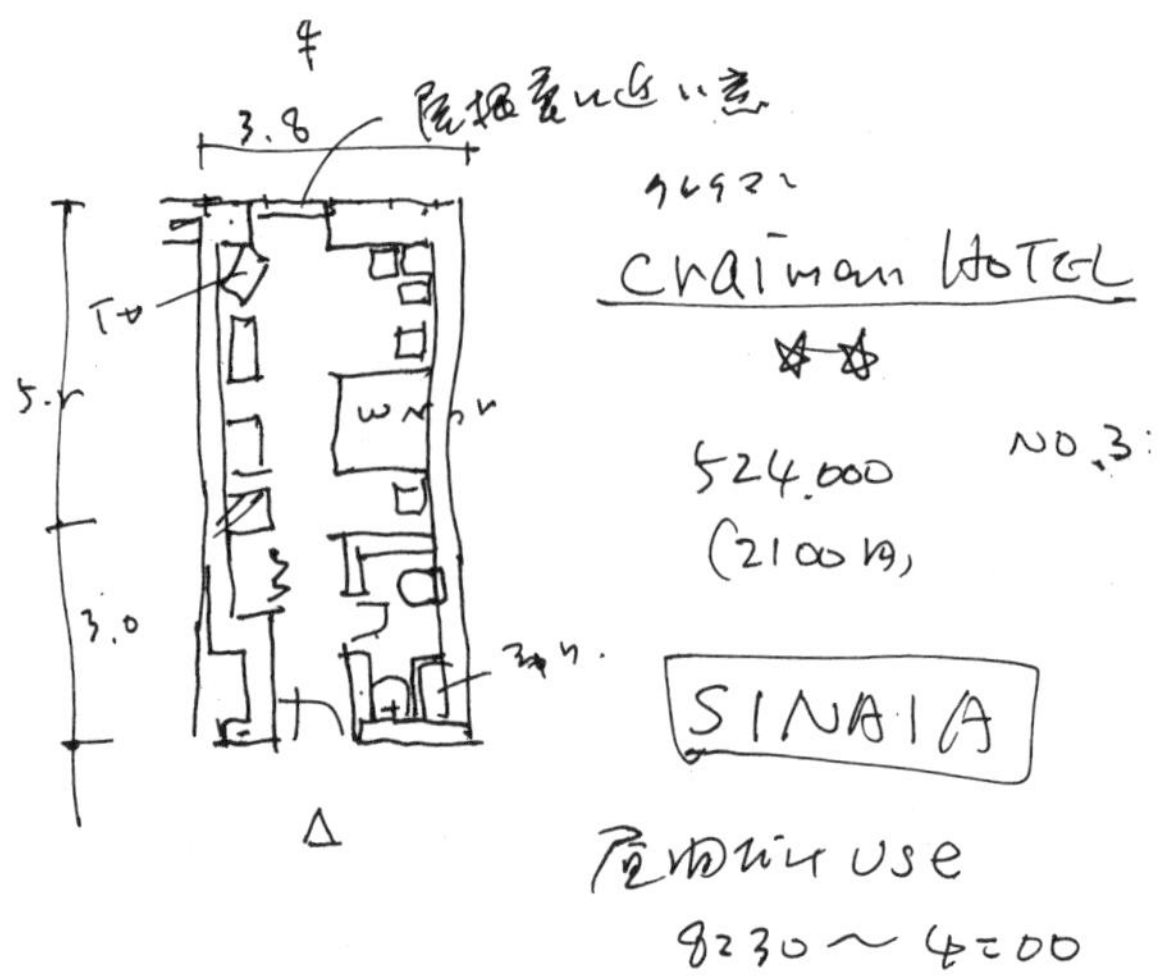

とにかく、豪華で凄かった。チャウシェスクも3017室もある国民の家をこのつもりで建てたのだろうか。

隣のペリショール城は、外観は立派、内装はだいぶ地味。ここにもユーゲントシュティルあり。ペレシュ城下でレースを売りつけられる。30ドル。あまりしつこいので買った。今のところ唯一のみやげ。

TAXIが迎えに来てくれる。シナイア僧院の写真を撮って、そしてケーブルカー乗り場へ。

ブチェジ山に上るケーブルカーは三十分ごとにある。一気に1400m、2000mと上がる。こわい。てっぺんには氷が、雪があって、触ってみた。雄大な眺め。冬はスキーに最適だろう。じゃんじゃんすべれる。

相当寒いのだろう。木はなく、草と、苔と、エーデルワイスだけ。エーデルワイスが可愛いい。しばらく座っていて気持ちよかった。霧が一面に上がってきたり、遠くで雷がなったりした。

両替、日本円OKで、1万円↓2450000Lei。また大金持ちになった。

ペレシュ城（シナイア）

ペリショール城（シナイア）

14時過ぎ、ホテルへ帰り、休む。

16時34分、ブカレストへ最後の移動。TAXIの運ちゃんはブラショフが良いと言っていた。Next time I will.

駅員さんも英語堪能。親切に教えてくれる。英語圏でない人の英語はわかり易い。多くの人が英語がわかる。これから急速に近代化するのだろう。農家は別だな。馬車とクワだ。前に来た時と同じ。掘り返している。トラクターなんか使ったら早く終わって仕事がなくなってしまう、という感じ。約五十年の共産党独裁は本当に良くなかった。

16時40分、ブカレストへ。これが「RAPID」とは名ばかりで、走らん走らん。線路工事中で、まあ非効率この上ない。人がスコップ持ってやっている。

それに、この国の人は片付けをしない。だから、廃棄物とゴミの山。見るだけでイヤになる。二時間くらいのつもりが、到着は20時前。一時間二十分遅れだ。疲れる。

ブカレストノードから地下鉄に乗って、ロマーナへ。

アンバサダーホテルに泊まる。客車で一緒だった女の子に地下鉄で何度も会う。

ガイドブックと地下鉄の色が違っている。このホテルは老舗で、宮本輝の『ドナ

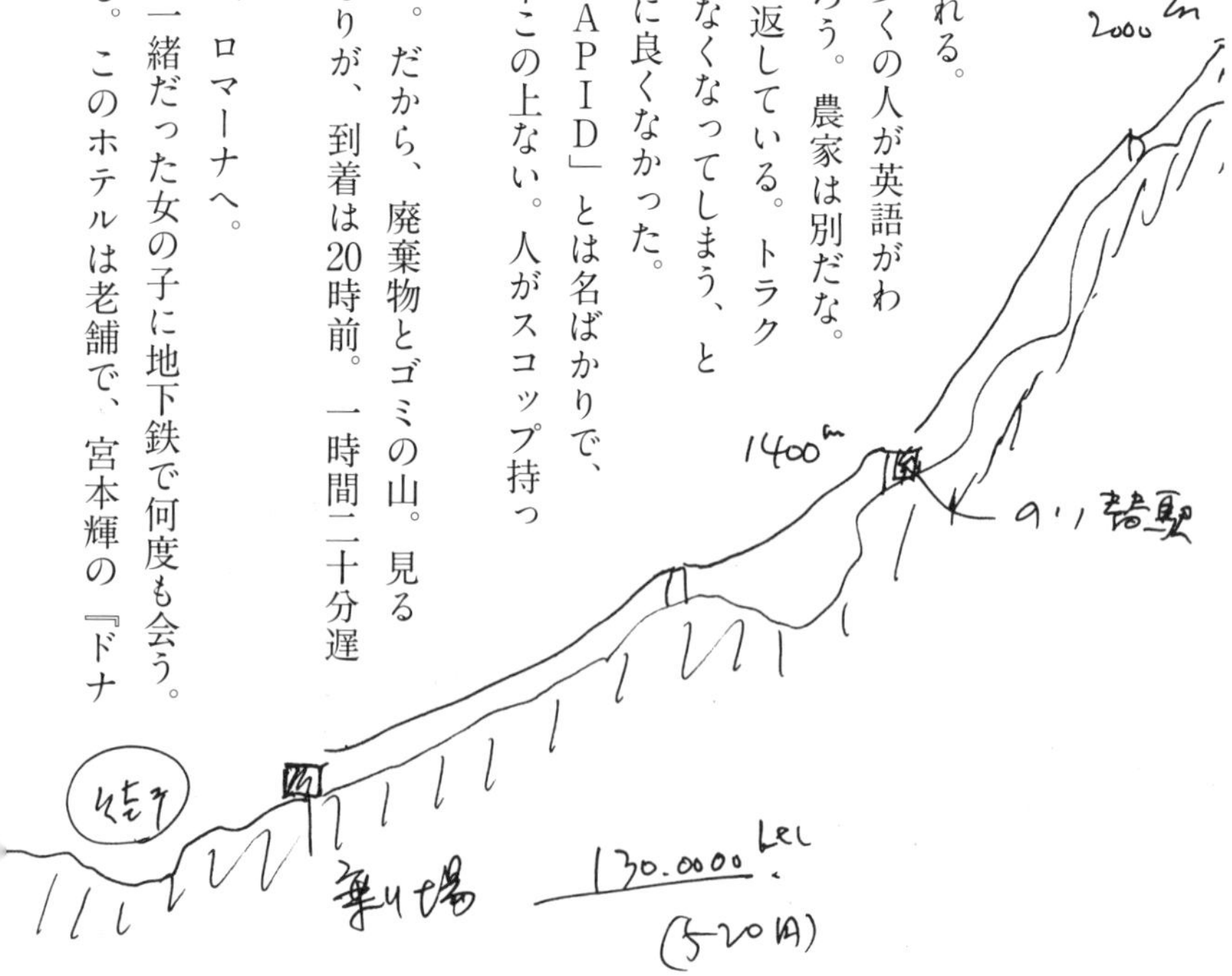

ウの旅人』にも出ているらしい。

このホテルは85ドル。ちなみに、前のホテル リドを聞いてみると215ドル。それがダブルになると235ドルで、たった20ドルしか違わない。ヨーロッパのホテルは部屋貸しなので、ツイン、ダブルになると追加はシーツと枕代のみなのだ。

二人で旅行すると割安になる。

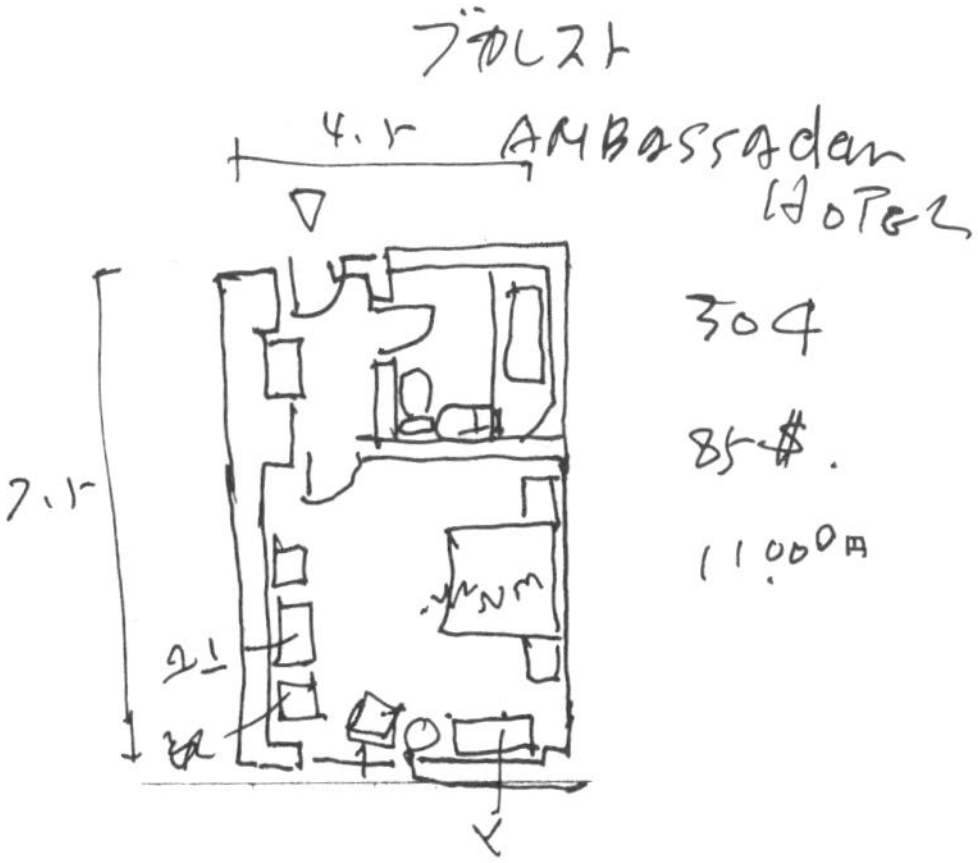

5月16日(木)

午前、ブカレスト発、ウィーン経由で5月17日早朝、関空着。

ハードな旅だったが、収穫も大きかった。東欧は物価も安く、治安もよくて好きだ。また行きたい。

ブチェジ山。ここは2000m。ロープウェイ10分でのぼれる。山頂は2500m。

Ⅲ

湾岸戦争に遭遇

トルコ・ギリシャ

平成3年（1991）1月12日〜26日

忙中、中東・湾岸へ

この二、三年、本当に忙しかった。

本業の建築設計は順調だったし、趣味でやっている高知建築探偵団は毎月活動している。そこから派生した小津高校の改築に伴う校舎保存運動はピークを迎え、作家の椎名誠を迎えたり、建築史家の松村貞次郎先生を招待したりとマスコミを賑わしている。

そして、三年目に入った手結港マリンタウンプロジェクト。大手の浜でサンゴが発見され、マリーナ反対運動が盛り上がってきて、日本自然保護協会の調査も終わり、国会で沖縄の白保の空港問題、長良川河口堰とセットで取り上げられるようになった。

地元にいる私達の運動は「理論では勝った」と思われた。しかし、工事を進めたい中内知事は起工式を強行した。これに対し「大手の浜を守る会」はサンゴの葬式を行って抵抗した。

盟友の高橋次郎さんに私は言った。「こうなったら知事を変えるしかないねえ」「岡山から知事選に立候補を求められているあなたの同級生のNHKの橋本大二郎さんにお願いしたらどう」。

次郎さんはすぐにNHKに電話した。大二郎さんは不在だったが、夕方電話がかかってきた。「大二郎さん、高知の知事になってくれませんか」「いいですよ。私の名前が運動の助けになるならいくらでも使って下さい」

「脈あり」と感じた私は次郎さんと相談して「橋本大二郎さんを知事に」という要請文を作って、友人や知人500人に郵送し、署名を求めた。

なんとなく一段落した私は旅行に出かけることにした。

行き先はトルコ、ギリシャ。ギリシャは二度目だが、トルコは初めて。時あたかも中東が緊迫していて、イラクがクウェートへ進攻し、湾岸戦争が勃発する直前だった。

私は、なんとなく父の姿を重ねていた。父は大東亜戦争で中国へ出征し、無事に帰ってきた。それに比べて、今回の中東行きはその危険度において大したことはない……、むしろ、なんとなく今度の旅行が「大二郎知事へ」の試金石になる、と思った。

また、イスタンブールにはレイモンド・ダロンコのアールヌーヴォー建築がある。トルコ皇帝アブドール・ハミドが1892年にイタリア人のダロンコをイスタンブールに招聘し、宮廷建築家として厚遇した。1902年のトリノ博覧会のメイン施設は全てダロンコの設計で、ダロンコはそれらの建築をイスタンブールで設計した。この建築群はダロンコの生涯を通じての傑作となった。

今日、それらの建築は全て壊され、見ることは出来ないが、イスタンブールにはダロンコ設計の建物がたくさん残っている。それらを見ることが今回の旅のもう一つの目的であった。

トルコへ

トルコへの出発は1月11日。湾岸戦争は1月15日にアメリカの攻撃が始まると言われていた。当時トルコはアメリカの友好国で、イラクへの攻撃はトルコからはじまると言われている。この危険な旅行に友人が一人、一緒に行くと言う。野市町で電気工事を営む会社社長の西藤《さいとう》信之君。同い歳だった。

行程は、1月11日　8：30　高知空港発、伊丹空港、シンガポール、バンコク経由
　1月12日　8：00　イスタンブール着　のシンガポール航空（SQ）だった。

シンガポールで待ち時間が五時間あり、入国。バスで市内に向かい、東南アジアによくある大きなレストランで夕食（中央にいろいろな店があって、おかずを取り合わせ、周囲にある席で食べるもの）。ラーメン、ソーメン、キシメン、天婦羅、春巻き、ビール二本で、一人10シンガポールドル（約800円）だった。

今日一日で食事を7回とった。①家で朝食　②伊丹空港でソ

シンガポールのレストラン

バ　③機内食　④夕食（シンガポール）　⑤機内食　⑥機内食　⑦機内食（朝食）、それだけ長く飛行機に乗っていたわけだ。

イスタンブール　平成3年1月12日（土）

朝8時前、イスタンブール到着。早朝で霧に包まれているが、天気は良好。久し振りの好天なのだそうだ。

空港で予約したホテルに check in。Hotel FERAH 2。三つ星ホテルで、ツイン182000TL（約9000円）グランドバザール近くの旧市街。

シャワーを浴びてから10時頃出発。イスタンブール見物。早くも西藤が災難に遭う。熊二頭をつれた二人の調教師がいて、熊に杖をつかせて記念撮影。5000TL×2を要求される。5000TL払って逃げる。すると、人と熊が一緒に追いかけてくる。結局逃げ切った。

市内は異国情緒タップリでカメラアングルに苦労しない。面白いものばかり。イスタンブール大学前で親しげに話しかけてくる紳士がいた。写真家？　この人だけはまと

行きかう人々

もに見えた。その他の人は、日本語で話しかけてくる怪しげなやつばかり。それにしても、「シャチョウサン」と日本語で話しかけてくるのには参った。我々以外に、日本人の姿は見当たらない。イラク紛争で姿を消したのかも。

グランドバザールは凄い。敷地3万㎡に3000軒あるという。1461年建造の建物。

そして、ブルーモスク（スルタン・アフメットジャミ）へ。ブルーモスクの内部は美しい。柱が圧巻。丸い大理石、17世紀のもの。

ここで西藤、二度目の災難。帽子を買う（500円）と、いつの間にか靴磨きが新品の靴を磨いている。白い靴に黒い靴墨を塗っている。西藤も怒った。案外、トルコの押し売りは善良。素直にひっこむ。

続いて、アヤソフィアへ。四世紀に建てられ、焼失の後、6世紀に再建。元々キリスト教の教会だったが、オスマントルコ建国後はイスラム教の寺院となった。現在修理中。初代は、世界中から建材を略奪してきたという。内部は金色に仕上げられている。

昼食、ドネルケバブとビールで、300円。うまい。

そして、ガラタ橋へ。ボスポラス海峡は本当に狭い。ガラタ橋の両端は2階建てになっていて、1階には魚（シーフード）の店が多い。ここでも日本語の公害あり。橋の上からは

魚市

ブルーモスク

グランドバザール

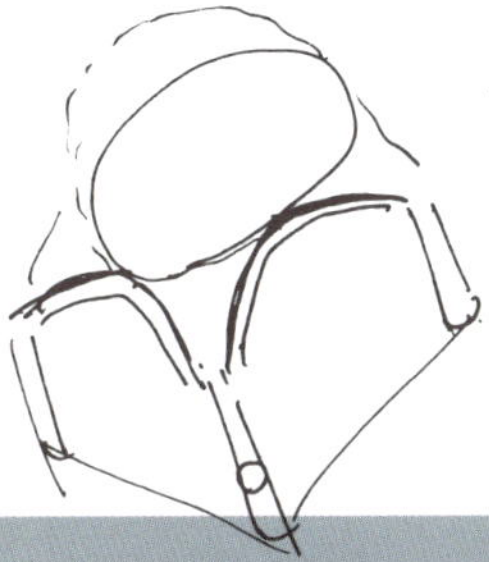

四角にドーム
接に翠のアーチ4本.

アヤソフィア

アヤソフィア

おびただしい釣り人の群れ。小さいアジやイワシが釣れていた。今日釣れたばかりのサバやイワシを舟から直接売る光景は素晴らしかった。

苦労してガラタ塔へ。山の上にあり、疲れた。塔の上からは市街が下の方によく見えるが、こわい。目的のアールヌーボー、見当たらず。ダロンコは別荘など造ったのだろうか。

太陽が上に上がらない。水平飛行である。でも、それほど寒くない。市内に緑が一本もないという感じで、町中が埃っぽく、息苦しい。身体に微粒子がついてかゆい。

夕食はトルコ料理。インド料理に似ている。酒なしで800円。

ホテルのバーでスコッチを飲む。500円（10000TL）×4、これが今日の最高の散財。

1月13日　ホテルで朝食。煮しめたコーヒーがうまい。三杯のむ。オリーブがついてくる。パンもなかなかいける。過去最高にうまい、質素で、満足できる朝食。

歩いて水道橋へ行く。約800m残っている。凄い。2階建てになっていて高さもスゴイ。石が風化して風景に馴

ヴァレンスの水道橋（イスタンブール）

じんでいる。アーチの下を道路が抜けている。この町は城壁といい、この橋といい、ローマ時代の遺跡がごく当たり前の如く市内のあちこちに残っている。

次はタクシーで、トプカプサライへ。

これも凄い。宮殿敷地が70万㎡。次々と建て増して、いろいろな様式がある。珍しい造形ばかり。相変わらず写真をバンバン撮る。

宝石もなかなかスゴイのだが、ペルシャに比べると劣るかも。でも圧巻。シーズンオフと戦争のせいで、客は少ない。それでも日本人の数グループに逢う。アメリカ人は絶対的に少ない。ハーレムツアー（11時から）で内部をまわる。内部は総タイル貼りである。美しい。三千人の側室がいた割には部屋数が少ないと思う。

今の時間、カスミがかかっていて、対岸のウスクダラがボーッと見える。トプカプ

トルコ皇帝の絵　トプカプ宮殿

ダイヤの飾物　トプカプ宮殿

王妃の部屋　トプカプ宮殿

サライは大満足。

ホテルをcheck out。トルコ風ロカンタで昼食。チキンとビール。なかなかいけた。

タクシーで空港へ。アテネへ行くつもり。アテネ行きは何と朝一便しかない。イズミールに行こうと思ったが夕方の便しかない。結局、明日の朝のアテネ行きを予約。ついでにクレタ島まで行くことにする。138万TL。戦争保険が30ドル追加でついた。

イスタンブール市内へ戻って、ホテルへ。ケチケホテル。63ドルを40ドルにするというのを、西藤が35ドルに値切る。☆☆☆スター。

夕刻、タキシム広場へ。旧市街に面白い建物がある。ダロンコ設計の集合住宅もあった。エタップマルマラホテルやシエラトンホテルがある。ドルマバッチェ宮殿は見ず。

夕食はガラタ橋の下のシーフード店。地元の連中の多い店へ入る。サバのステーキ、サラダ添え、7000TL。ナスとししとうのいためもの。ビールと焼酎のRAKIも飲む。水を入れると白く濁る。かなり酔う。

隣の天井の低い居酒屋でビールを飲み、市民と交歓。ビール2500TL（120円）。天井高1.8m、梁下は1.5m。西藤、大いに喜び、三人の地元民におごる。

この街はタクシーの相乗りが凄い。どんどん乗ってくる。

タクシーの初乗りは1500TL（67円）。

250ずつ上がる。

この国の人は人なつこいが、日本人を見ると寄ってくるヤカラが多い。その手口は、

・日本人の友達がいる

・来週日本へ行く

・日本語勉強したい

・博物館は今日は休み

しかし善人である。

レイモンドダロンコ設計の共同住宅

イスタンブールの伝統的木造住宅

ガラタ橋　通路の横は店舗

すっかり酔っ払って服のまま眠る。

イスタンブール→アテネ→イラクリオン　1月14日(月)

今日は、朝9時25分発でアテネへ発つ。

朝7時の朝食もうまい。コーヒーがいけるのだ。

空港でまた西藤がくやしい思いをする。ブランデー一本(レミーマルタンVSOP750ml)を20万5千TL(9300円)で購入。そのあと、隣の免税店は一リットル瓶で15.5万TL(7000円)。西藤ガックリ。ビールで慰める。この国はイスラム教のせいか、全体に酒が高い。

一時間でアテネへ。オリンピック航空は客扱いが雑だった。

アテネ→クレタへの乗り替えで四時間近くあるので、市内へ。十六年振りのアテネ。イスタンブールもアテネも海沿いの街。ヨットが見える。パルテノンを眺めながらアゴラへ。「風の塔」が美しい。ドキドキしながら写真を撮る。背景はアクロポリスの北面。前にきた時は風の塔のことは知らなくて、あとから「ナショナルジオグラフィック」で見て憧れていた建物だ。恋人に会えた感じ。周りの人家も良い。

ここで昼食。子牛のシチューとハイネケン。なかなかいけた。サイトー喜ぶ。900DR。(0.6ドラクマ＝1円)

再び空港へ。A300は変な音がして気持ち悪い。でもエーゲ海の島々を見ながら、イラク

パルテノン

風の塔

クノッソス宮殿

リオンへ無事に着いた。

クレタ島の家は新しい物ばかりだ。爆撃でもされたのか。

ホテルはA級ATLANTIS。シーズンオフで安い。ガラガラ。

クレタ島は紀元前7000年頃から人が住み始め、紀元前1800年頃にはクレタ（ミノア）文明が花開いた所という。

ホテルにチェックインするとまだ日があるので、午後4時、クノッソス宮殿へ行く。

クノッソスは松林と糸杉の中にある。背景にはカルスト地形の雄大な景色がある。イギリスのアーサー・エヴァンスによって発掘されたこの遺跡、迷宮と言われるほど、たくさんの部屋がある。下細りになった円柱が赤く塗られていて、初めは妙に違和感があったが、遺跡をめぐっているうちに、それらしく見えてきた。法隆寺も創建時はカラフルに塗られていたというではないか。

ミノ・タウロスという牛頭の伝説があって、ここの守り神は牛らしい。グリフィンという空想の獣の絵や蛇の女神、イルカの絵など動物の絵が生々しい。

カメを持った女性の半裸のレリーフがあり、全身横向いているので、エジプトとの関連性を思ってみたりする。

遺跡はずいぶんと広く、廊下や階段を歩いたり、上

イラクリオンミュージアムの土器

がったり下りたり、4000年前の気分になって見物したことだった。

夕食はレストランで。名物のムサカ(ナス)、魚のフライ、ピーマン飯詰め、野菜いためとワイン。ワインは1／2ボトルで何と100円。ハイネケンの中びんが170円。酒が安い。21時には寝る。

イラクリオン→レシムノ　1月15日(火)

この国の冬は朝が遅い。7時を過ぎてやっと薄明かり。しかし、ミュージアムは8時から開いている。

朝食のあと、イラクリオンミュージアムへ。建物は軽薄。しかし、中身は凄い。クレタ島4000年の歴史を展示してある。土器関係が素晴らしい。素朴かつ変化に富む。意表をつかれるものも多い。大好きになる。イン

クノッソス宮殿のレリーフ（女性）

クノッソス宮殿のレリーフ（男性）

スピレーションが湧く。

10時半発、レシムノへ。行程一時間半のバスの旅。凄い景色。カルスト地形に褶曲、赤土、茶土、白土。生えている木はオリーブだけ。羊や山羊の放牧もあるが、厳しい自然。雄大な景色。冬なのに春ぐらいの陽気。

昼前、レシムノ着。少し歩いてみると、素晴らしい街。ベネチア風のパステルカラーの家もある。街中に突然、ローマ風、いやギリシャ風の水飲み場が出てきたりする。すっかり気に入って泊まることにする。

昼食は、地元の人の出入りするタベルナ。主人がメニューを説明するより見るが早いと、厨房の中まで連れこんで選ばせる。これがギリシャ風らしい。ポークシチューと野菜煮とビール。900DR。今日もうまい。

ホテルは、新しいポストモダンのKyma Hotel ６０００DR。安い。少し休んでから街並み見物。ソーリウ通りが素晴らしい。雨も降ってくる。

レシムノの城

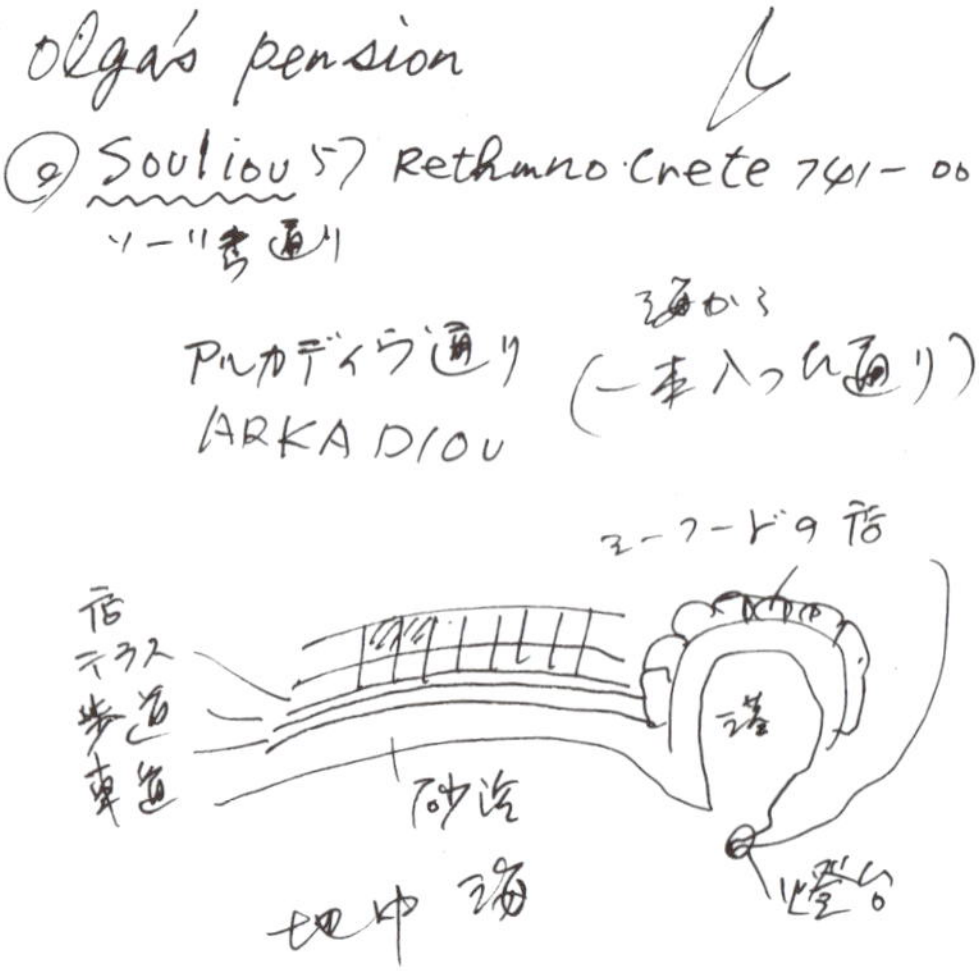

最高。これに匹敵する通りは、イギリスのパースかドイツのブレーメンか。街にはシャッターチャンスが一杯。

そして、ベネチア砦。これがまた良い。気の遠くなるほど石を積んである。モスクや教会もあり、素晴らしい。フィルムがなくなる。

更に、ベネチア港。小ぢんまりして良い。周りはシーフードの店がズラリ。なかなかいいムード。

いい街に来た。レシムノ・クレタ。土産にイコンを買う。イコンとは、日本で言うと仏画のようなもので、ギリシャ正教の教義に基づいて、キリストやマリアやゲオルギオスの竜退治などを小さめの板にカラフルに描いた絵のこと。三つで2000ドラクマ。自分でも絵を描くいいお兄さんだった。クリスマスには絵ハガキを送ってくれるという。

イラクリオンのつまらない現代建築に比べて、ここレシムノの街の素晴らしいこと。イラクリオンはどうしたことだろう。地震か、爆撃か。たぶん爆撃だ。しかも建て始めてやめてしまった家が多い。また、五階建てぐらいで、途中まで仕上げて他はまだというのも多い。途中階の下の方だけを変に仕上げているのもある。

夕食、シーフード。ベネチア港の前。ヒメイチのフライを四匹

レシムノの港

とサラダ、ワイン。かなりいけた。西藤はまた災難。魚のつもりがビーフが出てきた。

ホテルのバーで飲む。ビール一本とRAKI二杯で、320DR.。えらく安い。

夜、雨になり雷もなる。方向はイラクの方向。

レシムノ→イラクリオン→アテネ

1月16日(水)

雨の中を早朝check out。7時30分のバスでイラクリオンへ。レシムノはいい街だった。雨のクレタの峠越えもなかなかのもの。感想は後頁に。

4時のアテネ行きairにようやく間に合う。戦争が近いせいか、checkが厳しい。飛行機も随分遅れた。

凄い風の中、飛行は順調。何とアテネは晴。

昼にはアテネのホテルへ。HOTEL ASTOR、A級。7000DR. twin。ここも

エレクティオン神殿（女神像の一体は複製。本物は大英博物館にある）

安い。

天気が良く早速アクロポリスへ。途中、昼食。ミートボールスパゲッティ、ビール、清潔な店。ミチコレストランの前、700DR.

アクロポリスは凄い風。しかし、天気に恵まれる。雲は多いが、パルテノンを見ている間は日光あり。虹も出ている。しぐれもある。全く凄い天候。寒い。飛ばされそう。

しかし、パルテノンはやはり素晴らしい。初めてきた時より感動。修理中だが、メインの西面は完了済。材料は全て白大理石のようだ。アクロポリスの大地そのものも大理石。白とピンク。

この前見落としたエレクティオン。うれしかった。何十年も重い屋根を頭で支えてご苦労さま。女性の女神像、片足の太股を見せている。古代着物は布一枚であったろう。ここでは上と下に分かれているようだ。この女神像、一体はロンドンの大英博物館に持っていかれて、ここではレプリカが支えているという。

突風の中、光に恵まれて大満足。歩いて降りて、ゼウスの神殿とハドリアヌスの間を見る。そしてＴＡＸＩで考古学博物館へ。初めてタクシーの相乗りに挑戦、料金は安くならないようだ。博物館は、量は多いが、クレタのイラクリオンの方がはるかに上。２階のサントリーニのは注目された。

十六年前に泊まったＨＯＴＥＬアフロディティ発見。小ぎれいなＨＯＴＥＬ、十六年前に泊まったと言うと喜んでいた。

夕食はミチコレストラン。初めての日本食。オヒタシ400、サバ焼き魚１１００、天丼

１５５０、ビール２。チップも入れて４５００DR.はやはり高い。

朝日新聞500DR.で売ってくれた。15日の期限すぎて、戦争必至の状況。しかし、まだ始まっていない。ＴＶでフセインが国民に「死を覚悟せよ」と言ったと、板場の大将が教えてくれる。ミチコさん、観光客が１／５に減っていて、客に「アテネは人がいないので賑やかな所を教えて下さい」と言われたそう。ミチコさんもテロを心配している。

でも、人がいないと写真はいいのが撮れる。

アテネ　1月17日(木)

7時30分から近郊バスツアー。７０００ドラクマ。昼食付きで、コリント、ミケーネ、ナフプリオン、エピダウロスへ。

バスがスタートしたのは8時30分。まず10時前にコリントへ。凄い運河に驚かされた。巾22m、高さ78m、長さ6㎞の単純掘込運河。100年前のもの。異様な感じ。下に行くと面白いだろうな。上から見ただけで、下には行かず。

次は、ミケーネ。シュリーマンの情熱に会

掘込運河（コリント）

ライオンの門（ミケーネ）

いに。寒い。参加者十二名。戦争の影響。日本人は我々のみ。相変わらずの厳しいカルスト地形を走ると、だんだん内陸に入ってゆく。緑が少しずつ多くなる。山頂には雪があるのに、下の方はオリーブの新芽が出ている。オレンジがたわわに実り、ちょうど収穫期。

山の懐にいだかれた形の小高い丘の上に「シュリーマン」、いや「ミケーネ」の遺跡はある。入口のライオンの門が秀逸。全体には石を積んだだけの遺跡なのだが、この門が素晴らしい。何か具体的で、楽しい。出土品はアテネの考古学博物館にある。黄金の面など、ゴールドが多かったそう。円形の墓がある。

シュリーマンの努力は本で読んだことがある。子供の時、ホメーロスの詩を聞かせてもらい、一念発起。商売に精を出し、大金持ちになり、七カ国語をマスターして、トロイやミケーネを発掘した。素晴らしい人生。

大阪からのツアーの人達と話す。かなりヤバイらしい。ナフブリオンで昼食。いい町、山の上に砦、下に港。ベネチアの要塞が海の上にある。今はホテルだという。

昼食はアメリカ人夫妻と。スパゲッティにローストビーフ。いったいに、西藤は飯を食うのが大変遅いが、めん類だけはただただ早い。びっくりした。本人は「面食いだ」と言っている。

ナフブリオンに到るアルゴリス平野の農村と街

クラス。
が好ましい。オレンジの収穫真っ最中。そして、オリーブの村。風景はどこでも国立公園
　昼食でワインを飲み、バスで一眠りしていたら、エピダウロスへ。ここは知らなかった。
円形劇場がほぼ完全な形で残っている。ポリクレイトスの作だという。
　音響効果が素晴らしい。客席へのアプローチも良い。充分に満足して、「円形劇場へ入っ
たのは初めてだわい」などと思いながらミュージアムへ入ってびっくり。
　彫刻、柱頭、墓、全てが凄いのだ。アテネの考古学博物館なんか目じゃない。柱頭のコ
リントの装飾、天井の花模様、身近に見るのは初めて。十二分に感動を誘うものであった。
そして何より、この彫刻群の素晴らしさはどうだ。頭こそないものの、バランス、形……
素人でも分かる完成度だった。
　冬なので寒い。風も吹く。しかし、見学の時は雨はやみ、時折陽も差してくる。そして、
バスに乗れば途端にしぐれてくるのは、何の因果か。
　今日のバスツアー、充分に満足。古代の旅。
　夕食は中華料理と決めて捜す。二軒目に入る。この街は高い。しかも、中華料理店で老
酒がない。もぐりだ。今までで初めて満足しなかった。
　ホテルの10階で口直し。ビールとRed snapperの煮付。西藤はオムレツ。これも魚が
大きすぎてダメ。今日の夕食はスカ。

　湾岸戦争が始まった。テレビでCNNが連続的にアメリカおよび連合国軍によるバグ

円形劇場　エピダウロス

ダッド爆撃の映像を流し続けている。

驚いたのは、敵国のメディアであるCNNが爆撃されているバグダッドにいて、そこから実況放送していることだ。凄いことだと思う。例えば太平洋戦争中に東京大空襲をアメリカのメディアが実況中継するなどありえない話だ。戦争はずいぶん進化したと思ったことだった。TVによると、アメリカによるピンポイントの爆撃が成功しているようだ。

「戦争を見に行く」と言って、トルコ、ギリシャに来たのに、いざ戦争が始まってみると、帰りの日本への便が心配になってきた。

明日は航空会社に当たってみることにする。

アテネ　1月18日

朝食の時、HOTELの十階で日本人二人の女の子に情報をもらう。シンガポール航空と旅行社の日本人。マレーシア航空がイスタンブールに飛ばないという。

まず、シンガポール航空に当たってみる。何のことはない。今も飛んでいるという。「Warは?」と聞くと、「Far a way」。遠い!と一言。なんだ。そして、オリンピック航空も1月20日でOK。それで、予定通り旅行を続けることにする。

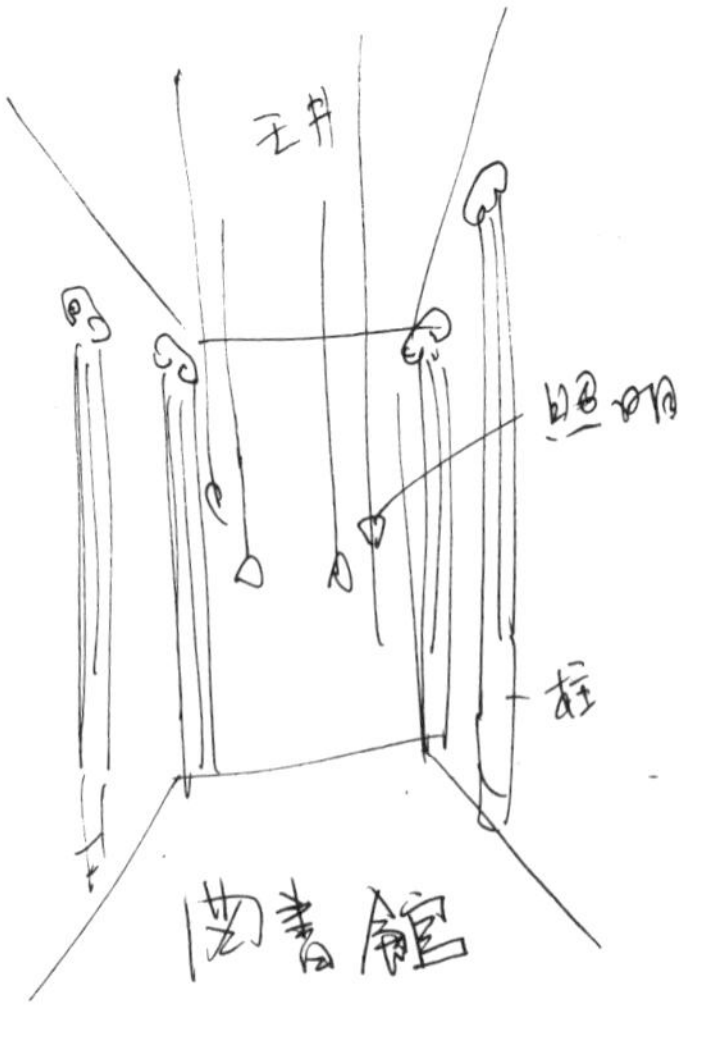

反戦運動の学生達　アテネ

とりあえず全ての必要な手続きを完了。お金を再び両替し、午前中にアテネ大学、図書館、アカデミーへ。さすがにギリシャ建築の本場はギリシャだ。図書館は内部も良い。アテネ大学の学生が反戦運動（政府補助金削減反対）のため、集まっている。まるいパンを食う。

昼食は、イタリア風ビストロで。シシカバブ。いい店だ。

続いてプラカへ。必見のリスクラテス記念碑を見る。風の塔と並んで小品だが良い。そしてプラカのたたずまい。なかなか良い。土産品店も感じよく出来ている。

そして、古い教会へ。彫物の装飾がユニーク。充分に満足してホテルへ。

夕食は、朝会った日本の女性達と四人でLengoビストロへ。サラダとシュ

lengoビストロの良さ

腰掛台。かべ白。
テーブルクロス　ターターチェック
飾り物
間接照明。
黄色の照明。
客席見えがくれ
一段高い席。

ニッツェル。ワインはサントリーニ（白）と（赤）。

18時30分から23時まで大騒ぎ。店の主人や奥さんは、25才の男、23才の女、いずれも美男美女。日本の彼女達も九州だけあって酒が強い。ピアノの弾き語りも始まり、いい夕食。サラダのツナは量が多すぎる。

アテネ（エーゲ海クルーズ）　1月19日（土）

早朝に日本より電話あり。外務省より家に電話があり、「トルコとエジプトを旅行中の日本人が二百人いて、その全員に帰国勧告が出た」ので、「今ギリシャにいるならトルコに帰らずそのまま日本へ帰ってこい」という。

私は「トルコはイラクと隣合っていて国境からスカッドミサイルをイラクに向けて飛ばしている交戦国だが、イスタンブールと国境は遠い。航空会社も大丈夫だと言っているのでこのまま旅行を続ける」と答えた。内心は「わやにすな。戦争を見に来ちゅうに、戦争が始まったゆうて帰ってこいはないじゃろう」と思っていた。


日帰りのエーゲ海クルーズへ行く。ブルターニュホテルから三菱レーヨンの長谷川さんと古賀さんが乗ってくる。船の中で朝日新聞を見る。奇襲空爆で飛び道具はやっつけた模様。地上戦はまだ。ＮＨＫの国際放送は一日中Ｗａｒのニュースばかり。ＣＮＮのように。

まず、エギナ島へ。アフェアの神殿がなかなかよい。２階建てドーリス式。２階建ては珍しい。寒い。港の風が身を切る。傍らに可愛い純白の教会。絵になる風景。

船内で昼食。一昨日のツアーに比べるとお粗末。

二番目はポロス島。夢にまで見たあの風景がある。真白い壁、青い窓、入りくんだ家々、道路というより通路、通路というより階段。人間が発明した通行のための工夫の数々。角を廻るごとに素晴らしい街並み、絵になる風景がある。そしてもっと凄いのは、振り返ったとき。迷路の美しさ。

猫や犬がスリ寄ってくる。

イドラ島。これはもう素晴らしいの一語。全く絵になる。山の懐にいだかれた夜須町手結の港のような街。扇形に広がる街並み。人工的なものを出来るだけ見せないようにしている。また、車を締めだしているため、交通手段は人の足かロバ。街を歩く時は、犬やロバの糞を踏む災難に出遭わないように注意しなければならない。

可愛い住宅の中で、一人住まいの老婆がTVをつけっぱなしにしながら編み物をしている。床は、大理石の上にじゅうたん。

三島とも一時間足らずの上陸で短い航海だったが、充分堪

エギナ島

イドラ島の港

交通機関は馬とロバ（イドラ島）

レストランにて商社の２人と　右から２人目西藤

能。フィルムがどんどん減ってゆく。

船に戻る時、戦争のためか、必ず身体検査と持ち物チェックがある。三時間あまりの帰りのクルーズの間、始終、長谷川氏としゃべりながら帰る。私の話はナゼか一流企業の若い人に好まれる。

アテネで夕食を四人で一緒にすることになる。例によってLengo。主人、喜ぶ。ベティ、喜ぶ。若いのは休み。スパゲティを食う。うまくて安い。ワインは高いけどフンパツ。談論風発。話に花が咲いて、結局19時30分から23時30分まで。14000Dr。50ドル割り勘をもらう。

戦争で客のいない街だが、この店は満席になる。この店の乾杯は"For the Best"。

アテネ→イスタンブール→ブルサ→イズミール

1月20日(日)

7時25分、オリンピック航空でイスタンブールへ戻る。乗客わずか二十五人。AirはB727。ケチケホテルへ戻る。35ドル。Hotel Kecik。

相談の上、ブルサへ行くことにする。三時間の旅で、わずかバス代20000TL(800円)。フェリーで海を渡ったり雪の高

イズミールのトルコ的アールヌーボー(イズミール)

パンを配達する少年（イズミール）

原を越えたりする。夕刻、ブルサ着。ブルサはかつてトルコの首都だった街。大急ぎで写真を撮る。またまた絵になる風景。滅びの街並み。子供達が可愛い。人なつこい。一緒に写真を撮り、一人の若者が住所を教え、送ってくれるという。「必ず」と約束。

午後6時のバスに乗り、イズミールへ。五時間の旅。午後11時着（25000TL）。一山全部が家、明かりがイルミネーションとなって美しい。香港やメキシコのガダラハラを思い出した。

タクシーの運ちゃんに送ってもらいホテルへ。この街一番のグランドエフェスホテル。値も高い。180ドル。しかし抜群。

深夜、落ち着いたところで街へ。カフェ&パブが開いていて入る。キレイな内装。生ビールを頼む。350TL。何と花嫁に三組会う。式のあと仲間どうしで来てしゃべっている。良い風景。ビールがうまい。

この旅一番のビールのうまさ。つまみはない。甘いものだけ。

充分に心地よくなってホテルの柔いベッドで寝る。

イズミール→セルチュク（エフェス）
1月21日（月）

イズミールの破壊された遺跡

朝のうち、イズミールを歩く。清潔で美しい街。背広姿の人が多い。バザールはオープンモールで、所々蔦の天井。なかなか良い。しつこい客引きもなく、満足。アゴラも良い。遺跡のかけらがゴロゴロ。柱頭だけでも持って帰りたい。イズミールのPTTはアールヌーボー。そして、トルコらしい建物にたくさん出逢う。モダニズムは面白くない。

そして、バスでセルチュクへ。一時間あまり。あやうく乗りすごすところだった。セルチュクからエフェスへは歩いてゆける。来た、来た、エフェスへ。来たかったけれど来れるとは思っていなかった。嬉しさ抜群。類がゆるむ。

のっけから興奮。遺跡に触《さわ》れるのだ。ここだけの話。マーブル通りを歩いてゆくと、ハドリアヌスの門。素晴らしい。いくら見てもあきない。多分パラーディオのモチーフにインスピレーションを与えたであろう建物。門のうしろはの建物。寒くなく、人はいない。全てが好ましい。これも戦争のお陰か。

イランから陸路できた若者一人。そして、

ハドリアヌスの神殿（エフェス）

ケルフス図書館　エフェス

大劇場　右上方がマーブル通り　エフェス

コリアンの女の子一人。アメリカ人四、五人のみ。

オデオンの音楽堂(小劇場)、バシリカ、神殿、ブリタニオンギャラリー、ヘラクレスの門、クレテス通り、トラヤヌスの泉、浴場、トイレット、ハドリアヌスの神殿、住宅、ケルスス図書館、アゴラ、大劇場、港大通り。ああ、見所だらけ。時間は充分ある。至福の時。このために生きてきた。さらに、聖母マリア教会、競技場、体育館。

そして博物館を見、チャイを飲む。庭に孔雀の放し飼い。柱頭が糞で汚れている。もったいない。

残念なのは、すぐ近くにある博物館の裏のアルテミス神殿を見ずに帰ってきたこと。

夕刻暗くなってきたので、感激のエフェスに別れを告げ、バスでイズミールへ。4000リラ(180円)。そして運良く18時発のイスタンブール行き、夜行バスがあった。40000リラ(30000リラのバスもあったが20時発)。

イスタンブール到着まで九時間。バスは三菱。快適。120kmで走る。追い越しの連続、一時間ごとに休憩。

午前3時。イスタンブール着。またまたケチケホテルへ。35ドル。

日本では消息不明で大騒ぎだろうと、西藤、日本へtel。シンガポール航空の便がキャンセルされたそう。H・I・Sへtel。大阪のシンガポール航空が何とかするらしい。

最悪の場合のバス、列車の脱出ルートを確認して、ビール二本飲んで寝る。

イスタンブール　1月22日（火）

昨夜のシンガポール航空の話をH・I・Sで確認すると、トルコ↓バンコク便が中止になった代わりに、24日にトルコ（イスタンブール）からアテネへトルコ航空で飛び、アテネからシンガポール経由でシンガポール航空を乗り継いで日本へ帰る便が取れたと言う。さっそく朝のうちにシンガポール航空へ行き、切符を手に入れて一安心。1月26日に大阪へ帰れることになった。

安心してイスタンブール見物に出かける。ガラタ橋を渡って北の方へ行く。軍事博物館に行ったが、休館。

タクシム広場周辺を歩く。通りに良いアールヌーヴォーの建物があり写真を撮っていたら、その建物の守衛が来て「撮ったらいかん」と注意される。「私は日本の建築家でこういう建物を研究している」とか弁解していたら、警察官が来て「お前を逮捕する」と言う。通りの反対側にいた西藤に大声で「オーイ、サイ

イスタンブールの街の匂いは石炭のにおい
埃っぽいのがイスタンの特徴
男が外に出て行く。女は殆ど商売しない。とにかく男の多い街だ。

男はとにかく物を売る。売れるものなら何でも売る。

壊れた体重計で体重を計っている男もいる。

　自立しているのだ。皆、社長だ。

子供も働く。靴磨きやジェトンを売る。

　1000TL のジェトンを 1200TL で売る。200TL はバクシーシだと。

しかし乞食は少ない。

ホテルの風呂に栓がないのは湯の節約のため。

トオッ、オラァ、ケイサツにタイホされる。ついてきてくれぇ」と伝え、一緒に警察へ。

写真を撮った建物は銀行で、その隣が警察だった。

戦争中に銀行や警察の写真を撮る不審者と思われたようだ。警察はトルコ語しかしゃべれない。困り果てて、私も日本語でしゃべる。

偶然に英語をしゃべれる現地の紳士が通りかかって通訳してくれる。さっきと同じ説明をして、パスポートを見せて、やっと分かってもらう。身体検査の上、無罪放免。その紳士が一言。「もう写真は撮るな」。

その頃はイスタンブールでもテロがあり、銀行や日本の商社の出先で爆破騒ぎがあったりして、物騒な状態だったので肝が冷えた。

Istiklal Caddesi 通りが歩行者天国。チンチン電車だけが通っている。古いバロックの街並みにまじってアールヌーボーがある。本格的なものあり。これこそ、ダロンコか？

西藤と別れ、一人で歩く。共同住宅にも良いのがあった。なかな良い建物が多い。イスタンブールの街は金角湾の南の方が旧市街、北の方が新市街だが、新市街でも南の方は古く、北の方は新しい。つまり古い新市街にバロックとトルコ様式が混淆《こんこう》した面白い建物がある。そこにある写真館も素敵なアールヌーヴォー。これで、確実にイスタンブールにアールヌーボーが浸透していたことが分かる。七、八棟、見つけた。

ガラタ橋の居酒屋で一休み。生ビール250TL（110円）。天井高1.75m。梁下1.15m。天井が低いのがとても良い。サバを食う。

イスタンブールで初めて日光が出る。ガラタ橋の写真が撮れた。トイレをもよおしたのでタクシーでホテルへ。

一休みして16時、夕食へ。キョフテとビール。何かものたりなくて屋台で二次会。シシカバブと薄いパン、ビールで10000TL。これで満点。

イスタンブール　1月23日（水）

朝のホテルの朝食、ここもパンとコーヒーとオリーブだけの軽いものだがおいしい。コーヒーは煮しめた感じで、ストレートが一番。ハチミツの甘さとパンが合う。オリーブは梅干しがわり。とても豊かな朝食。

「イスタンブールは危ないから行くな」とアテネの女の子も止める人ばかりで、「行くのはあなた達だけだ」と。なぜ、滅多にない機会だから行ってこいと言う人がいないのだろう。「結果は知らないよ」でいいのだから。

船に乗って、ウスクダラの方へ行ってみる。そこはアジアだ。ここも人が多い。パノラマ的市場があった。トラックに商品を積んで、それが円形に並んでいる。市場はどこも楽しい。

墓場

タイル
モスクへ入る時は右足から。
扉代りの革のカーテンの重さはどうだい。

歩いていると、日本人が珍しいようだ。ジャポン、ジャポンと噂しあったり声をかけてくる。古いトルコ式木造の素敵な家があった。しかし、もう滅びつつある。宿命とはいえ、伝統が消えるのは寂しい。

ウスクダラは墓の街だという。なるほど、高い所は全部墓だ。しかし、その墓のデザインが美しい。白大理石だ。生年月日と死んだ日が書いてある。西藤の言うには60才くらいが多いそうだ。

丸い玉のあるのは男か。平べったいのは女か。塀があり立派なのは金持ちだろう。

ちょうど葬式に遇う。しかも二組。12時の祈りを終えてきたのだろう。二組とも参列者は男ばかりだ。人数が多い。棺をかついでいる。土葬のようだ。正装はしていないので庶民の葬式かも。

ホテルの近所では結婚式に遇う。こっちは正装。花輪は菊の飾り。

墓のデザインの見事なこと。美しいばかりだ。ハマム（浴場）もあった。イスタンブールは楽しい街だ。そして丘の街だ。信じられないほどの勾配がある。そして今日は、冬には珍しく日

墓

が差している。

港の近くのロカンタで昼食。ケバブ(羊)だ、うまい。水と一緒で、7000TL。いいデザインの店だった。2階がサロン。イスラム的装飾で照明も良かった。

帰りのフェリーは10分で着く。たくさんの人が乗る。男も女も。子供はタダ。

夕刻、ホテルに帰る途中いい建物を見つけたので、改めて出かけてみる。水道橋の近く。イスラムとアールヌーボーの中間というか、ゼセッションのにおい。水道橋も夕日に映えてて美しい。修理の連中が手を振ってくれる。ああ、いい街だ。イスタンブール。

一風呂浴びて、夕食。ガラタ橋へ。小綺麗な橋下のレストラン。サバと舌平目を食う。ワイン小二本。上出来。しかし、人がいない。戦争のせいだ。

そして、天井の低い居酒屋でビール一本。居心地のいい店だ。10時閉店。

帰途、ラマダホテルに寄ってみる。広い。そして、高級。カジノがあり、ちょっと挑戦。しかし、連戦連敗。女性のディーラーが強かった。2万負け。

ホテルのバーでジンを二杯飲んで、イスタンブールのスケジュールはこれでおしまい。

イスタンブール→アテネ→シンガポール　1月24日(木)
(機内泊)

10時5分発のトルコエアー(TK)へ8時に行ってみると、何とキャンセル。またまた飛行中止だ。一瞬呆然。参ったな、こりゃ。二十四時間のバス旅行や鉄道が目に浮かぶ。

しかし、ここから根性、根性。すぐ気を取り直して他のairを捜す。あったあった。オリンピック航空9時25分発。これのみだ。係員は旧知の間柄。頼み込む。「Can I go to ATENE.」で〝No problem〟。これで一安心。しかし、まだまだ。「シンガポールエアーでスタンプをもらえ」と言う。地下の事務所へ一苦労しながら行くと、close。まい戻って再交渉。支店長、OK。次はBankへ。特別に戦争保険料が必要だというのだ。9000リラ×2のWarインシュランス(戦争保険)。そして、10ドル×2の手数料。しかし、無料で乗り換えられたのはラッキー。空港の警備は厳しく、出迎え、見送りの人は入れない。荷物checkも厳しく、カメラのバッテリーを抜かれる。空港のロビーに戦車がいる。兵隊が抜き身の機関銃で警戒している。

全ての手続きを完了して、Olympic airの機上の人となった時は、ヤレヤレ、一安心。しかし、危なかった。予定通り(?)のアクシデントの連続。胸はドキドキ。根性みせた。アテネでは五時間の待ち時間。もう出るのがしんどいので、空港で過ごす。昼飯食ったり、手紙書いたり。大二郎さんへ、三信目。

そして、シンガポールエアーは三十分遅れでベルリンより到着。ジャンボがほぼ満席。16時15分発で、一路シンガポールへ。ここでも一悶着。乗客の性悪がタバコを吸うわ、客と喧嘩するわで、危険この上ない。その上、ひどく揺れ、No smoking signeまで出た。げに、空気の上は不安定。

10時間15分のフライトで、シンガポールへ。短い夜だった。

緑の多い通り（シンガポール）

トルコ人の口ヒゲはフィルター。

クレタ島の赤い土。土というよりは岩。木というよりは草。厳しい自然。

赤、白、黒、茶と、神は気まぐれ。

山あいの街、山上の街。

バスの床が wet なのは雨が入りこんでくるため。

いい旅だ。クレタに雨が降る。

走っても走っても、赤い土。

クレタ air port には軍隊も出動。police は装甲車。戦争保険 30ドル。

シンガポール　1月25日(金)

朝、シンガポールに到着。ダウンタウンへ。曇。この前ほど暑くない。

タクシー10＋3ドル(×128円)。STRAND HOTEL へチェックイン。98ドル。中級。この街は中国人の街だが、イギリスだ。

ホテルの前のレストランで昼食。もちろん中華料理。米粉、いける。値段は案外高い。ピクルスやお茶まで、細かく値段がついている。

小雨が降ってきたが、歩いてみる。ビクトリア風の建物やゴシック、古典、コロニアルと多彩。それに土着のチャイニーズ。面白い街並みが残っている。新しい建物は大きくて、モダニズムで、街をつまらなくしている。

ラッフルズホテルへ行く。大修理中。ラッフルズプラザがあり、westin やそごうが入っている。66階。冷房が気持ち良い。

教会も古典様式からイスラム、ヒンズーと多彩。

間断なく雨が降ってくる。雨の間を走りながら見物。中華風の2階建てもあって楽しい。

シンガポールは、公園都市である。熱帯のさまざまな樹木、草が都市間に配置され、チリ一つない(罰金が高いせいだ)。少し暑いが清潔で、美しい街になっている。夕方までに二度街に出る。八百半《やおはん》、そごう、伊勢丹も出ている。

夕食は前のレストランで中華料理、昼間の半分の値段。

シンガポール↓大阪↓高知　1月26日（土）

真夜中の便の機中でマティニ等、お代わりの連続。殆ど寝ずに大阪へ。激しい旅だった。

朝一便へそのまま乗れて、高知へ。ホッ！

西藤君と二人の弥次喜多道中、面白かった。彼にも随分助けられた。

Ⅳ

初めての海外旅行は世界一周

昭和49年（1974）6月20日〜11月17日

世界の建築を見ておこう

今から四十三年前の昭和49年6月20日、私はハワイに旅立った。28歳の時だ。目的は諸国漫遊。六年勤めたＡＳＡ設計を退社し、自分で建築設計事務所を開くことにした。そのスタートにあたって、諸外国の建築を見ておこうと思い立ったのだった。

行程は、まずアメリカに行き、三ヶ月くらいいて、そのあとヨーロッパに飛び、中東やアジアを廻って帰ってくるルートを設定した。このチケットの作製は土佐電トラベルの野々宮慧さんという若い職員が作ってくれた。旅行会社は今でも世界一周のチケットは取り扱っていなくて、ＪＡＬかＡＮＡで直接買うしか方法がないのに、高知の旅行会社がよく作ってくれたと感謝している。この優秀な職員の方は、後に土佐電気鉄道の社長になった。

チケットは六ヶ月のオープンチケットで、訪れる空港ごとに再予約するシステムで行先の変更もＯＫ、六ヶ月以内ならどこにでも、いくらでもステイすることができた。チケットは日本航空のチケットで、ＪＡＬが飛んでいない所はグループの航空会社のものだった。金額は55万円。その他の費用も含めて借金でまかなった。

当時は1ドル310円の時代で、変動制になってまだ間がなく、日本の国力もそれほどではなかった。外貨の持ち出しに制限があり、ドルは１５００ドルが限度だった。その１５００ドルは旅行小切手に換金、あと何十万円かを靴下に隠したりして羽田から未知の世界へ旅立った。

羽田出発は午後9時30分。出発まで高校時代の友人、杉村茂君が見送ってくれた。高知空港出発の時はまだ海外旅行が珍しいせいか、妻を始め親戚、友人二十五人が盛大に送り出してくれた。

アメリカではロスアンゼルスに逗留するつもりで、その前にまずハワイで2泊する予定だ。アメリカへの入国ビザは出発直前におりてきたが、三ヶ月の申請に対してわずか二週間しか許されなかった。まあ到着してから延長を申請しようと呑気な考えだった。

夜中の出発だが、ハワイまでに日付変更線を超えるので日記には「明日もまた今日が始まるのか」とあり、英語もろくろくしゃべれないのに「前途に不安はない」とイキがって書いている。

ハワイ

ハワイ1日目　6月20日

午前9時半ホノルル着。ホノルルでは土佐高のバスケット部の先輩で恩師でもある土居徹先生の奥さんの妹さんが住んでいて、そこに泊めていただくことになっていた。

入国審査は日本語でもOKでスムーズに通れた。税関を出ると、

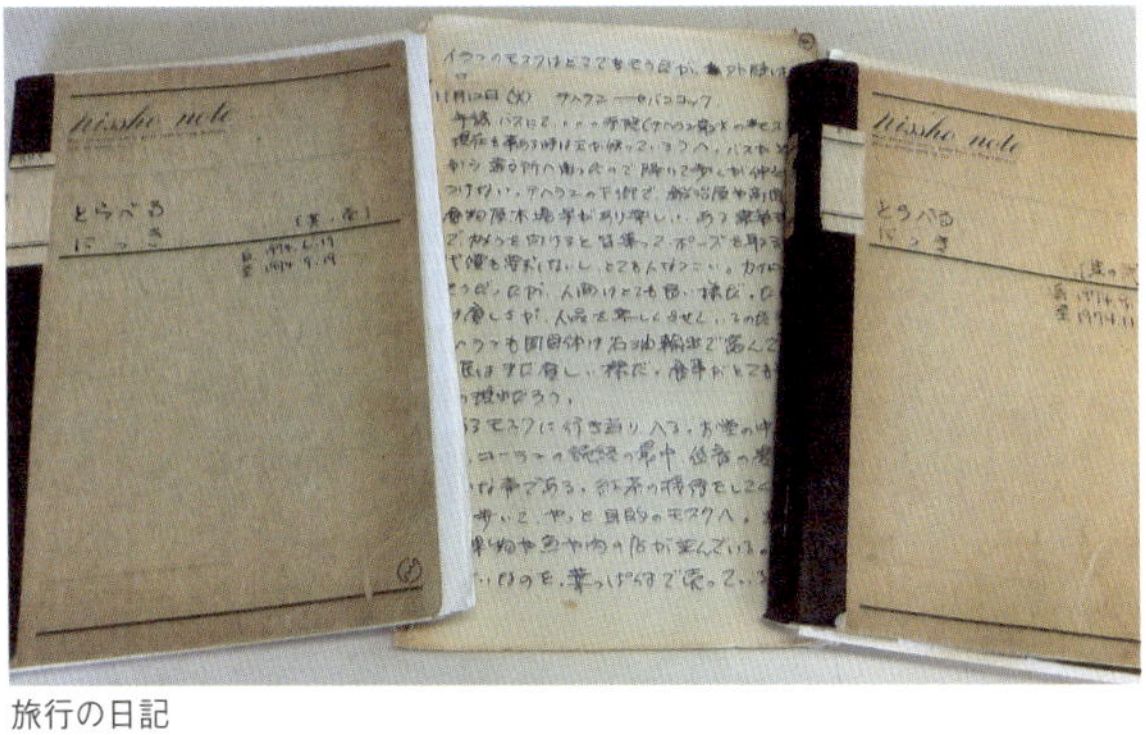

旅行の日記

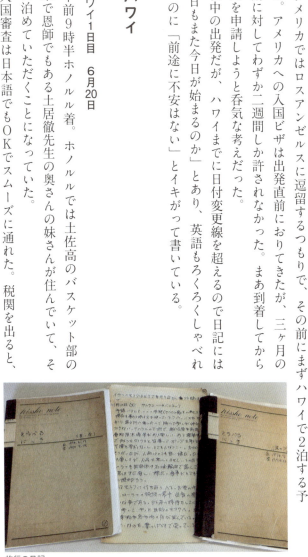

その妹さんとご主人の渡辺さんが迎えにきてくれていた。初めての海外旅行、初めての異国の地で、日本語が通じる人がいるととても心強く感じた。

挨拶もそこそこに、車でマノアという美しい住宅街にある渡辺邸に向かう。太陽の動きと反対側に飛んで短い夜を過ごしたせいか、時差ボケになり、昼食のあと三時間ほど休む。

渡辺家は四人家族で、ご主人の武文氏は29歳、ホノルルの旅行会社に勤めている。奥さんはアキ子さんと言い美人である。専業主婦で家事と育児に専念している。

長女の香代ちゃん。3歳と四ヶ月。素晴らしく頭が良くオシャマで、母親もタジタジの態だった。人見知りせず、私のことをボーイフレンドのように接してくれた。次女の香奈ちゃん。生後七ヶ月のベビーである。

夕方、香代ちゃんと二人で散歩に出る。エレメントスクール（小学校）があり、放課後で野球をしている。ピッチャーがいなく、ホームベースにポールが立っていて、その上にボールが乗っかっている。打者はそれを叩く。あとは野球と同じ。日系人の子供が多い。面白くて見ていたらさっそく名物のスコールにあう。現地の人はシャワーと呼んでいた。子供達は平気で野球を続けている。

渡辺邸

渡辺さん一家

夜8時半から渡辺さんのお客さんで日本からのツアーの方々に交じってビーチコンバーというホテルで夕食とショウを楽しむ。ショウはハワイアンでなく、サモワ、クックなどポリネシア系の踊りで、フラダンスにも似ているが動きがとても早い。男性が火のついたたいまつを器用にグルグルまわす。女性は全員美人だが、私よりも色黒だった。トイレに行こうと思って「Water closet」と尋ねたら、水飲み場につれていかれた。本物のトイレには「男」「女」と漢字が書いてあった。

ハワイ2日目

9時半起床。朝食のあとバスに乗って、ワイキキの浜へ泳ぎに行く。サーフボードを2ドルで借りてサーフィンを試みたが、ボードに全く立つことができず、踏みつぶされた蛙のように浮いてばかりいた。隣では10歳くらいの子供が格好よくやっていて口惜しいことこの上ない。ビキニの女性を楽しんだあと、陸に上がりカラカウア通りを歩く。

ポルノショップがあり映画が5ドル。それをなぜか3ドル50セントに値切って入る。今から考えるとなぜ値切ることができたか不思議。映画はポルノ映画で、ボカシのない本物の画面で若い私には相当刺激が強かったが、「フリーカントリー」アメリカがただただうらやましく感じながら楽しんだ。

5時帰宅。香代ちゃんと約一時間散歩。

香代さんと私

夕食はアキ子さんの手作りの天婦羅でもてなしてくれた。自家製の白菜の漬物もとてもおいしい。昼のおやつがお餅。テレビも日本語番組があり、外国にきた感じがしない。夕食をいただきながら、二人の馴れ初めやハワイのこと、日本の近況などに話が弾み、午前2時就寝。

ハワイ→ロスアンゼルス

朝食のあと武文氏が休みのため、一家総出で見送ってくれた。たった二日間だったが、仲良くなった香代ちゃん。友達がいなくなるので寂しそうだった。

11時40分ホノルル発。午後7時45分ロサンゼルス着。いよいよアメリカ本土着だ。ロスは夕暮れ。薄いスモッグの中に整然とした街並みが見える。空港には、高知から移民でアメリカに住んでいる田村隆稔さん、田村豊美さんの二人が迎えに来てくれた。初対面である。

車でリトルトーキョーへ出て日本食レストランで夕食。なべやきうどんを食べた。1.75ドル(約500円)だった。おごっていただく。

夜は豊美氏宅で泊めていただいた。豊美氏は50歳くらいで、日本生まれ日本育ち、「上海敵前上陸」の猛者だという。高知県

左：久仁馬さんの奥さん　右：田村豊美さん　トーレンスにて

出身。アメリカ生まれの日系人と結婚しロスに来たという。最初は英語がダメだったが今はペラペラ。黒人街の近くで酒屋を経営しているという。こちらに来て長いので、「今の日本のこと」をしきりに聞きたがる。私も戦争の話など聞かせてもらって話が弾んだ。1時半就寝。

ロス2日目　下宿を決める

朝食のあと、二男のヨーミ氏と英語で話す。半分くらい通じた感じ。日本で永国さんの日米学院で英語を学んだが、ヒヤリングが苦手でしかも国語が得意な私は難しい漢字が浮かんでくる。それを翻訳するのは本当に難しい。

午後、豊美氏のリカーストアの見学、客はずいぶんと多い。白人、黒人、メキシコ人と肌の違いは色々。みな陽気なアメリカ人で、主人と冗談ばかり言って帰っていく。

アメリカの労働者は週給で小切手をもらう。その小切手をこの酒屋で手数料を払って現金化する。そのため現金をたくさん置いてあるのだが、シバシバ強盗に襲われるそうだ。カウンターの下にはピストルとライフルを置いてあるので、一度も使ったことはなく、強盗には一定の金を渡すという。週末にはこういう人たちでごった返すという。初めて「アメリカ」らしいものを見た感じで面白かった。

両田村さんに案内されて下宿探し。隆稔氏の近所のバージルアベニューにあるオザワボーディングに決める。まかない付きのボーディングハウスである。三食付きで月120ドル（37000円）は安いと思った。部屋は長屋と一軒家があり、私の方は一軒家。2階を占領できて広くてベランダもあるのはうれしいが、建物が「南北戦争以前」からあるのではと思うくらい古くてカビ臭い。でも、我慢することにした。

二日目も豊美氏に泊めてもらう。夕食後、豊美氏と政治論、日本論をたたかわす。さすが戦前生まれの日本人で、一本筋が通っていて「ずるうない人じゃ」と思った。1時半就寝。

ロス3日目　ビザの延長を申請

朝食後、酒屋でアメリカ人の観察。見ているだけで面白い。後にこの酒屋の近くで黒人による暴動が起き大問題になるが、この頃の黒人は陽気で、暴動のカケラも見られない。

午後、隆稔氏が迎えに来てくれ、ずいぶんと雑談したあと、イミグレーションへ。ビザの延長申請だ。終業間際で、名前とパスポートを確かめただけで「10ドル」と言う。おそろしく太った黒人女性で、お腹は目の前にあるのに顔は1mくらい向こうにあった。金を受け取ったのでOKだろう。

夕食はバージルアベニューの日本食「八重桜」でカツ丼を食べる。

隆稔氏は成功して今やビリオネアー（億万長者）で悠々自適、カメラとムービーが趣味だという。

夜、車をとばしてトーレンス市に住む親戚の稲吉久仁馬さん宅へ。土産を渡し、アメリカンチェリーを大量にごちそうになる。150粒くらい食べた。一世は日本のことを聞きたがるが、2世、3世は無関心だった。

帰り、ガーデナ市の日本から進出した企業群の建物を見て感心する。オザワボーディングへ夜12時帰宅。ベランダに出ると三日月。「異国の月」と感慨深い。しかし、やはり部屋が臭い。学生時代に住んでいた池袋の「酔骨楼」より臭い、と日記にある。２時、初めてオザワボーディングで寝る。

ロス４日目　雨が降らないロスは水が豊か

少し疲れ気味なので昼まで寝る。

午後、ハリウッド方面へ散歩。サンセットブールバードを往復三時間は歩いた。ロスアンゼルスは年間十日くらいしか雨が降らないので、今日も快晴。家には樋《とい》が付いてない。メキシコ湾流のおかげで温暖。一年中シャツに半ズボンで過ごせる。

雨が降らないのに水は豊かである。なぜかというと、200km走ればシエラネバダ山脈があり、ホイットニー山は４４１８ｍもある。さらにその奥はロッキー山脈に連なるコロラド高原で、冬には雪がたくさん降る。その雪融け水をダムに溜めて、ロサンゼルスまで引いてくる。家庭の水はもちろん、工業用水も農場の水もすべて水道水である。

住宅と道路の間にある芝生が夏の陽に焼けている。毎日定時にスプリンクラーが作動して、独特の匂いがする。決してイヤな匂い

芝生が多いロスアンゼルスの住宅街

ではなく、後々まで思い出に残りそうな匂いだ。

下宿で初めて食事をとる。オカズはタップリある。ごはんは食べ放題。これはありがたい。

8時5分前、ビールを買いに角の酒屋に行くが、白人の主人に「アイアムクローズナウ」と目の前でシャッターを閉められた。いかにもアメリカ的出来事と感動した。少し遠くの日本人の店はやっていた。ビールはクワー、バドワイザー、シュリッツなどあって、どれもうまい。缶ビールばかりだ。

ロス5日目　ハリウッドへ行く

ここの下宿の朝飯の早いのには驚く。朝6時から7時の間だけ。飯食ってまた寝ることにする。

同じ下宿の永谷氏とバスでリトル東京へ行く。彼の用事を済ませて、近くのメキシコ人街にあるオルベラ街を散策。メキシコの店がズラッと並んでいた。革製品などが安い。

午後は同じくバスでハリウッドへ。チャイニーズシアターの派手な外観に驚き、その前にある有名俳優

チャイニーズシアター　ハリウッド（写真提供：ピクスタ）

オルベラ街　ロサンゼルス

の手型、足型を見る。ジョン・ウェイン、エリザベス・テーラーなど知っている俳優が多い。名物のハンバーガーを二度食べた。マクドナルドではないが安くてうまい。それにコカコーラがピッタリ。ロスは空気が乾いてるので、ビールやコーラが本当にうまい。

夜、自室で永谷氏とビールを飲んで語る。彼は南米に二ヶ月行ってきた。費用はレストランのアルバイトでかせいだそうだ。また、ニューヨークの話も聞かせてもらう。彼もなかなか飲み助で1時半就寝。アメリカではなぜか1時半に寝ることが多い。

ロス6日目（木）　グレン松山登場

カリフォルニアは酒に厳しいそうだ。屋外での飲酒は全て禁止。酔っ払って歩いていても逮捕される。車の中で飲むのもいけないという。それでも紙に包んだビンから酒らしいものを飲みながら歩いてる人を見た。明らかに酔っ払っていた。その他に自分の小便を缶に出して、また飲む人がいた。このあたりでは有名だという。

夕方になって下宿で永谷氏とビヤガーデンを開店して飲んで、ビールがなくなる頃、突然松山氏がやってきた。

松山氏を少し紹介すると、実家である夜須町赤松の隣に大倉という部落があり、そこに4歳年上の松山司《つかさ》さんという人がいた。その人がロス在住ということで、落ち着いてからすぐにあいさつのハガキを出してあった。その松山さんが早くも来てくれた。

そのまま、彼の車でウエストロスアンゼルスにある自宅へ直行。奥さんと子供は今日里帰りで日本へ発ったそう。松山さんはロスではグレンと名乗っており、パッケージのデザイナーだった。作品を見せてもらうと、有名なマックスファクターの紙箱（絵）のデザインをして特許も取っているという。年間表彰状は数が多くて数えられないくらい。

サントリーオールドを買って帰り、飲む。十数年ぶりの再会で話が弾む。彼が城山高校の天井裏で酒を造った話はとても愉快で笑いころげた。酒がなくなって、そのままグレン宅で泊まる。

ロス7日目（金）　ロスアンゼルスのビーチをドライブ

グレンは胃痛といつわって会社を休み、ロスを案内してくれる。マリナ・デル・レイという大きなヨットハーバーやトーレンスのレドンドビーチ。スペイン風の建物が多く、とても綺麗な街だった。丘の上に立つガラスの教会。これはフランク・ロイド・ライトの息子が設計した教会だ。自然と一体となった教会、透明感がスゴイ。

ビーチに降りると、岩場に大きなアワビがいて捕獲、帰って食べることにする。アメリカの人はアワビとタコは食べないそう

パッケージデザイナーのグレンの賞状

グレンと私

だ。レドンドビーチではカニを食わせる店が多い。ズワイガニくらいのが三匹50セント（150円）と安い。大きいのを買って帰る。

グレンの家でカニのサシミや何かでまた大宴会。土佐弁で昔話に花が咲く。寝たのは午前3時半。

ロス8日目（土）　カリフォルニア砂漠をドライブ

10時ごろ起きて、アワビのステーキなどを食べる。

今日はグレンが休みだからと、山と砂漠を案内してくれるという。車はトヨタのマークⅡ1900ハードトップ。北の方の山（ナショナルフォレストパーク）に上り、山頂の湖で休憩。今度は山を下り、砂漠の中の真っ直ぐな道を一路ロスへ。フリーウェイが発達していてどこまで行っても無料、そして信号がない。砂漠の中のガソリンスタンドには「この先150マイル　ガソリンスタンドありません」などと書いてあったりする。アメリカ車の高級な車はアクセルを一定にして踏まなくても走る車があるという。ブレーキを踏んだら解除される（念のため）。

グレンは料理が上手で、酒の「あて」もあっという間に作る。日本風の料理を楽しみながらビールを飲む。グレンは家には酒をおかない主義だと言い、ある酒は全てのみ尽くす。

夜、ジョージ石原来邸。グレンの友達でゴルフショップで働きながら夜間の大学に行っている苦労人。広島出身。後に彼のアパートに転がりこむことになるありがたい縁の始まり。初対面のあいさつにコンドームを半ダースあげたら喜んで帰っていった。

三日連続グレン邸泊。

ロス9日目（日）　ビバリーヒルズを見る

この二日、海、山、砂漠とロスを走り廻ったので、今日はロスの市内を見せてもらうことにする。

ウィルシャー大通りのオフィス街、ビバリーヒルズの住宅街、ロスアンゼルス市内とロスアンゼルス美術館、どこも洗練されていて豊かなアメリカを感じさせる。ビバリーヒルズでは住宅の敷地が広すぎて、しかも木が大きく、家そのものはちょっとしか見えない。

夕刻、グレンの友達の女性の家へ呼ばれ、スキヤキをご馳走になる。よくしゃべる子持ちのおばさん二人に圧倒され、早々に車で送ってもらい三日ぶりにバージルの安下宿へ帰る。

アメリカに来て飲んでばかりで、4.5ポンド体重が増えた。

タダヒロオダニという発音はアメリカ人にとってとっても難しいので、テッド・オダーニとグレンが改名してくれた。

ジョージと私

ロス10日目　7月1日（月）　ディズニーランドに行く

今日は高知からロスに来た北村医師に会うことになっている。

北村医師は淩さんと言い、野市町で産婦人科を開業している新進の医師。数年前にアメリカに半年ほど留学して腕を磨いている。実はこの北村医師にあやかって、私も半年間の海外行を計画し周囲の理解を得た経緯がある。この北村医師がタイミングよく学会のついでにロスに来るので、「会いましょう」ということになっていた。

昼過ぎ、約束のサンセットブールバードのハイアットホテルに行く。彼はヒゲを伸ばしていた。今日は二人でディズニーランドに行くことになっている。その前にダウンタウンのリトル小東京の「一番」で食事をする。それからディズニーランドに向かい、着いたのは夜7時半。

初めてのディズニーランドだが、夜もすごく人が多い。並んで待ってティキハウスやパイレーツ・オブ・カリビアンなどに入場し、楽しい時を過ごした。11時過ぎのバスに乗って帰ったが、なかなか一人では来られない所と思った。ただ男二人ではなく、男女二人で来るともっと楽しいだろうと思ったことだった。

ロスからはタクシーにて帰った。

ロス11日目　7月2日(火)　アメリカで初のゴルフ

今日は北村医師とゴルフに行く約束だ。現地のリンディ・ウエハラいう2世の上級者の案内で北村医師と私、それに安心堂の久米氏と四人で廻る。場所は郊外のモンテベロ・ゴルフクラブ。アメリカで初めてのゴルフである。グリーンフィー、一人5ドル。車代四人で４ドル。あとは食事代で、だいたい２５００円弱だった。１ラウンドのスルーで、食事はゴルフが終わってから。キャディは一人もいない。

素晴らしいゴルフ場だったが、芝が軟らかくアイアンがボールの下をくぐってしまったり、グリーンもベントで早く、三パット続出。私は110点、北村氏は96点だった。上原氏はガイドで約55歳くらい。軍隊に三十年在籍したそうだ。

安心堂の久米氏はグレンも知っているそうで、少し品性に難があり、前の組に「早く行け、打ち込むぞ」などと怒鳴っていた。

午後、ハイアットホテルに帰り、屋上のプールで泳ぐ。若い女性二人がトップレスで日光浴をしていたので、北村氏が８㎜に撮るやら写真に撮るやら大騒ぎだった。

北村氏は夕食は仲間と食べるとのことで、私は一人でハイアットホテルで食べた。一番高いステーキ（5.8ドル）を頼んだが、固くてあまりうまくなかった。

夜、北村氏がモダンジャズを聞きに行くというので付き合う。もう一人のお医者さんと三人でタクシーに乗る。近くかと思っていたが、フリーウェイをどんどん行くので驚いた。ジャズバンドはトリオで女性のピアノ、あとエレキギターとドラム。シックな感じのジャズだった。飲み物はバーボンをダブルで二杯頼んだら８ドルかかった。

ハイアットホテルまで帰って二人と別れた。そこからは我が家までタクシー。一日いろいろと楽しかったが金もかかった。

ロス12日目（水）　英語学校入校・ゴルフクラブを買う

アメリカに来てはや二週間、毎日酒ばかり飲んでいて建築の研修は皆無。で分かったことは、英語が全くできないということ。日米学院に少々行ったくらいでは話にならんことがわかった。まず英語で会話ができるようになりたいとボーディングハウスの人に教わり、アダルトスクールという英語ができない大人のための学校へ行くことにした。名前はロビンソンアダルトスクールという。

今は夏期講座で午前中だけの授業。約二時間半受講した。先生は25～26歳のスウェーデンから来た金髪の美人カレンとメキシコからきた黒髪のローラ35～36歳。こちらもかなりの美人。生徒は、日本から来た商社員の奥様、タイなどアジアから来た人、それにメキシコ移民。不法入国者もかなりいるらしい。

授業は全て英語なので、最初から最後までチンプンカンプン。道は遠いと感じた。

午後はジョージ石原のゴルフショップへ行く。近くだと聞いて歩いたが逆方向へ行ってしまい、一時間半も歩いて、最後は捜しにきたジョージに車で拾ってもらう。軽く見学するつもりで行ったのだが、何となくクラブを買う羽目になってしまい、そうするとバッグも靴もということになり結局440ドルの出費になってしまった。クラブはウィルソン1200。アイアンはシャフトに捻りが入っているものでよく飛ぶという。

帰途、バスにてリトル東京へ出てショッピング街をブラついて帰る。

明日は独立記念日で仕事が休みなので、グレンが迎えに来てくれて泊まる。例によってビールを飲み12時くらいに寝る。つまみにグレンがギョーザを作ってくれた。

ロス13日目　ゴルフクラブの使い始め

今日はアメリカ合衆国の198回目の誕生日。全国的に休日である。グレンの借家のオーナーである2世のタンジがやってきた。オーナーの部屋に玉突台があり、三人でやる。ポケットである。私は四つ球はよくやったが、ポケットは初めて。タンジは相当な腕で最初フロックで勝ったがあとは完敗。

午後、グレンとジョージと三人でゴルフへ。新クラブの使い初め。場所は近くにあるルーズベルトGCでパブリックのショートコース。9ホールでパー3が3ホール、パー4が6ホールあり、ショートコースと言ってもかなり長い。料金が2.25ドル（700円）と格安なのがうれしい。しかも祭日に予約なしで行ってもすぐできる。

グレンはゴルフは二回目だとかで手でボールをカップにほうりこんだりする。ジョージは私と同じくらいの腕。パー33のところ47で廻って、まあまあの成績。クラブはアイアンがよく飛ぶ。

夜はジョージのアパートでスキヤキ。アパートはプール付、二寝室のなかなか良いアパートだ。ルームメイトの太田氏（アンバサダーホテル勤務）と彼の婚約者シャロン（オーストラリア人）も一緒になり賑やか。みんな話題の豊富な連中で、話が弾んだ。若いだけあってそれぞれに「一旗あげてやろう」と考えており、楽しい夜だった。

ロス14日目　円高進む

バーモントゴルフショップに金を払う。円で支払ったが、日本を出た時は1ドル310円だったのが当日は300円と円高になっていて、少し得した感じ。

この四日間は日本のゴールデンウィークにあたり、独立記念日、土日の休みと兼ねて四連休とし、多くの人たちは旅行に出かける。そんな訳でフリーウェイは混雑し、交通事故や違反の処理でパトカーや救急車がひきもきらない。昨夜はアメリカで年に一回だけ花火をしてよい日だそうで、すぐ近くで2件の火事があった。

ロス15日目　サンタモニカの海岸をドライブ

午前中手紙を書く。酒を飲むことに忙しく、あまり手紙を書いてなかったので家への長文のものを書く。

午後、リトル東京に行きラジオを買う。一番安いので15ドル。香港製。帰って聞いてみるとFMの感度が悪い。AMはちゃんと聞こえるが英語ばかり流れてくる本屋に行き建築の専門書を探したがなくて、簡単な住宅の本を買ってくる。建築の勉強も少しはやってる感じ。

夜、グレンより電話、迎えに来てくれて泊まる。夜のサンセット大通りからサンタモニカの海岸をドライブ。夜のアメリカは明るい。

バーボンを買って飲む。

ロス16日目　本格派ゴルフ場でゴルフ

ジョージとゴルフの約束だったが連絡がなく、グレンと二人で出かける。アロンドラパークGC。18ホールの本格派ゴルフ場。

居合わせた韓国人二人と一緒に四人で廻る。私は1OB、後半はまあまあで（56・48）の104点、グレンは相変わらず愉快にクラブを振り回していてルールそっちのけ。手でボールをカップに入れると、韓国人が「日本ではそんなふうにするのか」と驚いていた。

夕食、グレンがまたまた腕を振るい、トンカツ。何を作ってもうまい。酒が進む。

ロス17日目（月）　少しオセンチになる

二度目のスクール。二回目となると少し落ち着いてきて、先生の言うことが1／3くらいわかるようになった。発音の練習の時「べリーグッド」とほめられた。商社員の奥様達は元気がよくて、とにかく賑やかだ。まるで幼稚園のよう。

トラベラーズチェックのサインを漢字で書いてきたのは失敗だった。アメリカ人は漢字がわからないので、角の酒屋は受け取ってくれない。わざわざ銀行に行ってドルからドルへ両替が必要だ。

毎日誰かと酒を飲んでいたが、今晩は一人。ちょっとオセンチになって日記に書いている。

「ロスの日暮れは寂しい。いつとはなしに薄暗くなってくるといち早く街灯が輝きはじめる。老婦人が家路に急ぐ。黒人の子供達が駆け足で行く。780万人の大ロスアンゼルスが全て夕暮れに沈む」

ロス18日目　全編英語の映画を観る

学校は三日目、時々魔法のように英語がしゃべれるようになればいいなと思う。話したいことが一杯あるのだが。

午後、英語の勉強のつもりで、ハリウッドへ映画を見に行く。ポールニューマンとロバートレッドフォードの「スティング」。日本のように字幕がないので、大体の筋は理解したがこまかいことは100％わからない。世界の人達はなぜ同じ言語を話さないのだろうとグチってしまう。音楽だけが共通語で「タタッタタ……」「タタ、タタッタ、タッタッタ」と耳に残った。

ロス19日目　浮世絵の春本を見て興奮

昨夜借りた推理小説を遅くまで読んだせいで朝寝坊。授業は一時間だけ受けた。教師のローラは「オダニ」と呼び、カレンは「テッド」と呼ぶ。なんとなくおもしろい。

午後、ダウンタウンへ行き、銀行でトラベラーズチェックを交換しようとしたが、「パスポートが必要だ」と軒並み断られた。

ワールドトレードセンターに日本書店がオープンしたというので行ってみる。西園寺書店といって高貴な香りのする本屋で、たくさんの日本の本を揃えてある。値段は日本の定価の2.4倍だ。『ああアメリカ』というハーバード大学の先生が書いた本を買う。買った理由は230円と安かったたから。

そのあと、バンクオブアメリカビルの地下街を廻ってみる。巨大資本が造っただけのことはあって豪華である。テナントがたくさんあるが、買物客は少なかった。その中の本屋で建築の本を捜すが全然見つからない。アメリカの建築の本は日本にはあふれている。

江戸時代の春本がモザイクなしで売られていて、初めて見た私は興奮した。浮世絵のそれは誇張して描いてあるので、アメリカ人は誤解しているらしいが、日本人が日本で見ることができずアメリカで見られる不条理に少し腹が立った。

夜、隆稔さんをご機嫌伺いに行く。彼が自分で撮ったムービーをたくさん見せてくれた。

ロス20日目　英語学校でよさこい節を披露する

今日の授業はフリーカンバーセイションだった。各自のホビーについて披露し、それについての質問戦をやる訳だ。

まず日本人の奥さん三人がドライフラワー造りを披露したが、堂々としてなかなかよかった。そのあと黒人の女の子やローラがやったあとが、かくゆう私なのだった。いきなり「マイホビイイズドリンキング。バッツアイキャノットドリンクヒアー」とやったのが効いて話が弾んだ。

「独身か」と聞かれて「結婚している」と答えたら、一瞬教室に落胆の色が広がったように感じた。最後に歌を歌うはめになり「よさこい節」を手拍子交えて歌ったら大喝采だった。

午後、隆稔さんに同伴してもらって、移民局に行く。前回の申請に不備があり訂正に行ったのだ。訂正は簡単ですぐ終わった。そのあと隆稔さんの年金の申請について行き、市役所や郡役所を廻る。なぜか太った人が係で、かつスローモーションだと感じた。

ロス21日目（金）　読書とゴルフ

今日は学校がなく退屈。グレンに借りた本を読む。『空港殺人事件』『香港殺人事件』『船乗りクプクプの冒険』『どくとるマンボー航海記』と、全部読んでしまった。天気が良く、気温がちょうどなので快適で、ベランダの椅子に腰かけて読書すると、気分が満ちてきて匂いも気にならない。

夕方、ジョージよりＴＥＬあり。ゴルフへ行く。例の9ホールショートコース。年輩の夫婦が前にいて打ったらチョロって、歩いて行ってボールを拾ってきてまた打ち直している。ノンビリしたものだ。ある若者はジーパンをチョン切った半ズボンに上半身裸でプレーしている。ビールを一パッケージかけたので、真面目にやって、二人共46で引き分けた。

日暮れが近づいてくると各ホールのスプリンクラーが作動し、フェアウェイを順番に追っかけてくる。グリーンでつかまるとズブヌレになるので、やり過ごしてからまたボールを打つ。ロスアンゼルスならではのゴルフだ。

ロス22日目　スペシャルゲスト登場

一日暇で、日本向けに手紙をたくさん書く。

夕方5時よりジョージ、山田（西本貿易）、森下（藤堅）と四人でルーズベルトゴルフへ。私は散々で52。皆にビールワンパッケージおごらされる羽目になった。

ゴルフが終わって、ジョージの勤めるバーモントゴルフショップで雑談。社長の伊藤氏も加わる。

グレンよりTEL。スペシャルゲストが来たという。ビールとスカッチを持ってジョージとゆく。客は元国語の先生で、アメリカへ来て全部の州と南米全ての国を廻った無銭旅行の雄で、鼻下にひげを蓄えており、森鴎外の若い頃に似ている。彼の土産話を聞きグレンの得意の料理で飲み、最後は歌を歌ったり、はし拳を打ったりして、酔っ払って自然消滅。

ロス23日目(日)　サンタモニカの高級住宅を見る

グレンは朝からビールを飲んでいる。少し飲酒運転で、サンタモニカの海岸を北に向けて50マイルほど走る。海岸段丘の上に素敵な建物がたくさん並んでいる。サンタモニカはリゾートでもあり、退役軍人の多い街でもある。

夕刻、念願のステーキをグレンの分まで手を出して食べる。その後、また話がまとまって飲むことにした。9時半頃、グレンのすすめで日本へ電話する。大きな話題や問題も起こっていない。

昨日から駄洒落がはやって、ダジャレ、ビール、ダジャレ、ビールで2時半まで飲んだ。今夜もグレン邸泊。

ロス24日目　ロス市内の建築を見物

昨夜の決意に従ってグレンは会社を休む。理由は二日酔い。で、迎えビールをやったりして、午後はベニスビーチへ裸体主義者を見に行く。ちょうど寒い廻りで裸はいなかった。

ロスの市内を走ってみると、建築中の建物はごく少ない。木造のアパートがボツボツ建築中。ロスのアパートは4階建てくらいのが多く規模も大きい。しかも木造である。その骨組たるや、非常に小さい。立っているのが不思議なくらいだ。

夜、グレンの得意の腕で「すぶた」を作って食べ、7時過ぎオザワボーディングに帰る。

ロス25日目(火)　引っ越しを決める

学校はいつもの通り。午後は読書。

ジョージのルームメイトが結婚のために引っ越すことになり、空いた部屋に入ることになった。そのことを両田村氏に報告する。豊美さんは喜んでくれたが、隆稔さんは不満そう。しかし最後は同意してくれた。

ロス26日目(水)　プール付き高級アパートに移転

今日のスクールはハリウッドボール見学。郊外にある大きな野外音楽堂だ。この時期、夜は「星の下のシンフォニー」という音楽会が開かれる。その練習を見るのだ。とにかくでかい。

スピーカーの設備が良く、エコーがなくて良い音が聞こえる。

自然をうまく利用した野外音楽堂だった。隣の小劇場ではジャズ、メキシカンダンス等が催されている。サンサルバドルから来た同級生のアラニク・ロメロと仲良くなって英語で話す。英語圏でない人と英語で話すと通じ易いことがわかった。

午後、ジョージに迎えに来てもらって車で引っ越し。オザワボーディングの小沢夫婦にはていねいに礼を言って出たが、今晩の夕食代も取られた。三週間あまりこの下宿にいたが、週末はほとんどグレンの家で泊まって全体の半分強しかいなかった。

ここにいて面白かったことが二つある。

一つ目は、ある夜、警察のヘリコプターが真上に来て強力な照明を照らす。犯罪者を追いかけているのだ。映画のようで面白かった。

あと一つは、長屋の方に白人の売春婦が「セックスはいかが」と廻ってくる。欲しい人はＯＫして部屋に迎え入れる。ショートの契約なので、終わったらその人は隣の部屋をノックする。そうして彼女は効率よく稼いで帰るのだ。残念ながら私はあまりいなかったのと、一軒家だったので彼女が訪れることはなかった。

あと、食堂に「羅府新報」という日本語のタブレット紙が週一回あって読んだ。「日本人の聾唖者が警察に職務質問され身分証明書を出そうと内ポケットに手を入れたらピストルと勘違い

ホバートテラスと同型のアパート（ロスアンゼルス）

され撃ち殺された」という記事が忘れられない。

引っ越したアパートは4階建てで口の字型に建っており、中庭にプールがある。中庭側の廊下が回廊になっていて、入り口から入ると広い居間にキッチン、バスルームと寝室が二つある。家具付きでなかなか居心地が良い。プールは自由に使っていいそうだ。部屋を掃除したあと、さっそくプールで泳ぐ。温暖なロスアンゼルスだが、今日は7月18日で真夏なのでプールがとても気持ちよかった。

夜、グレンがやってくる。近くのレストランで夕食会があったそうで、珍しく背広にネクタイ姿だった。11時ごろまでいた。

あの臭い部屋からプール付きのアパートに移り、気分もアッパーに。だんだんブルジョアの気分になってきた。

ロス27日目(木)　伊藤と知り合い飲む

学校が遠くなったので、ジョージに送ってもらう。一時限はダンス。美人のカレンがなかなか良く踊る。二時限は料理の講習会。

まず、日本人のキク子がオニオンケーキを作る。試食すると辛くてうまくなかった。次は、先生のローラがチキ・チカとかいうメキシコ料理を作る。メキシカンだけあって実にのんびりと作る。食べるとなかなかうまい。お代わりをして、習い覚えた英語で「ファンタスティック」とほめたら、感激して喜んだ。

帰りは同級生の伊藤に送ってもらう。同じクラスにいて23歳。大学四年生の時、アメリカに来たそう。部屋にあがってもらって軽くビールを飲みながら話す。大阪育ちで、少し変わり者。家庭が複雑で、少年時代はあまり幸せではなかったという。私とはよくうまがあう。友達になれそうだ。

ジョージは外泊。

アパートに移って自炊になったのでラーメンライスを作って食べた。

ロス28日目（金）　スーパーマーケットで買い物をする

今日は学校は休み。ウィルシャー大通りを西に向かって見物しながら二時間ほど歩く。ロスアンゼルスは大都会で、特にウィルシャー大通りはオフィスやホテル、美術館の多い賑やかな所だが集合住宅も多く、敷地がゆったりして四階建てくらいのアパートが多い。近代的な街なのだが、芝生や樹も多く、雰囲気の良い通りだ。

この二、三日とても暑いので、帰りは疲れてバスに乗る。バスはアナウンスがないので、しっかり注意してないと乗り過ごしてしまう。

アパートに帰ると、コーラを一気飲み。カルフォルニアで飲むコーラは日本と一味違う。

夕方、ジョージと永田、山田、中村氏と五人でルーズベルト

左：伊藤　　右：良さん

でゴルフ。43で廻る。ジョージと各ホール1ドルかけて、2ドル稼ぐ。

帰り、スーパーマーケットで買い物する。スーパーの棚には商品がワンサと載っていて、アメリカの豊かさを感じる。豆腐やキッコーマンの醤油などもあって驚く。チョコチョコっと買い物しただけで30ドル。約一万円かかった。アメリカは物価が高い。

ワインとステーキで、ジョージと引っ越し祝い。ジョージも明るい男だ。

ロス29日目　ゴルフ三昧

朝寝坊する。

昨日に引き続いて、同じメンバーでゴルフ。後半乱れた。

夜8時からジョージの友人のバースディパーティ。藤田一郎、二郎と顔は今いちだが、歌のうまい双子の男の子。客は十二人。若い人達が多く、大田君のワイフやら白人の三名も混ざる。私はビールばかり飲んでいた。

ジョージは今夜来客があるとかで、グレンの所まで送ってもらい泊まる。


ロス30日目（日）　2世ウィーク（ヨサコイ踊り）

ロスアンゼルスの中心街に日本人町、リトルトーキョーがある。毎年8月の一週間が2世ウィークと言って、お祭りである。最大の見所は、ミス2世ウィークのパレードらしい。

その2世ウィークのパレードに高知から「よさこい踊り」が参加することになり、日本から踊り子団が来るという。ロスアンゼルスの地元でも「黙って見ている訳にはいかない」という訳でロスの高知県人会が中心になって現地の踊り子を募集し、稽古が始まったのだ。

グレンにも声がかかり、私と二人でガーデナ市の杉野氏の屋敷を訪ねた。今日が初めての稽古で二十人ほど集まっていた。ガーデナ市の市長婦人ミセスナカオカも来ていた。この方は高知の入交太二郎さんの姉で戦後日本に進駐していた2世のケン・ナカオカ氏と結婚した人である。なかなかの美人。

踊りはこのミセスナカオカが高知から仕入れてきたそうで、なじみのある踊りで二時間ほどの練習ですぐに覚えられた。土佐人系の人ばかりなので、すぐうちとけて面白かった。

夕刻、アサリを取りに行くことになったが、今は食べるとあたるという。ロスではRのつく月は貝を食べていいそうだ。すなわち、9月のセプテンバーから翌年の4月のエイプリルまで全て月の名前にRがつく。5月のメイから8月のオーガストまではRがない。面白い。

で、代わりにスーパーではまぐりを買い、夕食は牛肉のテリヤキとはまぐりとオニオンスライス。下のタンジオーナーが上がってきて、四人でトランプをする。私は大勝。ジョージが夜やってきて、部屋のキーがなくなったということでグレン邸で泊まる。

ロス31日目(月)

学校は休む。昼頃、ウエストロスアンゼルスのグレン邸からバスにて帰る。ウィルシャー大通りを真っ直ぐだ。そして近所を散策。スペアキーを作る。

夜、ジョージがオニギリを作り、食べる。

堤氏来訪、一時間ほど話して帰る。

ロス32日目(火)

学校へ行く。行きはジョージに、帰りは伊藤に送ってもらう。

伊藤はそのまま上がってビールを飲む。合間にプールで泳ぐ。彼はアメリカに来てだいぶ経つので、知識が豊富で面白い。先生のカレンに惚れているようだ。少しひねたハニカミヤ。

ロス33日目　美術館、ファーマーズマーケットへ行く

学校で英文タイプの打ち方を習う。あまりうまくいかない。こちらでは一分間に何字打てるかで給料が決まるという。

午後、バスに乗ってウィルシャー大通りにあるロスアンゼルスカウンティ美術館に行く。大きな美術館だ。敷地内にいくつもの美術館がある。アンディウォーホールの作品が有名らしい。私には良いかどうかわからない。

さらに、バスでファーマーズマーケットへ。元は素朴な市場で地元の農業製品を売っていたのが、だんだん有名になって店の数も増え、大きな観光地になったのだという。海の幸、山の幸、とにかく食い物の店が多い。私はハンバーガーなど食べる。

その後、ラ・ブレアの映画館へ行く。ここでは東宝の映画をやっている。二本見た。題名は「鬼輪番」「修羅雪姫」。名前の通りマニアックな映画で、芸術性を売り物にしたようなやや難解な映画だった。

帰着は11時。バスでピッタリ降りるのが大変だが、うまく降りられた。

ロス33日目　寿司をご馳走になる

今日は、学校は野外授業でダウンタウンへ行き、シティホール（市庁舎）の27階へ上がる。総勢約二十人。

市庁舎は1928年に出来たアールデコの建物だが、今でも市内では高い方の建物。上から見ると大ロスアンゼルス市が一望できるが、天気は良いのに、東京のようにボーっとスモッグで霞んでいる。目をつむって耳をすますと、「グォーッ」というありとあらゆる音がミックスされた騒音が聞こえる。

その後、全員でリトル東京およびオルベラ街でショッピング。カレンが碁のセットを買うというので、日本人全員で付き合う。白人が物を買う時の慎重さは話には聞いていたが、もの凄い。一つの買い物に数時間かける根気と努力は特筆に値する。

解散後、日本人の奥様二人が、先生のローラとカレン、そして伊藤と私にご馳走してくれるというので、リトル東京の「東京会館」に行き、キリンビールを飲みながらトロやミル貝、穴子などの寿司をつまむ。ローラはメキシカンで、日本料理も経験があるらしく喜んで食べていたが、北欧生まれのカレンはスシは初めてらしく、決死の覚悟で挑戦している感じだった。

夕方、高知県人会の片岡会長から電話がある。「よさこい」の当地の集まりが悪く、我々の方でぜひ三十人くらい集めてくれという。日本からハッピがそれくらい届くそうだ。そのあと、グレンから電話がある。グレンにも同じ電話があったらしく、打ち合わせのためグレン宅におもむく。イカのサシミの良いのがあったので、ビールと共に食べる。

今日一日おいしいものを食べられた。

ロス34日目（金）　サンタモニカを散歩

少し寝坊して、西ロスアンゼルス図書館やサンタモニカの海岸を散歩。サンタモニカは住民の70％が老人（シニア）で、年金をもらって老後を過ごしている人が多い。静かで美しい海岸である。

老人達が盤の上で板を転がす簡単なゲームをやっており、それをその何倍もの人達がベンチに腰かけて身動きもせずに見ている様はまるで時間が止まっているような印象を受ける。

その後、サンタモニカの繁華街をブラついて、夕刻グレンのところへ戻る。夕食はグレン得意の腕で「ヒヤムギ」。その後、ダウンタウンの夜景を探勝。


ロス35日目（土）　ベニスビーチのヌーディストを見る

午後、有名なベニスビーチの裸族を探訪。数千人が海水浴をしているが、その半分の人が素っ裸。局部を完全にさらして少しも恥ずかしがらない。白いの、黒いの、赤いの、大小さまざま。人類学の研究に役立つ。女性も全く平気である。約二時間たっぷり楽しんだ。

夕方、タンジオーナーが来て雑談。三人でボーリングに行く。三ゲームやって、私は(207、137、158)。アメリカでの初ボーリングにしては上出来。

夜11時頃より、三人にバーブ(一世半)を加えてBａｌｌという会員制のクラブへ行く。三人の白人の女の子が順番に素っ裸で踊る。日本では考えられないこと。スカッチを二杯飲んで6ドル。本日はとても安く、アメリカ女性の真の姿を鑑賞できた。充実した一日だった。

ロス35日目(日)　ヌーディストを撮影

一旦ホバートに帰り、カメラを持って再度ベニスビーチへ行く。

昨日にもましてたくさんの人。カメラを向けても平気なのでフィルム一本写させてもらった。黒人の男性が立っていて、それを逆光で写したのと、裸の人々の真ん中を盛装して歩く人がいて、とても印象に残った。撮影していて二人の人に注意されたけれど、二人共裸でない人だったのはおかしかった。もちろん、こちらも裸になる勇気はないけれど。

アメリカは「フリーカントリー」といって何でも自由な国らしい。銃は子供でも持っているし、同性愛者は多いし、外国との戦争もばんばんやるし、禁止されているのは身近な人の殺人くらいか。

ベニスビーチの建物はカラフルで、面白い建物が多くて楽しかった。

夕食はまたグレン邸で鯛の塩焼き。テレビで日本語番組をやっていて、ドラマ「じゃがいも」「日本の歌」「大相撲千秋楽」を見て、ホバートへ帰宅。

ロス36日目（月）　よさこい踊りに矢の催促

ロビンソンアダルトスクールの夏期講座最終週。昨夜本を読んで遅かったせいで眠い。でも授業は受けた。

「八重桜」で昼食。天婦羅定食1.70ドル、うまい。

県人会の片岡さんから矢の催促。三十人分のハッピも発注済で来週テレビでも紹介されるらしい。電話におどかされて、グレンは今夜飛び回っていたそうで遅く来る。ジョージにも頼んで、とにかく二十人分の名簿はできた。

グレンの酒の強いのには驚く。二時間で私の寝酒のウィスキーを全部飲んでしまった。ロスアンゼルスは飲酒運転は一応ＯＫだが、泥酔運転は厳罰らしい。

ジョージと一週間分の買い物（約20ドル）をして、軽くビールを飲んで世間話をして寝る。

ロス37日目（火）　移民局より2度目の呼び出し

移民局より二度目の呼び出し。学校を休み、隆稔さんについてきてもらう。相変わらずノンビリムードで、一時間半待たされて実際の会見は五分。割と厳しく言われたが隆稔さんがフォローしてくれる。結果は一週間後に出るらしい。

夜11時頃、伊藤よりＴＥＬ。今から来るという。ビールを買って迎える。友達の梅田君をつれてくる。居間ではジョージとクラスメートの三人が大学のレポート作製中。邪魔にならないように静かに飲んだが、レポートが終わってからは六人で宴会になり、大いに歌って朝4時ごろお開きになる。

ロス38日目(水) アダルトスクール最終日

授業は最後の一時間だけ受ける。今日が夏期講座の最終日。9月11日から正規の授業が始まる。それまでお休み。皆に別れを告げ、帰る。

夕刻、梅田氏が友達2名を連れてきてゴルフへ。今日はオールパー3の9ホール。料金75セント、200円。これは安い。山岳コースで傾斜があり、難しかった。それにしても安い。

ロス39日目(木) 読書三昧

渡米して四十日が過ぎた。学校も終わったし、移民局の結果が出るまで動けないので、終始読書。

黒岩重吾『詐欺師の旅』、五木寛之『鳩を撃つ』、その他短編。最後の『風の柩』、素晴らしく綺麗で静かで抒情的作品だった。

夜、藤田二郎氏が来て二時間ほど話していく。フラれた話は面白かった。ジョージの友達はみな夢を持っていて、それが誇大妄想狂ぐらい大きい。将来、大成功する人が出るかもしれない。

ロス40日目(金) 大工さんの時給

三島由紀夫『音楽』、ヒステリー症状と近親相姦のからまった話。すざましい迫力で、一気に読んでしまった。自分自身の中にも分裂病的な素質を感じることがあるが、生来鈍感な体質なので、結局「正常なのか」と思う。

ニクソン大統領の弾劾訴追問題委員会が終わり、いよいよ窮地に立っている。

カリフォルニア州の大工組合の時給値上げ問題で、大工達のストが続いている。4階建てのアパートの建築現場が何ヶ月もほったらかされている。昨日、時給13.5ドル(4000円)に決定したそうな。それでもストは続いている。

アメリカではユニオン(組合)に入らないと仕事ができない。それだけに全米の労働組合の力がものすごく強くて、それが経済の足を引っぱっているところがある。時給13.5ドルは年収にすると約3万ドルだ。日本円で900万円。建てる建物はツーバイフォーで、日本の大工に比べると仕事はシンプルなのに給料はずいぶん高いと思う。

午後、梅田君及び伊藤のところの居候二人とルーズベルトにてゴルフ。ハーフラウンド(一廻り)終わったところへ山田氏が来て、今度は彼と廻る。

ゴルフが終わり、彼が会社から持ってきたカレーでカレーライスを作って食べる。アメリカで食った初めてのカレーライス。うまかった。山田氏は一生懸命作ったのに自分は食わず。

ロス41日目（土）　貿易会社のピクニックに参加

山田氏が迎えに来てくれて、西本貿易のピクニックに参加。公園でソフトボール。一塁、二塁、投手と守備では活躍したが、打つ方はサッパリ当たらなかった。昼は幕の内弁当をご馳走になる。昼寝したり、スイカ食ったり、3時頃帰宅。

プールで泳いだあと、話がまとまって二人でゴルフ。毎日ゴルフ三昧だが、9ホール1.75ドルは本当に安い。

ロス42日目（日）　よさこいの稽古

午後1時よりウェストロスアンゼルスの氏原さん宅でよさこいの踊りの稽古。十五人ほど集まる。ガーデナからミセスナカオカと藤間流踊りの師匠、藤間勘須磨さん、片岡さんが来た。踊りはシンプルなので一時間ほどで終わる。

グレンの下宿のオーナー丹磁さんが魚を釣ってきて、夕食に呼ばれる。スズキのような魚の煮物でうまかった。

食後、2階に上がって来てしばらく話す。日本人の顔をして日本語を話すのに日本にいったことのない変な、でも人の好いアメリカ人。

ロス43日目（月）　ダウンタウンで日本の美人と出会う

バスにてダウンタウンへ行き、例のヌーディストの写真の焼き付けを受け取る。

そして「一番」で寿司昼食。そこで出会ったオオノレイコさんというすばらしい美人と知り合いになる。彼女はロビンソンとは別のアダルトスクールに通っているそうで紹介してもらい、そこに行くことにする。

写真はヌーディストの方はまだ出来ていなかった。

ルームメイトのジョージの婚約者が今日着いたはずで、遠慮してバスでグレンの所に行き、泊まる。


ロス44日目（火） 新しいアダルトスクールに初登校

昨日紹介されたエバンスコミュニティアダルトスクールへ登校。

グレンが車で送ってくれる。彼は今日は半日勤務で時間があったので、チャイナタウンに行きチャプスイを食べる。ジャスミンティーが有料なのに驚く。

授業の内容は易しいのだが、教師が早口でヒヤリングが大変。ロビンソンと違って学校全体が大きく、生徒も三千人いるという。したがってレベルも高い。私は初級クラスだ。バスケットのコートがありボールもあったのでシュートの練習をしたり、久しぶりに身体をほぐす。

帰り、レイコとカフェテリアで話す。鳥取県の出身で金光教の信者だという。アメリカ人の家庭でお手伝いをしながら学校に通っている。細身の笑顔の良い美しい人。コーヒーは20セントで飲み放題。

今日もジョージに遠慮してグレン所で泊まる。夕食にはコンニャク、おあげ、大根の白和えとごはん。

ロス45日目（水）　ルームメイトの婚約者と会う

学校二日目、先生はシドニーといい、太っていて陽気で丁寧な英語を話す。典型的なカリフォルニア娘。早口で身ぶり手ぶりが大きい。

ホバートに久しぶりに帰る。育子さんと初お目見え。小柄で落ち着いた芯の強そうな人。

夜の12時前に伊藤が来て飲んで歌う。「琵琶湖周航の歌」が気に入って何回もくり返し朝5時まで歌う。

ロス46日目（木）　ダウンタウンへ行く

学校は休み。午後、育子さんを案内してダウンタウンへ。市庁舎などを案内してリトル東京で買物。

夕食は彼女が作ってくれたカレー。グレンが来て一緒に食べる。胡瓜もみ持参。

日本から荷物が届いたとの知らせで、隆稔さん宅へ行く。浴衣、うるめ、干物、民芸品など。高知新聞が入っていてうれしかった。

ロス47日目（金）　今日もゴルフ

昼から学校へ、13時0分に終わって、一人で一時間ほどバスケットをやる。

夕刻、山田氏、グレンとルーズベルトでゴルフ。

素人で寿司屋を始めチェーン化して富豪となったジョージ石原と奥さん

グレンとこへ行き、夕食は水たき。豚と野菜、少し飲んで寝る。

ロス48日目　8月10日(土)　今日もゴルフ

山田氏がオニギリを持ってグレンところまで来てくれる。

三人でガーデナのビクトリアゴルフコースへ行く。18ホール、4ドル。グレンがだんだんゴルフにこりだして、インに入ってよいスコアを出す。山田氏は疲れて最後はリタイヤ。私、540ヤードのロングホール。エッジから入ってパー。しかし全体にダメで118点もたたく。

山田氏の作ってくれたオニギリはうまかった。それにもましてハーフに飲んだビールのうまさ。砂漠の国ロスアンゼルス。

夜、タンジさん上がってきて話す。難しい日本語が分からないので疲れる。


ロス49日目(日)　週末はいつもグレン宅泊まり

午前中、グレンの家の大掃除。

午後は、隣のハンディ0のおじさんにゴルフを習ったりぶらぶらして過ごす。夕食は、赤魚の煮物ご飯。食いすぎて眠られず、山本周五郎の『ながい坂』を朝5時まで読む。面白い。

ロス50日目(月)　ハリウッドのクラブへ行く

今日からバスがスト。いつ終わるかわからない。動きがとれないので、一日中本の続きを読む。

夕方、グレンが帰ってきてまたまた腕をふるって豚カツを作り、食べる。グレンはデザイナーでなく調理人になってもメシが食えると思う。

食後、送ってもらってホバートへ帰る。ホバートでは小泉の送別会の真っ最中。ロッキー青木の「紅花」に入り、ニューヨークに行くそうだ。

ジョージ、育子、小泉、大田、シャロン、石山、藤田、和歌子の九人でかなり飲んでからハリウッドのホリディインの23階にあるクラブへ行き、ショーを見てウィスキーを飲む。大ロスアンゼルスの夜景が美しい。そのあとパーラーでコーヒーを飲む。

午前2時だった。伊藤と約束していたので、それから4時半までまた飲む。

ロス51日目(火)　ゴルフも酒もない日

昼まで寝て午後は水泳、読書。『ながい坂』上下巻を読了。

ハリウッドから見たロサンゼルス

主人公の三浦主水正の生き方も面白いし、仲の良くなかったつると15年目に初めて同衾《どうきん》するさま、それから二人の心の変化がニクイほど素晴らしかった。

育子さんの手作りの料理で夕食のあと、久し振りに静かな夜を迎えた。


ロス52日目（水）　イタリア料理を食べる

レイコが車を都合したので送ってもらって学校へ。やはりストのためか生徒が少ない。ディスカッションの時、言いたいことがいっぱいあるのに1／10もしゃべれない。帰りはレイコと共にカズコに送ってもらう。

夜、ジョージ、育子さんと共にイタリア料理を食べに行く。ワインとサラダとピザで3ドル。イタリア料理は安い。

アメリカのレストランは総じて照明が暗い。テーブルの上がほんのり明るい程度で、他のテーブルに誰がいるかわからない。

9時頃、グレンがひょっこり来る。踊りのことで、ウェストロスアンゼルスの踊り子隊が反乱を起こしたという。原因はミセスナカオカの横暴。人数が大分減りそうで、片岡さんに電話する。

11時頃、伊藤が来る。グレンと三人でジンを飲む。何時頃だったか伊藤は帰り、グレンは泊まる。

ロス53日目（木）　芸術論をたたかわす

グレンは会社を休んで朝からまた飲んでいる。伊藤に電話して迎え酒をやっているからと呼ぶと、また来る。さすがにあまり飲めなくて、午後は軽く昼寝。

夕食は、私が鍋焼きうどんを作った。おいしいとまではいかなかったが、まあ食べられた。

夜、小泉より電話があり、キーがなくて部屋に入れず困っているという。迎えに行ってホバートへ帰り、三人で飲む。そのうちジョージと育子さん、渡辺さん母子が帰ってきて合流。昨日から三本目のジンとビールを飲んで話が弾む。

曰く「芸術論」、曰く「文学論」、曰く「性論」。最後には渡辺さんの夫も来て、ヨガの話になる。皆変わった人達ばかりで、特異な体験を話す。正当派の小泉はただただ恐れ入って聞くばかりだった。グレンはまた泊まる。

ロス54日目（金）　静かな二日酔いの一日

8時半頃、グレンはボソッと起きて会社へ行く。

私は一日中本を読んだり、日記を書いたり、音楽を聞いたり、読んだ新聞を又読んだりして過ごす。

夜、小泉、藤田、大田、石山らがまた来て騒いでいたが、私は昨日飲んだジンで脳をやられて早く寝る。

ロス55日目(土)　公認賭博へ行く

昼前、グレンが迎えに来る。ゴルフショップでグレンの靴を買い、ルーズベルトでゴルフ。白人二人と共にまわる。ドライバーが当たらない。

グレン邸で夕食後、グレンと家主のタンジと三人で、カルバーシティのラスベガスナイトへ。大きなホールを借りきって、ラスベガス仕込みの公認賭博イベント。

日系人を中心に数百人が集まる。グレンとタンジさんはディーラーをやる。ゲームはブラックジャック。初め7ドル50セント負けて、また8ドル買い、結局四時間で35ドル勝った。

終わってから会場で少し飲み、そのあと、白人のバーブに招待され自宅に伺う。バーブは独系4世。底抜けに愉快でお人好し。大卒なのにプール掃除が仕事で、年間収入が2万5千ドルという。我々のためにスカッチ(ピンチ)やキャビア、魚、ハム、果物を豪勢にご馳走してくれる。私もブロークンイングリッシュで話に加わる。

午前3時前、帰宅。愉快だった。独系4世というのでゲルマン人の話をしたが、後で考えてひょっとしてユダヤ人かもしれないと思い軽はずみを反省した。

ロス56日目　8月18日(日)　ロス高知県人会ピクニック・移民局より返事

午前、グレンの車を洗い、昼食後トーレンスへ。

高知県人会のピクニック。高知からも鳴子踊りの一行が来ている。入交太蔵氏。西山利平氏、福田義郎氏ら高知の財界人もロスに移動という感じ。私は一人一人とあいさつした。西山氏は顔に似合わず動作も敏捷《びんしょう》で人なつっこく、感じがよかった。

隆稔さん、豊美さん一家も来ている。留美さんの手づくりのご馳走をいただく。ピクニックはトーレンスの野外の公園で開かれたが、子供も含め二百人以上が参加していた。踊りや歌や福引、餅投げまであって、まるで日本の祭りのようだった。高知から来た人達も三十人程がヨサコイを踊って盛り上がった。

隆稔さんから話があり、移民局から決定が出た。二週間のビザを九十日に延長申請したが結局七十日しかおりなかったという。6月20日に入国したので、七十日後は8月末となる。今日が8月18日なので、あと十日くらいしかない。ロスアンゼルスを出てから十日くらいかけてニューヨークまで行く予定なので、行程上かなりヤバイ。それで一計を案じて、一旦メキシコに出ることにした。メキシコに一週間くらいいて、アメリカに帰り、ロスで名残を惜しんだあと、大陸横断に出発することにした。

夕方、ホバートへ帰る。11時頃、伊藤来る。例によって2時半まで歌い、かつ飲む。今夜はのどの調子がすごくよかった。ジョージと育子さんは二人でサンフランシスコへ出かけたので、大声で歌い放題。

ロス57日目

昼飯に伊藤と焼き肉を作って食べ、午後、彼のマリポサタワーへ行く。彼のルームメイト樋口氏は大学生で環境計画を勉強しているそうだ。好人物である。

客がいて、吉田と言い、小沢ボーディングにいるという。彼を伴ってホバートへ帰り、飲む。学校が終わって伊藤も来て、またまた歌いまくる。寝たのは2時半。

吉田氏は東京大森生まれ。身長185cm。大卒、コカコーラ勤務。退職後、ヨーロッパ経由でアメリカに来た。性質は、単純、明朗、直情傾向。

ロス58日目　8月20日(火)　またまたゴルフ

バスはストだし、レイコもイミグレーションに行くとかで、ピックアップに来ないし、家でゴロゴロする。

伊藤と吉田は泊まっている。彼らと樋口さんの四人で話がまとまってゴルフへ行く。例によってルーズベルト。今日もドライバーはダメ。アイアンは良くてショートホールは全てワンオン。

帰り、隆稔さんとこへ寄り、移民局からの通知をもらって帰る。

夜は一人で静かに本を読む。11時頃、伊藤来る。今夜は歌わずに静かに人生について語る。午前4時寝る。

ロス59日目(水)　ステーキとターキーをご馳走になる

渡辺さんより、「キャンピングカーで北の方へ旅行するので一緒に行かないか」と誘われる。が、今週土曜出発らしく、残念ながら2世ウィークのヨサコイと重なるので断念する。アメリカを知る良い機会だったが残念。

夕方5時前、隆稔さん夫婦が迎えにきてくれ、カルバシティでディナーをご馳走になる。

ワインを飲んでステーキ、ターキーの蒸し焼き。サラダ各種、食べ放題なのには驚いた。ステーキはおいしいし、ターキーは生まれて初めて食べた。このレストランも店内は暗い。

7時半より、ガーデナの杉野さん宅で鳴子踊りの練習。サンタモニカグループも七人参加。ミセスナカオカは相変わらず張り切っている。藤間勘須磨さんが来ていて、パレードの主導権を握れなかったせいか、我々に苦情ばかり言っているのがおかしかった。

9時半、グレンに送ってもらって帰宅。渡辺さん夫婦と子供、お母さんが刺身持参でやってくる。お母さんが東京で家を新築するため相談に来た。カニとブリに、アジのタタキ。


ロス60日目（木）　プールで泳ぎあと歌う

午後、吉田と館林来る。ビール四パッケージ持参。プールで泳いだあと、飲む。そして歌う。この頃は、ゴルフか酒か歌ばかりだ。

ジョージと育子さんがサンフランシスコ・ヨセミテ方面の旅から帰宅。12時頃、伊藤が来て、ひとしきり飲んで彼等を連れて帰る。

ロス61日目（金）　ヨサコイの練習

ジョージ、育子さんとリトル東京で昼食、サンマ定食2ドル（600円）。上田百貨店でヨサコイ用の白足袋を買う。

帰宅後、プールにて二人でバレーボール。彼ら二人は本当に素直な人達で気持ちが良い。

夜、グレンが来て吉田もさそい、ガーデナで踊りの練習。市長ケン・ナカオカ夫婦も来ている。私は本格的にヨイヤサーノサーノと掛け声を入れて踊る。調子が出てきた。グレンの家まで三人で帰り、また飲む。吉田が焼きソバをつくる。なかなかうまい。グレンは来週バケーションを取ったそう。10連休だそうだ。

12時頃寝る。


ロス62日目(土)　マリンランドへ行く・ヨサコイ踊り子団歓迎レセプション

朝、グレンにホバートまで送ってもらう。途中、吉田の用事でUCLA（カリフォルニア大学ロスアンゼルス校）に寄る。

校内の十字路でポリスに止められる。一時停止違反だという。ポリスは二人一組で、一人が3mくらい離れて、ライフル銃で我々を狙っている。もう一人がピストルをグレンに向けて「免許証」という。大学構内で、しかも一時停止違反でこれか、と驚いた。グレンは結局、切符を切られた。三年ぶりだという。

田村豊美さんが、「私が」アメリカも残り少ないので見物させてくれるという。約束の11時かっきり、フォルクスワーゲンで迎えにくる。

トーレンスの稲吉さんの所へあいさつに行く。稲吉さんは中風だか、最近具合が良くなくて寝たきりだという。この前会った時より衰弱しているようだ。久仁馬さんの奥さんが世話が大変だとこぼしていた。

まずロングビーチへ行き、停泊しているクィーンメリーを見る。初代クィーンメリーで、今は航海していなくてホテルになっている。

そこから大橋を二つ渡ってマリンランドへ。フィッシュサンドイッチを食べ、イルカや鯨のショーを見る。大人が見ても小人が見ても楽しいショー。大きな鯨が水から飛び上がったり、三匹のイルカが行儀よく飛んだりして、よくここまで訓練したものだと思った。さすがアメリカのエンターテインメントだと思う。

帰り、レドンドビーチへ寄り、釣りを見たり、えびを食べたり、アメリカ人の典型的な週末のアミューズメントコースだった。

夜、三光楼にて「よさこい鳴子踊り団」の観光レセプション。中華料理に飲み物で、会費8ドル。グレンはコールテンのスーツ。私はブレザーにネクタイ。

集まったのは、渡米踊子団はじめ、中岡ガーデナ市長夫妻、片岡南加高知県人会長、岡本村長さん、崎岡氏、飯沼氏、杉野氏、氏原氏ら、ロスアンゼルスの主だった人が全て揃っている。大いに飲み、かつ食った。

若い日本の女性六人とシバテン音頭を踊る。小柄な人が一人いたので、担いで踊る。いろいろと余興もあり、最後は隆稔さんの撮ったピクニックの16mmの映画会。私もアップで出た。

グレンもすっかり酔っ払ってホバートにて泊まる。

シーワールドのシャチの演技

ロス63日目　8月25日（日）　2世ウィークでヨサコイを踊る

とうとうやってきた2世ウィーク。

朝起きて、軽くビールを飲んで、祭り用のショートパンツをこしらえる。吉田も来て、グレンと共に午後4時リトル東京集合。すでに全員勢揃いしていて怒られた。

踊り子隊は紆余曲折があって、現地参加の男性はグレン、吉田、バーブと私の四人だけ。藤間勘須磨社中の女の子達が四十人ほど、それに日本から来た踊り子隊、男女三十人くらい。とにかく人数だけは揃った。

パレードは5時半から。それまではミス2世ウィークと写真を撮ったり、高知の連中と酒を飲んだりする。ミス2世ウィークは五人いて、2世か3世。いずれも絶世の美女と言える魅力的な女性ばかりだった。せっかく撮った写真が失われたことが残念でならない。

私の特製のパンツがミセス中岡やミセス飯沼に大好評。男性軍四人のハダシ足袋も好評。私が小さい徳利を腰にぶらさげているのが面白いのか、カメラマンが写真を撮りにきたりする。

いよいよパレード開始。リトル東京を所狭しと踊りまくる。酔いのせいもあって、「ヨイヤサーノサーノ」の声も高い。鼻が高いのは、私が声を出して踊ると大拍

踊り子の衣装の私と吉田　ホバートテラスにて

手がたびたび起こった。私達男四人は最後尾だったが、私は声を出しながら最前列まで行ったり返ったりした。ジョージや館林が写真を撮ってくれる。国語の先生（南米のプロ）にも会う。こうして約一時間フラフラになるまで踊った。

終わって、勘須磨のケイコ場で慰労会。寿司やソーメン、ジュース、つまみなどが用意されている。片岡県人会長達も好評に満足そうな表情をしていた。

全く疲れてしまって、グレンの所でテレビの録画中継を見て、酒も飲まず寝てしまう。四人全員テレビに写ったが、グレンは足だけしか写らずムクレている。私は徳利と共にアップで写った。

ロス64日目（月）　グレンの奥さんと子供、日本より帰国

グレンをおだてて、グリフィスパークのウィルソンゴルフコースへ行く。18ホールのとても長いコース。日本人が二人来て四人でプレー。成績はあまりよくない。ロスでゴルフばかりやっているがショートコースが多く、本格的18ホールは三度目か。国土が広いので、どこもゆったりしたコースばかりだ。

夕方、ホバートへ帰ってビールを飲みながら話していると、奥さんと子供が明後日、日本から帰ってくるという。念のため旅行社に電話してみると、なんと今夜9時に到着するという。あわてて用意してロスアンゼルスの国際空港へ迎えに行く。少し到着が遅れたが奥さんのイツ子さんと息子のデュークは大変多くの荷物を持って帰ってくる。迎えに行ってなかったら大事だった。

自宅へ落ち着いてから、さっそく日本土産のサントリーオールドを飲み、カマボコ、ウニを食べる。奥さんはきさくな人で、思ったことをズバズバ言うし面白い人。日本では私の自宅にも行ったそうで、夜須のことをとても気に入っている。話が弾んで午前3時まで飲み、泊まる。

ロス65日目（火）　2世の家主にご馳走になる

朝寝して、味噌汁ごはんの朝食後、また寝る。起きてからは、玉突をしたり、デュークと遊んだり。

夕方、遠藤さん夫妻に連れていってもらって、病院附属の9ホールでゴルフ。遠藤さんはハンディ0なので、スタート前にコーチを受ける。「ディスウェイ」と実際にやってくれて、その通り振るとかなりうまくいった。

夕食は家主のタンジさんに呼ばれる。焼きブタ、肉、サラダ、酢の物、つけ物など。日本に一度も行ったことのない丹磁さんが自分でつける漬物がおいしいのでオカシイ。遅く、グレンに送ってもらって帰宅。久し振りにジョージ達と話して休む。

ロス66日目（水）　メキシコ行の切符を買う

樋口さんが車でダウンタウンに連れていってくれ、ジャパン・トラベルセンターでメキシコ行きの切符を買う。片道116ドルの飛行機が往復だと192ドルなので往復切符にした。銀行にも行きトラベラーズチェックを現金に変え、彼の用事で図書館にも行く。四時間近く付き合わせた。

送別会ゴルフということで、山田、ジョージ、吉田とルーズベルトでゴルフ、育子さんもついてくる。6時に始めたのですっかり暗くなり、二ホールを残してやめる。夕焼けに照らされ、虫の音を聞きながらのゴルフはオツなものだった。

8時、グレンが迎えに来てくれて、送別のディナーだという。久し振りのスキヤキを腹一杯食べる。シイタケ、コンニャクなども入って本格的。食後、サントリーVSOPをやっつける。またまた遅くまで飲みかつ話す。イツ子さんは日本へ帰りたそう。デュークはいたずらばかりしている。

グレンは本当は夜須が好きなのだが、まだしばらくはアメリカでやりたいようだ。今後のグレンの夢はニューヨークで数年、そして北欧で仕事をしたいとのこと。

ロス67日目(木) 芸術論をたたかわす

昼間、グレンのところでブラブラする。夕方送ってもらってホバートに帰る。

あとの電話で、グレンは風邪で103°の熱が出たそう。こちらは華氏なので、摂氏なら40°くらいだろうか。館林がメキシコから帰ってきたので、そっちの風邪かもしれない。

夜、大田、シャロン、藤田、それに韓国人のサイさんが来た。藤田はシーランドという大きな船舶輸送の会社に勤めていて、大望を抱いている。サイさんは日本生まれの日本育ちなのに、日本国籍がなく、韓国籍でもない。アメリカのビザが切れたら無国籍になると言っていた。話が盛り上がって最後は芸術論となる。

12時頃お開き。これは早い方だ。

ロス68日目　8月30日（金）　伊藤ニューヨークへ行く

手紙を書いていると伊藤と吉田が来て、飲む。伊藤は日曜にニューヨークへ行くという。彼と私の送別会を兼ねる。伊藤が昼間、ロビンソンのローラ先生と会い、私が建築家で社長だというとびっくりしていたという。

日本に電話すると、台風の影響で雨だという。ロスでは全く雨にあわないので雨がなつかしい。

伊藤は学校の友達とパーティだというので帰り、吉田は泊まる。

ロス69日目（土）　メキシコ行の切符を受け取る

グレンに頼んで、車でリトル東京へメキシコ行きの切符を取りに行く。「一番」でザルソバを食べる。ここはいつもおいしいのだが、今日は腰がなくまずかった。

そのままグレンとこへ。たまたま遠藤さんとこで大きなカニを貰っていて、さっそくいただく。身がつまっていておいしい。ロスの太平洋岸はメキシコ湾流で暖かい。カリフォルニア湾には巨大なコンブが生えていたりする。南極のプランクトンが廻り廻って大きなカニを成長させているようだ。

夕方また、話がまとまって吉田をさそいルーズベルトでゴルフ。グレンもだいぶ上達した。私はベストの40で廻る。

ウェストロスアンゼルスのグレン邸へ戻り、夕食。カレーライスとフロの白アエ。グレンのおかげでおいしい日本食がいつもいただける。

食後、グレン夫婦、デュークと四人でボーリングへ。イツコさんはトーナメントに出るくらいの上級者。私は、153、180。

夜12時頃、「噂をすれば影」で家主のタンジさんが上がってきて、飲む。ビールがなくなると、彼がテキーラを持ってきてマルガリータを飲む。また彼の得意の漬物（あわび、ナス、大根）をいただく。3時お開き。

ロス70日目　9月1日（月）　カニのご馳走

貝を採りに行く約束だったが、潮が悪いとかでレドンドビーチに行き、カニを買う。十四で5ドル。渡りガニとズワイガニの中間くらい。カニがうまくて安い。もの凄い人出だった。飛んで帰って、四人でうばいあいで食べる。

夕食のあと9時頃、ホバートへ帰る。メキシコ行きの荷物をする。遅くにジョージ帰宅、しばらく話す。

ロスアンゼルス→メキシコシティ　9月2日（月）

8時起床、あろうことかゴルフへ。吉田もさそう。ルーズベルトが一杯で、一時間も走ってバンナイの18ホールのゴルフ場へ。

12ホールだけ廻って一時半帰宅。育子さんがのり巻きを作ってくれる。熱いシャワーを浴びて、グレン夫婦に送ってもらい空港へ。

16時15分発のウェスターンエアラインでメキシコシティへ。ビザが三日切れていたが平気だった。飛行機は約三時間、雷が下の方で鳴っている。夕食が出て、シャンパンを何回もお代わりする。

入国、税関ともにスムース。インフォメーションでホテルを紹介してもらい、乗り合いミニバス（10ペソ）でホテルアンバサダーへ、22時過ぎホテル着。12ドル。バス付。のどがかわいて、夜中に外へビールを飲みにゆくが二軒ことわられる。二軒目では、男二人が喧嘩をしていて一人が血だらけになっていた。南米に来たという実感がした。

メキシコシティ　9月3日（火）

6月22日にロスに着き、二週間しか下りなかったビザの延長を申請した。その延長が許可されたのが8月18日。七十日のビザが下りたのだが、計算するとあと数日しかアメリカにいられない。

そこで一旦、メキシコに出ることにしたのだった。2世ウィークの踊りが済んだ9月2日、ロス空港からメキシコシティへ飛び立った。

当時1ペソは25円。メキシコはアメリカに比べてはるかに物価が安

マリアッチ楽団

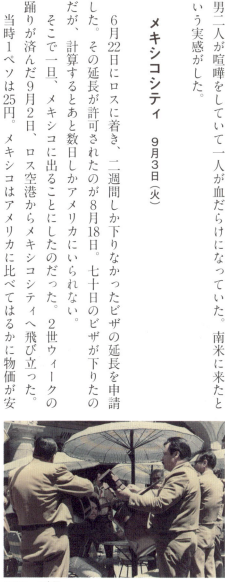

く、泊まったアンバサダーホテルはA級なのに150ペソ（3750円）だった。メキシコ人はスペイン人とインディオの混血で、明るく開放的な民族で子供の数がやたらと多い。

部屋へ案内するボーイに「ウーマン」を勧められ、何と部屋にも「ウーマンはいかが」と電話がかかってきた。

メキシコシティには当時すでに一千万人の人口があり、人が物凄く多く出歩いている。車も多く、一応信号はあるのだが、人々はおかまいなし。車が途切れるとどんどん渡り出す。車の方もおかまいなしに突っ込んで来るので、危ないことこの上ない。お巡りさんが交差点に三人、五人と立っていて、「三々五々」とはメキシコから来たのかと一人笑ったことだった。

メキシコの女性はホリが深く、ボインの人が多い。子供は無茶可愛い。

赤道が近いが高地にあるメキシコシティは割に涼しい。空気が乾燥しているのでビールがやたらうま

ヒスイの人面像　メキシコ人類学博物館
（メキシコシティ）

メキシコの子供たちと

メトロポリタンカテドラル（メキシコシティ）

大統領宮殿（メキシコシティ）

い、そして安い。ボヘミア、テカテ、スペリオル、コロナなど、色々飲んでみる。食堂ともバーとも見える店でビール（小ビン）を頼むと、スープやトルティーリヤ、タコス、フルーツなどがたくさんついてくるので、特別に食事を注文しなくても腹がはる。テキーラも安くてうまい。塩とライムがついてくる。メキシコの人は何でも「アスタマニヤーナ」と言う。「今度ね」とか「いつかは」という意味で、バーのつけも「アスタマニヤーナ」だ。

レフォルマ大通り、国立芸術院、国会議事堂などを見るが、全体的に黒くくすんでいる。メキシコシティで2泊、夜は子羊の丸焼きを30ペソで食べる。

メキシコシティ→グァダラハラ　9月4日（水）

メキシコシティに2泊して、次はメキシコ第二の都市グァダラハラに行くことにした。

午後2時にターミナルを出発して、夜中の12時に着いた。途中、バスから見える風景は美しく、サボテンや竜舌蘭が多く、独特の風景。西部劇そっくりのカーボーイがいたり、あるいは山の中に昔、銀で栄えた街がポッカリ出現したりする。標高が高いので雷が地平線の下で鳴っている。グァダラハラが近づく。潮見台のような街が山の斜面に無数の灯りとなって見えてきた。

乗馬（グァダラハラ）

川魚とカニのスープ（グァダラハラ）

翌日、街を歩いていると、同じ年くらいの現地の兄ちゃんが話しかけてくる。この街の生まれだが、今はアメリカで働いており、バケーション中だという。何となくうさん臭かったが、英語がよく通じるので三日間付き合う。名前はロベルト・マルチネスと言った。

街を案内してくれたり、郊外に連れて行って馬に乗せてくれたりする。昼と夜の食事はもちろん私がおごるのだが、安いので問題はない。

三日目の朝、交通事故を起こしたのでどうしても金がいると言う。あまりしつこいので、250ペソ（6250円）貸す。午後に返すというが、音沙汰なし。まあ詐欺の一種だろうが、ガイド料と考えてあきらめた。

グァダラハラの住宅は家と家がくっついており、必ず中庭がある。どの家もカラフルに塗られていて、美しい。

街中の屋台にいる女の子があまりに可愛いので、タコスを何回も買いに行ったりする。そして、ビールがうまい。

グァダラハラで5泊して、次は海辺の町プエルトバヤルタに行くことにする。

タコスや飲み物を売る屋台

イグアナの親子

ガダラハラ→プエルト・バヤルタ　9月9日（月）

一週間近くいたグアダラハラに別れを告げ、太平洋岸にあるプエルト・バヤルタに行く。

午前9時半に出て、バスで八時間かかって夕方5時半に着いた。高地から海まで降りたので、猛烈に暑い。じっとしていても汗が噴き出してくる。

ここはデボラ・カー主演の映画「イグアナの夜」の舞台になった所で、文字通りイグアナがあっちこっちにいて可愛い。

チェックインしたホテルはいかにもリゾートらしい独立家屋の集合体で、プールもある。しかしそのプールでは、でっかい蛙が泳いでいた。

クロークの青年が英語を話すので話し込んでいると、ホテルの従業員やバーの女、元ボクサーなどが寄ってくる。元ボクサーは日本に一年ほどいたことがあり、三回試合をしたそう。とても皆さん日本びいきで話が弾んだ。小谷匡宏と名前を漢字で書くと、「家」のようだと皆笑っていた。

海が近いので魚料理がふんだんにあり、しかも安い。初めて食べたのは貝で、とてもまずかったが欲で涙を流しながら食べた。二回目からすべて

ホテル「プエルト・バヤルタ」

おいしく、小エビのカクテル、スズキや鯛の焼き魚など楽しめた。とても暑いのだが、映画館に入ると涼しい。四日間の滞在中、二回映画を見た。全部スペイン映画でスパイもの、ウェスタン、空手（カンフー）もの。日本人が悪者になって、左前の羽織袴に刀を差して出てきてやっつけられると大喝采だった。

串で箸をつくって海辺で魚を食べていたら、ウェイターが珍しがって持って行った。メキシコに来て一度も腹をこわしていないので、自分のお腹を試してみようと、ビール、アイスケーキ、屋台のジュース、ホテルの水と手当り次第に飲んでいたら、てきめんその夜大変な下痢症状になった。

プエルト・バヤルタ→ロサンゼルス　9月12日（木）

アカプルコに近いメキシコのプエルト・バヤルタに四日間いたが、猛烈な下痢にも襲われたのと、あまりの暑さに閉口して、当初は来た道を逆コースでバスでプエルト・バヤルタからガダラハラ、メキシコシティと帰るつもりだったが、飛行機で直接ロサンゼルスに帰ることにした。キャンセルや何かで20ドル（６２００円）程多くかかった。

9月12日にロサンゼルスへ帰り着く。帰って四日目に、風邪発症。メキシコでもらってきたらしい。日本から持ってきたベンザを飲んだが治らない。熱が出て眠ると幻覚が出る。のどが腫れて、水を飲むにも痛い。鏡で見ると、のどの開口が平常の１／２になっている。

三日目に、リトル東京の日系の医者藤本医院にかかる。この老医者に、「扁桃腺が腐っている。毒が身体を回っている」と言われてしまった。

この風邪がグレンの家族にうつってしまい、三人がホームドクターにかかると、「連鎖状球菌による風邪」で放っておくと腎臓や心臓までやられると、ペニシリンを打ったそう。

一週間近く経っても治らないので、近くの清野医院に行く。風邪の再発で中耳炎をおこしかけているという。注射を一本打ち、アスピリンをもらう。全部で15ドルかかった。

翌日再び医院を訪ね、一週間はもつという強力なやつを注射する。今度は12ドルだった。これでやっと治ったが、散々な一週間だった。

ここで、ビザの延長許可が短かったため、アメリカを出国しなければならなくなった。三ケ月過ごしたロサンゼルスに別れを告げ、アメリカ大陸をバスで横断し、ニューヨークに向かうことにする。出発は9月28日だ。

グレン夫婦、家主のタンジさん、移民で成功した田村隆稔さん、豊美さん、ホバートテラスのルームメイトのジョージ石原、英語学校のカレンとローラ、良く酒を飲んだ伊藤、ヨサコイを共に踊ったバーブと吉田。日本食堂で出会った美しいReiko ono、一緒にゴルフをした商社の人達、そしてその奥様方、近所の酒屋のおじさんなどなど、ロサンゼルスで出会った多くの人が別れを惜しんでくれる。仲良くなったのは、ほとんど日本人だった。

ロサンゼルス事情

アメリカの都市間交通は主として車であり、道路はフリーウェイという無料の高速道路が縦横に走っている。大都市ロサンゼルスには鉄道も地下鉄もなく、公共交通はバスである。（現在は地下鉄が六路線もある。）昔は東部と西部をつなぐ大陸横断鉄道が走っていたが、石油を多く売りたい石油メジャーが政界に働きかけてつぶしてしまったらしい。

その公共バスがストに突入。三ケ月くらいの滞在の最後の一ケ月くらいは足を奪われてしまい、友達の車に頼るしかなかった。

アメリカではユニオン（組合）の力が強く、ユニオンに入らなければ仕事もできないし、ユニオンがストを決行すれば完全に実施される。アメリカの住宅は木造が多いのだが、3、4階建ての大きなアパートも木造が多く、それが造りかけの軸組のまま何ケ月もほおっておかれていた。

そもそもアメリカには建築の勉強に来たのだが、ロスではあまり勉強にはならなかった。

気が付いたのは、大きな建物は銀行と保険会社、ホテルなどで、バンクオブアメリカのビルはめちゃ大きかった。印象に残ったのは、アールデコの市庁舎とハリウッドボウル（野外舞台）あたり。住宅は木造のツーバイフォーで、平屋や2階建てが多く、敷地は広い。庭と木をすごく大事にしていて、ビバリーヒルズの高級住宅街では木ばかり見えて、建物はほ

ユニオンステーション（ロサンゼルス）

とんど見えないほど敷地が広い。

車について言うと、ガソリンの値段が日本の1ℓとアメリカの1ガロン（3.8ℓ）が同じくらいで、安い。それもあって、車はめちゃくちゃ大きい。キャデラックはもちろん、化粧品売りのおばちゃんがリンカーンという特大の車に乗っていた。

グレンはトヨタのマークⅡハードトップに乗っていて、恰好良かったがとても小さく見えた。

総じてアメリカ人の生活は日本に比べて物が格段に多く、豊かだった。スーパーでちょっと買い物をすると30ドル（1万円）もかかり、私の財布の中身がどんどん減っていき、悲しかった。

ロサンゼルスに別れを告げるに当たって、食べ物について書いてみたいと思う。

当時のアメリカは日本に比べてとても豊かだった。スーパーで一週間の食材をまとめ買いする人が多く、そのための冷蔵庫も超特大。肉は一回に500gも食べるし、付け合せのキャベツも山盛りだった。既にファストフー

高級木造住宅

ドが全盛でハンバーガーが良く食べられていて、それにはコーラが不可欠だった。ピザもよく食べられていた。

アメリカのレストランは一般にとても暗く、テーブルの上だけに照明がほんのりとついていた。

そんな中、外国で食べる日本食はとてもおいしく感じられ、親子丼など宝物に思えた。一週間程あとで到着するニューヨークには寿司屋は勿論、ラーメン屋も増えていて、ある店では袋入りのラーメンをこっそりあけて作っていた。熊の如く大きな身体の白人が寿司屋で「サシミ」を注文し、それだけを食べて帰るのを見て驚いた。

デンバーでは吉野家があって、ライスボウル（牛丼）は死ぬほどうまかった。

アメリカ人はあわびを食べない習慣だ。グレンと海岸で直径20㎝もあるアワビを見つけて、ステーキにして腹一杯食べたこともある。カニは良く食べられていて、レドンドビーチではズワイガニくらいの大きさのカニが安価でいくらでも食べられた。

ビールも良く飲んだ。缶ビールが主流で、六本パックを買ってくるのが常。バドワイザーが№1で、あとシュリッツ、ブッシュ、クアーなどが飲まれていた。

ウィスキーはトウモロコシで造ったバーボンがアメリカ産で、アーリータイムス、ワイルドターキー、I・W・ハーパーがよく飲まれていた。ジャックダニエルだけは同じ材料で造られているにも拘らず、テネシーウィスキーと呼ばれていて別格だった。原酒を炭でこして味がまろやかだった。

バーでウィスキーを頼むと、西部劇の映画のようにウィスキー入りのグラスがカウンターの上をすべってきた。そして、一杯ごとに現金で払うのだった。たまに郊外のジャズクラブでモダンジャズを聞きながら飲むバーボンウィスキーは大人の味で、至福の時を過ごすことができた。

ロサンゼルス→サンフランシスコ　9月28日（土）

ビザが切れるため、三ケ月半滞在したアメリカを出国し、ヨーロッパからアジアを廻って日本に帰る半年の旅の後半に入った。

ロサンゼルスからニューヨークまでバスで行き、そこからイギリスに渡ることになる。ロサンゼルスからニューヨークまでは４０００㎞もあり、それは東京からフィリピンまでの距離に匹敵する。夜中にバスで走り、昼間は街を見物するのだ。

毎晩走っても一週間以上かかる旅になる。アメリパスというグレイハウンズバス会社の乗り放題のパスを買ったので、いつでも好きな時に乗って好きな所で降りることができる。まずは一晩かけてサンフランシスコに行くことにする。

ロスで随分お世話になったグレン一家に送られて、一路サンフランシスコへ。


午後8時45分に出発し、朝7時にサンフランシスコに着いた。サンフランシスコは一種憧れの街で、映画に出てくる坂道を走るケーブルカーに乗ったり、街を見物することで２泊した。ホテルはかねて日本で入会していたＹＭＣＡのホテルで、１泊５ドル（１５００

円）で泊まることができた。

朝8時にフィッシャーマンズワーフ（漁師の波止場）を歩いていると、公園で二人の男女が一つの寝袋に入って寝ているのを見て、さすがアメリカと感心した。

ロスから同じバスで来た植草という兄ちゃんとサンフランシスコ湾を巡るツアーの船に乗る。有名な監獄島アルカトラスに上陸。（後にクリントイーストウッドの主演で映画化された）アル・カポネのいた部屋もある。営倉は真っ暗。

船から降りると、5ドルでヘリコプターに乗った。

テレグラフヒルのコイトタワーに上って、サンフランシスコ湾やオークランドを一望、お伽の国のような建物が多く、美しい街だ。

アメリカ一大きいチャイニーズタウンで昼食。茶がうまかったが、有料なのでびっくり。サンフランシスコ初日の夜は日本食の〝三平〟で天丼を食い、カリフォルニアワインを飲んで爆睡。

サンフランシスコ　9月30日（月）

9月30日、サンフランシスコ二日目。

サンフランシスコ湾、影は植草氏

出国の日が近づいているので、行動範囲を狭めるようにした。

午前中ポルノ映画を観た後、シティホールに行き、続いて日本人町まで歩く。ここの日本人町はスケールも大きく、ロスよりまとまっていた。午後バスに乗り、ゴールデンゲート公園や崖の家・アザラシ岩などに行く。バスの運行中、突然運転手が交差点のきわに車を止めて、ハンバーガーハウスに入り、五分もかかって買い物をした。驚いた。

三日目、市立美術館に行く。モダンアートが多い。ピカソもたくさんあった。昼食は「鶴喜」で天丼、2ドル15セント（700円）。外国で食べる日本食は本当にうまい。10倍の価値があると思う。

午後、フルオートマチックで有名な地下鉄に乗ってカリフォルニア大学バークレー校に行く。完全な無人運転で、出札、おつり、改札全て無人。IBMのシステムで、サンフランシスコ湾の地下を通ってバークレー校に行く。見事な地下鉄だった。

この大学は有名で、学生の数も多く、まるで人種の見本市だ。学生の服装は全体に汚いと感じた。建物はユニーク

カリフォルニア大学バークレー校門　　サンフランシスコ

なものが多い。

夕方5時30分発のバスに乗り、ソルトレイクに向かう。途中、ネバダ州のリノ、ラバースロック、バトルマウンテン、ウェルなどに停車する。この全ての街に二十四時間営業のカジノ街がある。

サンフランシスコ→ソルトレイクシティ　10月1日(火)

10月1日、午後5時半、サンフランシスコ発グレイハウンドの夜行バスで、翌日11時半にソルトレイクシティに着いた。約1000km、十八時間の長い長い旅。ほとんどネバダの砂漠を走っていたようだ。隣の席の黒人のおばあさんが話しかけてきたので、それなりに対応した。どれだけ伝わっていたかは分からない。

ソルトレイクシティはユタ州の州都。モルモン教の街で、ジョセフ・スミスが率いて開いた街。モルモン教は一夫多妻のキリスト教の一派で、異端視されていた時もある。コナン・ドイルのシャーロックホームズシリーズの「恐怖の谷」に詳しく記されている。

ホテルユタで昼食。牛のシチューをライスの上にかけたもので、かなりいけた。

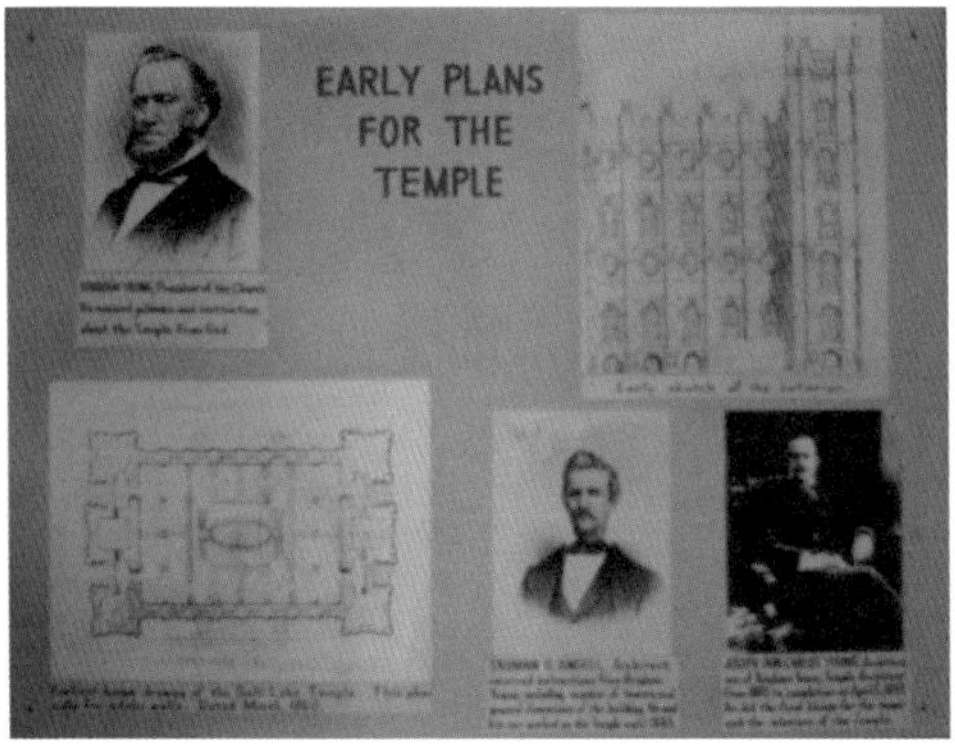

モルモン教創始者　ブリガムヤング（左上）

市内は半数がモルモン教徒だという。総本山テンプル・スクエアに行く。ホールで催し物があり、数千人で満員。98％が女性である。でっかいパイプオルガンが有名。

キリストはエンシェントアメリカ（古代のアメリカ）に来た、という啓蒙映画をやっている。

市内に黒人が少なく、女性がやたら多い。そして皆、驚くほど背が高い。

丘を登ると市庁舎があり、原住民のシャイアンの像がある。ピストルを売っている店があり、安いのは250ドル。欲しかった。

「ミカド」で夕食、てんぷら・スキヤキ、6ドル50セント。日本酒2本1ドル80セント。

一日の予算を15ドルと決めており、ホテル代が不要なので、昨日も今日も納まっている。

明日は、またまたバスにてシャイアンへ立つ。デンバーまで行くつもり。

シャイアン族酋長の像　建物はユタ州議事堂
（ソルトレイクシティ）

ソルトレイクシティ→シャイアン→デンバー　10月2日（水）

10月2日夜8時30分発のシャイアン行きのバスに乗る。日本人の若者二人と一緒だった。藤原君と上村君。

デンバーにて上村君と

朝6時30分、シャイアン着。続いて7時45分発、デンバー行きで出発。昨日ミカドで作ってもらったオニギリを食べる。ソルトレイクシティを歩きすぎたせいか、足の甲がむくんで靴が入りにくい。

10時20分、デンバー着。ロスで知り合った梅田君に電話して、今夜泊めてもらうことになった。

三人でダウンタウンやシティパークへ行く。

デンバーは美しい街だ。街並みは整然として、街路樹はとても大きく、ちょうど今、紅葉の時期で落ち葉がハラハラと落ちてくる。初めての海外の秋だ。

デンバーはロッキー山脈の山裾にあり、公園が100もあるという美しい街。しかし、シティパークは黒人ばかり。何と、コカインを買わないかと呼びかけられた。もちろん買わなかったが、値段だけでも聞いておけば良かったと後で思ったことだった。

夕刻、梅田君の働いているマンダリンレストランへ行き、彼のアパートへ。恐ろしく古い建物で、月35ドル（1万円）だという。このあたりの住民は黒人かメキシカンばかりの物騒な所で、しょっちゅう強盗、刃傷沙汰があるという。こんな美しい国立公園の街でもアメリカの問題をかかえている。

一人歩きはやめてビールを買って飲む。

夜9時に梅田君が仕事から帰ってきたので、やはりロスから来た樋口君と三人でカフェテリアへ夕食に行く。サラダを頼んだら、牛に食わすほど出てきた。

そのあとバーへ行き、ビールを飲みながら玉突きをやる。アメリカ人は全くつまみを食べずに酒だけを飲む。

夜中1時頃帰り、話して、2時頃、藤原君に借りた寝袋で就寝。

デンバー　10月4日(金)

7時半、起床。五時間くらいしか寝てないが、二日ぶりに足を伸ばして寝たので気持ちが良い。

梅田に送ってもらい、昨日別れた藤原、上村と合流。予約してあったレンタカーを借りる。赤のフォルクスワーゲンの新車。私が運転したのだが、右側通行、車の設備も全て逆。交差点で真前から車が来たりする。

フリーウェイも無事走って、ブラックホーク、セントラルシティへ行く。開拓時代の街をそのまま保存してある。街のあまりの美しさに、三人とも感嘆の声。海抜9000フィート(2700m)。狸の毛皮で作った帽子を買う、6ドル。

そのあとロッキーマウンテンを走り、11000フィートまで上ったが、それ以降は冬季閉鎖中。周囲はぐるっと雪をかぶった山々だ。

エコーレイクではマスを釣っている。一気に山を降りて、デンバー郊外へ。車のある強みにまかせて、走り廻る。牧場から奇岩が顔をだし、土から木、花、家と全てベージュ色に彩られた風景を楽しむ。最後に湖に行き、鴨がのんびり泳ぐのを見る。夕刻帰着。壮快なドライブだった。130マイル走って24ドル。3で割って一人8ドル。

夕食はジャパニーズキッチンで天丼。午後8時発のバスに乗り、カンサスシティへ向かう。

出発の時、いかにもアメリカ的出来事にぶつかる。8時発のバスが遅れて、8時15分出発になった。遅れてきた客が、「乗せてくれ」というと、運転手は客に「このバスは8時発だ。今は8時15分だから君は乗れない」という。席にはまだかなり余裕があったのだが！

デンバー→カンサスシティ→セントルイス

10月4日、夜8時15分、デンバーに別れを告げ、カンサスシティに向かう。ひょうが降って、バスのフロントガラスにバシッ、バシッと音を立てる。

夜行バスの旅に慣れてきて、夢なども見るように

レンタカーでロッキーマウンテンをドライブ（デンバー）

なってきた。途中のマンハッタンシティで一時間の休憩。黄葉した樹木に雨が降り注いで、しっとりとした情感がかもしだされている。日本を出て初めての雨だ。

正午、カンサスシティ到着。午後1時のセントルイス行き急行があり、予定を変更して、またバスに乗る。5時45分、セントルイス到着。シカゴ行きのバスが夜の0時30分なので、随分時間がある。

天気が回復し、日はまだまだある。

黒人が多く何となく物騒だが、日のあるうちに街を散歩。眼についた著名な建築家イーロ・サーリネンの設計したゲートウェイアーチに行く。大きなアーチで、高さ、巾共に192m。断面は三角形で、コンクリート製。仕上げはステンレス。三角の柱の中にロープウェイがあって頂上まで上れる。1ドル。

上から見ると下が小さく見えて、恐いことこの上ない。これが西部への入口、つまり「ゲート」だという。だんだん日が暮れてきて、夜景が美しい。

下にはミシシッピ川。この川に浮かぶ有名な「ショーボート」に乗る。ディ

ゲートウェイアーチ（セントルイス）

ナーとショウのセット。9ドル50セント。サラダ、各種おかず、スパゲティ、フライドチキン、コールドビーフ、鮭のフライ、パンと食べ放題。今朝は朝食抜き、昼もトーストだったので、たらふく食べる。10時からピアノとバンジョーの音楽があり、10時半からの演劇演題はビリー・ザ・キッド。出演者も多く、観客も満員で楽しめた。ただし、英語のセリフは1／3も分からず。黄色人種は私だけだったが、スタッフも親切にしてくれた。

深夜、真暗な公園を歩いて帰る。黒人が多く、眼と歯だけが白く光っていた。

セントルイス→シカゴ　10月5日(土)

夜0時半発のシカゴ行きバスがトラブルで三十分遅れて出発。隣の席が黒人の婆ちゃんで、遠慮なくもたれてきたりハンドバッグでつついてきたりして、あまり寝られなかった。

午前7時、シカゴ到着。

大都市だけあってターミナルも大きい。荷物を預けて外に出ると、いきなり有名なジョンハンコックセンターやマリーナシティが眼の前にそびえている。当時、ジョンハンコッ

ショーボート(昔は外輪船)　(セントルイス)

クセンターはシカゴで一番高いビルで、100階建て。94階に展望台がある。高さは344mで、エレベーターは四十五秒でゆれながら昇る。料金は1ドル50セント（450円）。〈ちなみに、去年（2016年）上がったドバイのブルジュハリファの展望台（420mにある）は1万円かかった。〉

展望台からの眺めは絶景で、映画で見るシカゴの暗黒街も上から見ると美しい。五大湖の一つ、ミシガン湖の対岸は見えない。マリーナシティはトウモロコシの形をした60階建て、下部は駐車場、上部40階は住宅で900戸もある。日本には31m以上の建物はほとんどない頃で、その壮大さに度肝を抜かれたことだった。

バスでグランド公園へ。ドライバーに「Do You go to grandpark」と聞くと、「パークは広い。パークのどこへ行くのか」となかなか発車せず、色々と親切に聞いてくる。他の客もじっと発車するのを待っている。

昼食はスパゲティ。特別メニューで、ワイン1／

中央がジョンハンコックセンター（シカゴ）

2ボトル付。3ドル30セント(1000円)。

夕方になると、薄雨にけぶるミシガン湖のヨットハーバーが美しい。

美術館（アートインシュティテュート）に入る。ピカソ、ドガ、ゴーギャン、ダリ、ロートレック、それに日本の浮世絵や絵巻物がたくさんある。あまり多すぎて疲れてしまった。あまりに有名な絵を一カ所に集めるのは罪だ。

夕食はサーロインステーキ、サラダ、ポテト、ガーリックパン、2ドル29セント(700円)。

シカゴではYMCAホテルに泊まる。四日ぶりにホテル泊。若者向けのホテルなので6ドル23セントと安いが、古くてボロいでっかいホテルで、部屋に水はない。それでも数日ぶりに共同のシャワーで頭と身体を洗い、下着を着替える。久し振りのベッドで、すぐに寝てしまう。

10月7日、月曜の朝、近辺を散歩。

その昔隆盛を誇ったユニオンパシフィック・レイルロードの駅があるが、荒れ果てて見

マリーナシティ（シカゴ）

る影もない。後で聞いた事だが、石油メジャーがガソリンを売るために運動して、とうとうつぶしてしまったらしい。

東京銀行の支店があって、トラベラーズチェックを現金化してもらう。

今日は、昼の便でクリーブランド経由ワシントンに向かう予定。

シカゴ→クリーブランド→ワシントン　10月7日(月)

午後1時半、シカゴ発。

待合に若い日本人がいて、色々話をする。高松出身26歳、インテリアデザイナーであり、新婚半年の奥さんを置いて、修業に来たそう。境遇があまりによく似ているのでびっくり。彼は、ニューヨークへ直通なので、再会を約して別れる。

夜10時45分クリーブランド発、午前8時20分ワシントン着。ついに東海岸到着、長かった。バスに乗りっぱなしの十一日間の旅だった。

ワシントンでは一番にFBIに行く。仕事中の館内を見せてくれるツアーがある。歴代のギャング達が展示されていて面白い。ここではデリンジャーがスターらしい。ピストル、ライフル、ショットガンのコレクションが凄い。

圧巻は、ピストルとショットガンの実演。25ヤードの距離からピストル五発とショットガン十数発。ピストルは完全に胸の真ん中を打ち抜いており、ショットガンは全て腹に命中。背筋が寒くなる。ビザが切れているので突然不安におそわれる。

国立美術館に行く。ラファエロ、ダヴィンチ、ボッチチェルリ、レンブラント等々、中世の画家から近世までの有名画家の作品がズラリ。あまりにもあまりにも多いので、一昨日に続いて感動を通りこしてあきれる。

続いて、自然史博物館、歴史技術博物館、スミソミアン美博物館ものぞく。全て無料。そのことにも感動。

ワシントン記念塔にエレベーターで昇る。エジプトのオベリスクの形をした単純なものだが、高さが180mある。頂上から見ると、ワシントンの都市計画がよくわかる。記念塔を中心に、北にホワイトハウス、東に議事堂、南にジェファーソン記念館とポトマック川、西にはリンカーン記念館とウォーターゲイト。四つの建物が公園、池を介して十字状に配置されとても美しい。

ポトマック川を渡り、アーリントンの墓地へ。守衛に「ケネディに会いたい」というと、「OK、右へ行って次を左へ」。何となく良い感じ。永遠

J.F. ケネディ永遠の炎（ワシントン）

ワシントン記念塔

の灯が燃え続けている。近くにロバート・ケネディの墓もある。行きと違う橋を渡るとフリーウェイを通って帰ることになり、そのフリーウェイは歩道がなく車がじゃんじゃん走っていて、一時はどうなることかと思った。それでも仲間が二人いてうれしかった。

夕刻、YMCAホテルへチェックイン。7ドル25セント。古い古い建物、タオルも石鹸もなくて参った。

今日は歩いて歩いて、通りを18km、館内を2km。足が壊れそう。夕食の中華料理店でのビールがうまかったこと。

ワシントンは緑が多く、建物は石造りが多く、とても美しい。現在、黒人が65%で、犯罪率全米No.1だという。

ホテルはホワイトハウスのすぐ近くなのだが、100mも歩くとポルノショップや盛り場があり、何となく街の雰囲気があやしい。黒人が多いせいだろうか。

明日はいよいよニューヨークに行く。

ワシントン→ニューヨーク　10月9日(水)

ホワイトハウス

朝、ワシントンのYMCAホテルで共同トイレに行くと、ロサンゼルスの英語学校エヴァンスで一緒だった在日韓国人の若者に会う。彼は日本生まれの日本育ちで全く日本人なのに、日本国籍がないという。アメリカでは両親が何国人であれ、アメリカで生まれた子はアメリカ国籍を取得できる。南米など旅行中にアメリカのビザが切れ、日本の居住ビザの更新もできずに宙ブラリンになった友達もいる、と嘆いていた。

午前11時発でニューヨークに向かう。ノンストップで四時間。アメリカ最後の旅行。

午後3時20分、ついにニューヨーク到着。ニューヨークにはロサンゼルスで仲良くなった伊藤君が先に来ており、二人で共有しているアパートに泊めてもらうことになっている。そのアパートはニューヨークのど真ん中、タイムズスクエアに近い11階建てで、家賃300ドル(9万円)。伊藤君は、日本食のレストランで夜8時から朝5時まで働いているという。

伊藤君と再会を喜んでビールを飲み、夜8時にホテルタフトにバスで出会った寒川君を訪ね、「チキテリ」でヤキトリの夕食。そのあと、伊藤君のいる「インペリアル江戸」で飲む。凄く高い店らしいけれど、伊藤君がうまくやってくれた。

12時頃、リョウさんが仕事を終えて帰ってくる。ビールを買って、アパートでリョウさんと朝まで飲む。彼はスウェーデンに一年半いたそう。話は尽きず、買い置きのワインもあけてしまう。

アメリカに来て色んな人に会い仲良くなって、色んな話をし見聞を広め、私の人生も広がりそうな予感がする。

物価の高いニューヨークでタダで泊まれる宿が確保でき、安心して過ごせることになった。

ニューヨークには六日間滞在する予定。

10月10日、昼過ぎに起きて外に出ると、ニューヨークの摩天楼の間に飛行船が浮かんでいるのが見えた。

昼過ぎまで寝て、午後、地下鉄に乗ってマンハッタンの南の方へ行ってみる。地下鉄の落書きが凄い。世界貿易センターへ行く。ミノル・ヤマサキという日系人が設計した110階建てのツインタワー。完成したばかりで、まだ我々は入れない。この建物はのちに世界一のエレベーターメーカー「オーチス社」の招待で最上階でアメリカの有名建築家と食事し、そのままヘリコプターでコネチカットの本社まで飛んだこともある。

美しい建物だったが、あの9・11のテロで飛行機が突入し、今はもうその姿はない。

最南端のバッテリーパークに行き、自由の女神を見たりウォール街を歩いたりする。六車線もある通りが一方通行だったり、警官が馬に乗ってパトロールしていたりする。

三日目、寒川と合流しハーレムの探検に行く。少額の現金以外は何も持っていない。五番街を北へ歩き、セントラルパークあたりで北へ行くバスに乗る。客は白人がほとんど。しかしバスが止まる度に白人が降り、黒人が乗ってくる。100丁目を過ぎると黒人ばかりになる。もうハーレムに入っている。

怖いのを我慢して128丁目まで行き、降りる。ここはハーレムのど真ん中。6階から10階建てくらいのビルが建っているが、外壁は黒く汚れ、窓ガラスはほとんど割れている。

2001.9.11 に姿を消したワールドトレードセンター

自由の女神

黒人が特に何もせずに立ったり座ったりしている。とにかく人の数が多い。その黒人の眼が我々二人に集中する。聞いていた以上に恐ろしい。できるだけ眼を合わさないようにする。パトカーが一台通ったが、すごいスピードで走り抜ける。警官も恐いらしい。

寒川と眼が合う。折よく南行きのバスがやってきて、飛び乗った。降りてから五分もたっていなかった。ただただ恐いだけの五分間だった。このハーレムも今では随分きれいになって、治安も前より良いらしい。

世界一有名な都市、ニューヨーク。憧れのニューヨークなのだが、アメリカに来てから知り合った友人が何人もいて、心細くないだけ感動も中くらい。

でも、友人のアパートがタイムズスクエアのすぐ近く、ニューヨークのど真ん中なのだった。歩いて行ける距離にワシントンスクエア、セントラルパーク、ブロードウェイ、カーネギーホール、マジソンスクエアガーデン、グリニッチビレッジなど、聞き覚えた有名所がある。

五番街を「五番街のマリー」を歌いながら歩いたり、42丁目の有名なポルノ街へも行

セントラルパークとプラザホテル

エンパイアステートビル　高さ約400m

く。ジャズ喫茶のヴィレッジゲートやヴィレッジヴァンガードへも行くが、昼間はクローズだった。

一時は世界一高いビルだったエンパイアステートビルへも上がってみる。1929年に出来たこのビルは、大恐慌の最中に工事され一年半で出来上がったという。102階に展望台があり、そこからニューヨークを見下ろすことができる。展望台に囲いがないので、物を落とすと400m下まで落ちて行く。下を覗くのが怖い。夜のエンパイアステートビルは電飾されていて、とても美しかった。

この日の夕食は天丼。ニューヨークには日本食レストランが100軒以上もあり、「江戸」のような高級寿司店から素人がやっているような安っぽい店まである。あるラーメン店に入ったら、カウンターの下でごそごそやっている。出てきたのは、なんと日本のインスタントラーメンだった。夜は、アパートへ寒川がやってくる。

深夜には、イトウ、サイモト、リョウさんが仕事から帰ってくる。28歳のまだ若くて元気な時で、世界を論じ、哲学を語って、至福の時を過ごしたことだった。

ニューヨーク滞在の日数も残り少なくなってきた。一応有名な所は踏破しようと、国連ビルへ行く。このビルは何棟かあって、それが複合して「国連」を形成している。一つ一つの建物はあまり変哲もないのだが、超高層あり、大きく湾曲したビルありで、その連続性が面白いと思った。

2ドルで内部ツアーがあり、参加。白人の背の高い美人がガイド。言葉が英語なのであまり分からなかったが、さすがに総会議場は大きく美しくて感動した。その日は会議が開かれておらず、ゆっくり見れた。たくさんの人が働いていたが、「割りに日本人が多いな」と感じた。

国連に来たしるしに、トイレで用を足して足跡を印した。庭に出るとイーストリバーにかかるブルックリン橋が霧にかすんで見えたので、あとで地下鉄に乗って行ってみることにした。

フランク・ロイド・ライト設計のグッゲンハイム美術館にも行く。円形の建物で、いきなり最上階に行き、円形の廊下のカベに展示されている作品を見

ブルックリン橋　左高いのがクライスラービル

ニューヨークの摩天楼

ながら降りてくるユニークな造り。中央は大きな吹き抜けになっている。

ライトの作品は、ロサンゼルス近くでガラスの教会も見た。生涯に920件の建物を設計した多作の建築家だったが、借金に一生追いかけられていたという人間的な一面もある超有名な建築家の作品を見て、「自分も頑張らねば」と秘かに誓ったことだった。

夕食は「ランタン」でビーフの照り焼定食。1ドル95セント。そのあと良さん、伊藤と「江戸」へ。サシミ、トロ、カズノコなど食べて、日本酒を飲む。三人ともけっこう酔っぱらっていた。

ニューヨークの夜は毎晩宴会で楽しい。

アメリカを去るにあたって

10月14日、いよいよアメリカにおさらばし、ヨーロッパに向かうことになった。6月20日にハワイに到着し、それから10月14日まで約四ケ月のアメリカ滞在。その間十日間はメキシコに出た。長いようで短かった。

ハワイでお世話になった渡辺家の長女のおしゃまな香代ちゃん。当時三才だった。もう40代の立派な大人になっているだろう。ロスアンゼルスでお世話になった田村豊実さん、田村隆稔さん。豊実さんは、強盗と闘って銃で撃たれて亡くなったと新聞に出ていた。デザイナーのグレン松山氏、よく一緒に飲んだ。伊藤、話が合ってよく遅くまで飲みかつ歌った。ニューヨークでも最後まで世話になった。英語学校で知り合ったミス・レイコ。瞳のきれいな美しい人だった。二つの英語学校に通ったが、英語はほとんど上達しなかった。

リトルトーキョー2世ウィークで、高知の人達と踊ったよさこい踊り。

ロスアンゼルスからニューヨークまで4000キロ。二週間のバスの旅、基本的に夜走ってホテル代を節約し、昼間街を見物する。4000キロは札幌からフィリピンのマニラまでの距離である。若かりしが故に出来たことと思う。

最初に泊まったロスのボーディングハウス、それから引っ越したホバートのプール付アパート、最後のニューヨークのアパート、それぞれに思い出がつまっていて懐かしい。

1ドル310円の時だったが、食べ物は意外と安かった。日本食のうまさは何ものにも替えがたい。

建築の勉強も目的の一つだったが、この点はあまり成果がなかった。アメリカの建物はただただ大きく、大味に見えた。銀行や証券会社の建物がどこでも立派だった。住宅はほとんど木造のツーバイ

最高級車リムジン

フォーで、日本と違っている。広い居間中心の間取りで、これは住みやすいと思った。四階建てくらいの大きなアパートが木造で、それが大工組合のストで骨組みのままほったらかしてあるのは驚くばかり。アメリカの組合の強さは常軌を逸していて、ロスでは滞在中バスも止まったままだった。

30才前の数ケ月を異国で過ごした武者修行で、とにかく度胸だけは据わってきたと思う。ああ、面白かった！　明日はイギリスだ。

ニューヨーク→ロンドン　10月14日(月)

ついに、アメリカとオサラバ。

10月14日夜7時半、バス乗り場へ。伊藤に最後の別れを言う。タクシー乗合4ドル50で、ケネディ空港へ。飛行機は10時発ボーイング747。

ビザはとっくに切れているが、問題はなかった。上から見るニューヨークの夜景がきれいだった。この時点で所持金全部で、653ドルと3万円、計約23万円。この先恐るべき貧乏旅行が待っているとは予想だにしていない。

所要六時間四十分でロンドン着。時差が四時間あるので、朝5時40分に到着。入国管理は全くなくフリーパス。これには驚いた。

ロンドン市内到着。

さすがロンドン、霧が深い。歌の文句のようだ。建物も古いものばかりで、まるで映画を見ているよう。ホテルを求めてYMCAへ行くも、工事中。あちこち探して、サウスケンジントンのコルティナホテルへ。3ポンド30(約2000円)で朝食付き。5階建て、エレベーターなし、バス・トイレ共同。アパートを改造したらしい。

落ち着いてから夕刻、近くのヴィクトリア・アルバート博物館へ行く。ヴィクトリア女王と夫君を記念した円い建物。特別展示で、カントリーハウスをやっている。イギリス貴族の館、カントリーハウス。敷地は広大で、建物も大きく、重厚で古い。イギリスの歴史と伝統を感じさせられる。展示品は彫刻なども多いが、あまりに多いので多くを見残してしまった。

パブへ行くつもりでピカデリーサーカスへ、なかなか見つからないのでどんどん歩いて行くと、朝行ったトッテナムコートロードへ着く。一体にアメリカが広すぎてその感覚でロンドンを歩くと、いつも通り過ぎてしまう。地図の縮尺が全く違うのだ。

やっと見つけたパブでビールを2杯飲む。安い。そして、若者の多いレストランで夕食。ステーキが1ポ

ヴィクトリア・アルバート美術館

ンド（600円）。アメリカに較べて、イギリスは大分物価が安いようでありがたい。19時になると商店は軒並み店をしめている。

ホテルに帰ると、買ったワインもほとんど飲まず疲れて寝てしまう。ヨーロッパ初めての夜、熟睡。

ロンドン　10月16日（水）

ロンドン二日目、ホテルが朝食付きなので8時に起きて食べる。オートミール、コーヒー、ゆで卵、トースト。小腹が張ると疲れていたのか、また寝る。起きたのは午後2時。小雨が降っていたが、ほとんど上がっている。しかし名物の霧が深く、雨粒も時々落ちてくる。

地下鉄に乗って、ロンドン塔に行く。ロンドンの地下鉄はよく発達しており、清潔で、市民の足という感じ。ほとんどの乗客がスーツを着ており、長いこうもり傘を持っているので、市民というより紳士という感じ。ニューヨークのように危ない感じはない。

ロンドン塔　ロンドン

シャーロックホームズの部屋（パブ）

ロンドン塔は900年前に出来て以来、主として王室の政争によって幽閉された罪人の牢獄、拷問、処刑の場として使用された。イギリスの暗い部分の象徴とされる有名な城である。物凄くたくさんの人がいる。日本の観光客もたくさんいる。佐藤首相がノーベル平和賞を貰ったと聞いて驚いた。

帰り、チャリングクロス駅で降りて、シャーロックホームズパブへ行く。1階がパブで、2階にシャーロックホームズの部屋を再現（?）してある。シャーロッキアンの一人である私にとって、とても行きたかったところ。ストラディバリウスのヴァイオリンも置いてあり、楽しくてたまらない。あまりの感動に一時間は立って見ていたろう。

1階のパブは満員、女性も多い。色々聞いて、ビターやギネス、クロフツ、ジントニックなどたくさん飲む。食べ物は簡単なものばかりだが、けっこう腹が張った。今日の昼間、1泊2ポンド16ペンス（1200円）のホテルを見つけてあるので、明日はそちらに移り、明後日はイギリスの田舎へ行くことにする。

ロンドンには乞食もかなりいるのに驚く。

10月17日、コルティナホテルをチェックアウトし、相部屋のアコモディションに移る。3人部屋2.16ポンド（1200円）。荷物をおいて、市内見物。まず、バッキンガム宮殿に行く。有名な衛兵交替に運よくぶつかる。黒の帽子に赤い服、写真で見た通り。凄い見物人の数だった。今日は雨が降ってないが、霧が深く、セントジェームス公園がとても綺麗だ。それから歩いてホースガード、ウェストミンスター寺院、国会議事堂と行く。

ウェストミンスター橋から議事堂を望む。007でテロリストが大砲で狙っていた所だ。19世紀よりイギリスは暖房のため石炭をたきにたいて、町の建物は全て真っ黒に汚れている。しかし、霧にかすむテムズ川は汚れが隠れて美しい。2階建ての赤いバスに乗る。3ペンス。見晴らしが良い。

今度は地下鉄に乗って大英博物館に行く。世界中の宝物が集まっていて、とても大きい。例のエジプトのロゼッタストーンがある。ナポレオンが発見したものだが、なぜかロンドンにある。あまりに展示物が多いので、一つ一つの感動が薄い。エジプトのミイラもたくさんあるが、どうも気持ちが良くない。ツタンカーメンの棺もあったはずだが記憶がない。困ったのは、トイレットペーパーが油紙だったこと。「こんなものでケツがふけるか」と日記には書い

イギリス　国会議事堂（2016年の写真）

てある。

夕食はカフェテリア。折角イギリスに来たので、スコッチウィスキーを買う。ジョニーウォーカーの赤で、1/2ボトル1200円。

ホテルの同室は日本人で、坂本、佐藤両君。坂本氏はジャズプレイヤー志望でトランペットばかり吹いている。佐藤氏は英文学専攻の大学4年生だが、ロックで身を立てたいと毎晩コンサートを聞きに行っている。佐藤氏の本を借りて読む。夏目漱石の『倫敦塔』。しばし漱石の時代のロンドンにひたったことだった。

ロンドン→オックスフォード　10月19日(土)

10月18日、今日は朝から雨。どこか田舎へ行くつもりだったが、中止。雨は終日降り続く。夕刻には風も出て、とても寒い。10月とは思えない寒さ。

トラベラーズチェックをポンドに替えたり、同宿の佐藤氏と中華料理の昼食を食べたりする。ヤキメシとスープ。ヤキメシは日本と同じ味で安い。午後は三人でホテルでジャズを聴きながら、ビールとワインを飲んで過ごす。ゆったりとした一日だった。

翌日、英国に来て五日目の朝、やっと晴れた。

朝食のあと、ホテルを出て、オックスフォードへ行く。ロンドンから鉄道で約七十分。窓外には牧場の美しい景色が続く。イギリスは土地が平坦で、ほとんどが牧草地。森の木も伐ってしまったらしい。オックスフォードはオックスフォード大学のある美しい町で、若い人が多い。

ホテルを探しながら歩く。テームズ川の支流につながる運河に水がたっぷりで、しかも岸辺と水面の距離が近く、かつ水はゆったり流れて風情たっぷり。そこを白鳥が二、三羽スーッと滑るように泳いで行く。良い景色だった。そして、SLがポーッという音を立てて遠ざかっていった。二時間歩いて結局、駅前のホテルに泊まることに。

翌日、ホテルの主人が「朝食だ」と起こしに来る。コーンフレークにハムスライス、目玉焼きにはトマトとマッシュルームがトッピング。トーストにコーヒー。とてもおいしかった。オックスフォード大学はカレッジがたくさんあって、その集合体がユニバーシティである。一つ一つのカレッジは寺院か城のようで、古い。カレッジ側の二つの川にまたがって建っている建物があり、印象的で素敵だった。

ブルドックパブ

昼、ブルドックというパブでビターを飲む。18ペンス(約100円)、うまい。英国ではパブで酒を飲む時間が決まっていて、日曜昼は12時〜14時、飯食ったり新聞を読んだりする人

オックスフォード大学

本屋のビル（オックスフォード）

テムズ川の白鳥（オックスフォード）

たちで満員だが、14時かっきり酒は出さなくなる。

午後、サークルラインという2階建てバスに乗る。2階の最前列に陣取り見物。秋のイングランドは黄葉が美しい。

オックスフォード→ロンドン　10月20日(日)

オックスフォードに別れを告げ再びロンドンへ。

夕刻、ロンドン着。例の安ホテルで日本人二人とまた酒を飲む。ジョニーウォーカーがうまい。つまみはキャビア。ついには歌になり、2時に就寝。

日本を出て、四ケ月が過ぎた。この頃、日本や古い友達の夢を毎日のように見る。そろそろ郷愁が湧いてきたのかもしれない。

明日のパリ行きを予約し、ホテルで風呂に入る。頭も洗ってさっぱりした。イギリスとはいよいよおさらばだ。

佐藤氏と中華料理でスープとヤキソバの昼食をとり、モーターショウを見に行く。英国のモーターショウは大変有名なのだそうだ。ロールス・ロイス、ロータス、ジャガーなど高級車が並んでいる。いずれも1千万円クラスだ。日本のトヨタ、ダットサン、マツダ、ホンダ、ミツビシも人気がある。クラシックカータイプの新車が7000ポンド(300万円)、ソ連の車は実用本位で1／10の700ポンド。

そのあと、二人でハイド・パーク散策。とても広い池があり美しい。鷺鳥や水鳥が足元へ来てエサをねだる。まさに「公園」という雰囲気。

帰り、ヒッピー専門の店や百貨店、バーバリーなどに寄る。素敵な皮のコートがあったが、懐が侘しく買えない。

夕食はホテルの部屋で、ビールとキャビア、魚の燻製、ビスケット等。当時はまだイラン製のキャビアが安かった。

坂本君が帰ってきて、またひとしきりやる。彼が会社からピーチとジュースの缶詰を持ってきたので、最後は酒なしパーティー。

明日は、花の都パリへ向かう。実はそのパリ、モンマルトルで、大変な目に遭うことになる。

リージェントストリート

ミレイ（オフィーリア）

ロンドン→パリ　10月22日（火）

10月22日正午、ロンドン発パリへ。切符は日本航空の世界一周チケットを持っているが、ロンドン・パリ間はブリティッシュ・エアウェイ（B.A）。一時間でドーバー海峡を一っ飛び。入国はパスポートを見せるだけ。管理官はものも言わない。

散歩がてら、ホテルを捜す。シャンゼリゼ近辺は高いので、地下鉄に乗ってピガール広場へ行く。ここはモンマルトルの一角で、パリ一の盛り場、セックスショップや映画館、飲み屋の多いところ。

ここで「人生最大の」とも言える失敗をしてしまう。歩いていたら「ちょっと待って！ストリップショウ。見るだけ。タダ」と日本語で話しかけられる。「ホテルを捜す途中だから」と断るがしつこく勧められ、半ば力づくで連れ込まれる。

中に客が四、五人。舞台のある薄暗いバーである。何も注文しないのに、女が来てシャンペンを注ぐ。ストリッパーは三人。アフリカ系のハーフのようで、全くつまらない。出ようとすると「勘定を払え」とくる。請求書を見たら何と800フラン。つまり4万8千円。びっくりした。これほどびっくりしたことはない。「高すぎる、無茶苦茶じゃ

モンマルトルのムーランルージュ

ないか」と抗議したが、メニューを持ってくる。メニューの全ての飲み物が800フランと書いてある。全く頭に来た。警察に言おうかと考えたが、言葉が通じないので諦めた。

色々考えたが観念して200ドル（6万円）払う。残りの所持金600ドルのうち3分の1をやられたから、これは痛い。まだ八ケ国もまわる予定なのに、これは参った。腹いせに、出されたシャンペンの大瓶を全部飲んでやった。隣のイタリア人の若い人もションボリしている。

外に出て、ホテルはすぐに見付かった。朝食付きで一日20フラン（１２００円）。800フラン払ったあとで情けなかった。免税店で買ったスカッチウイスキーを泣きながら飲んで寝る。こんな街は明日の朝すぐにオサラバしよう。「パリなんて嫌いだ」と。

朝から雨である。10時過ぎ、パリから離れるつもりで、ホテルをチェックアウト。地下鉄の駅に向かって歩いていると、モンマルトルの通りにバーが一軒開いており、老紳士などが新聞を読んだり、ビールを飲んだりしている。ふっとその気になってバーに入り、ビールを注文。飲んでいると気が変わって、もう一日いることにしてま

モンマルトンの丘遠景　中央、サクレクール寺院（パリ）

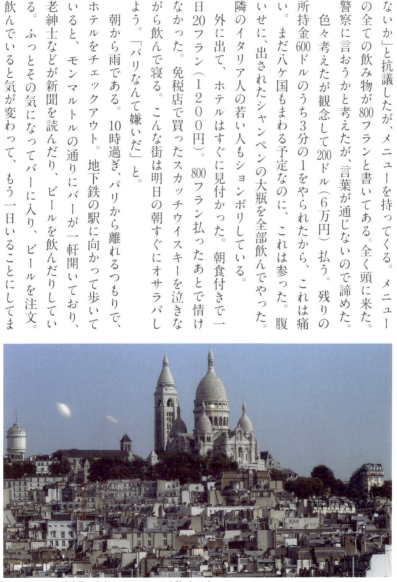

たホテルへ帰る。

昨日のことを思い直してみると、シャンペンが800フランで、1フラン600円だから4800００円。1ドルが310円の時だから、200ドル払ったので62000円。3割多く払っている。この紀行文は当時の日記をもとに書いているのだが、40年経って今頃、気がついた。14000円も多い。金欠なのに何てバカなことを！

雨も上がったので、近くを散歩。八百屋や魚屋の並んでいる通りがあり、活気があって楽しい。たくさんの種類の魚やカニ、貝があってうまそう。動物の心臓もある。

地下鉄でカルチェ・ラタンへ行く。若者の街なのだが、また雨が激しくなってカフェテリアでビールを飲み、通りを眺めただけ。

次は、ルーブル美術館へ行く。雨のせいか客は少なく、ゆっくり見れる。「ミロのビーナス」、ミレーの「落穂拾い」「晩鐘」、レオナルド・ダヴィンチの「モナリザ」など知っている作品がある。「モナリザ」もゆっくり見れた。近くにナポレオンの載冠式の大きな絵があり、印象的だった。

美術館を歩くと腹が減る。街で焼き栗を買って食べながらセーヌ川のほとりを歩き、ノートルダム寺院へ。西側の正面は三角の塔

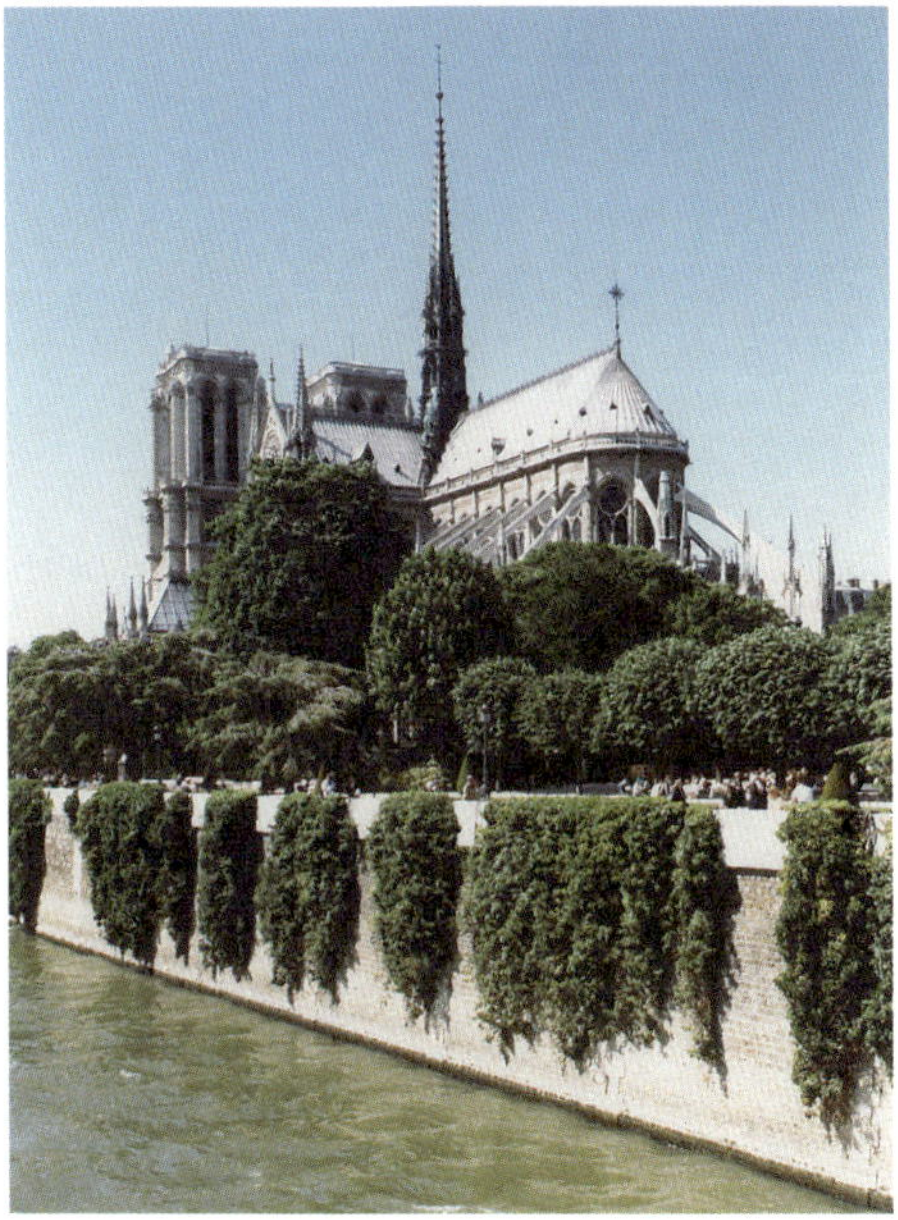

ノートルダム寺院とセーヌ川

がなく、かえって端整な感じがする。裏の方は高い尖塔やフライングバットレスがたくさんあって賑やか。パリの有名な建物を見て、だいぶ納得。

夕食はセルフサービスの店で。水代わりのワインが一杯2.2フラン(130円)。昨日の200ドルがあれば四百七十杯飲める。

パリ→アムステルダム　10月24日(木)

今朝は珍しく雨が降っていない。グランドオリエントホテル(シャワーなし、トイレ共同)20フラン(1600円)をチェックアウト。アムステルダム行きを予約する。午後3時45分まで五時間程あるので、シャンゼリゼ通りを歩き凱旋門まで行く。

シャンゼリゼは広い通りで有名な店がたくさんあるのだが、街路樹が大きく、ショッピング街の感じがしなかった。

凱旋門の屋上まで上る。随分長い階段だ。屋上に訪れた人の写真がある。チャーチル、ド・ゴールは別格の扱い。

屋上からは放射状に伸びたパリの街並みが見える。高さと屋根の色がそろっていてきれい。18世紀にオースマンという市長が大改造したらしい。見た目にはきれいだが、道路が直交していないので旅行者はたいてい迷子になる。

パリにはたった2泊だけで、アムステルダムへ。機内でタイ人のピーターと話す。私をタイ人と間違えたそう。一緒にタクシーで市内へ。タクシー代23ギルダーは彼が出してくれた。

運河沿いのホテルをとる。1泊36ギルダー。少し高いがシャワーがあってうれしい。

ピーターと二人で中華料理の夕食、二人分で25ギルダー（3000円）、スープ、ライスと四種類の料理。満腹。

オペラ座風の映画館で映画を観る。シルビア・クリステルの「エマニュエル夫人」。きれいな裸。休み時間に、二人の老紳士がオルガンを弾いてくれた。

12時、ホテルへ。彼の部屋で持参のナポレオンを飲む。ピーターはタイのプラスチック会社の社長。

「金がなくなったので、あと一ケ月で日本へ帰る」と言うと、「オレが貸してやる」とまで言う。もちろん断ったが嬉しかった。色々と話し、良い気持ちになって、2時就寝。

トゥスヒンスキー劇場（映画館）
（アムステルダム派の建物）

アムステルダム　10月25日（金）

朝は曇、ブラブラ歩いてダム広場へ。案内所で地図をもらって歩く。そのうち、また雨が降り出す。ロンドン以来いつも雨。しかし、どしゃぶりではなく降ったりやんだり。濡れてもすぐ乾く。

　市内電車に乗ってみる。乗り方がなかなか難しい。中央駅から運河遊覧の舟に乗る。市内は運河だらけ。街の建物はほとんど5、6階建てで、建物が隣同士くっついている。街区の建物が全部傾いているので、一軒だけ建て直す時は隣の壁を利用してまた傾けて建てるらしい。運河を出て海に出る。一周一時間。美しい連続した街並みを見る。

　目には美しいが、10月というのにとても寒い。

　アムステムダムの建物は間口が狭く、たいていは3間（5.4㎡）から4間（7.2㎡）、奥へ長く、屋根は瓦葺き、各階窓が三つずつついており、最上階の破風《はふ》には荷物を吊り上げる滑車をつけるための梁が必ずついている。壁は法律でレンガで造られるよう義務づけされているらしい。焼き方によって色の濃淡があるが、すべてレンガなるが故に統一感がある。

　一旦ホテルに帰り、それからJＡＬへ。アムステルダムからフランクフルト行きをハンブルグ経由に変えてもらう。ハンブルグに同級生がいるので、う

アムステルダム運河沿の建物群

まくいったら金を借りられるかもしれない。

「日本の情報」……三菱ビルが爆破されたらしい。

夕食は、昨日と同じ中華料理。量が多いのでうれしい。ピーターと外へ飲みに出る。バー・アンド・ダンシングの店に入る。地元の若者が数十人、座って飲んだり、キスしたり、ゴーゴーを踊ったりしている。女の子は背が高く美人が多い。私達二人は座ってビールを飲む。二時間程いてホテルに帰る。私持参のスコッチを、また二人で飲む。飲んでばかりだ。

明日はドイツのハンブルグへ行く。

アムステルダム→ハンブルク　10月26日(土)

昼前、アムステルダム発、ルフトハンザ航空・ハンブルク行き。珍しく天気が良く、下界がよく見える。ライン川が美しい。西独は、ほとんど平野ばかり。山林や田園の中にところどころ町がある。

ハンブルクに到着。友人の岩辺に電話するも、留守。地図を頼りに電車に乗り、直接下宿先に行く。空気が猛烈に冷たい。10月というのに街路樹は全て葉を落としている。北へ来たという感じ。

大きな荷物を転がしながら歩く。目指すアパートへ到着。

チリハウス（ハンブルク）

岩辺は大きなアパートの4階のミセス・ミューラーさんの部屋の一つを借りている。ミセス・ミューラーはかなりのご高齢だが、私を部屋に入れてくれ親切に応対してくれた。

夕方、外へ出て夕食。チキンが名物で、1／2の照り焼きチキンが出る。それと、フライドポテト。ビールがうまい。さすがドイツのビール。

6時頃アパートに帰り、岩辺の帰りを待ちながらミューラーさんと話す。彼女はドイツ語しか話せないし、私はドイツ語が全く駄目。

六か国語会話を手に話す。何分の一かは通じた感じ。家族の写真を見せてくれる。彼女は戦争未亡人のようだ。テレビを見ると、凄いヨーデルをやっていた。スポーツアワーで体操の世界選手権をやっていて、日本の笠松や監物が活躍していてうれしかった。

11時、岩辺はまだ帰らないが、彼の部屋へ入る。「週刊新潮」があったので読むと、三菱重工事件や小野田小尉の記事が出ている。

午前一時半、岩辺帰着。友達の所へ行っていたそう。再会を祝してナポレオンを飲む。日本だと2万円もする高いやつ。話が弾んで、午前5時まで飲む。一本全部あけてしまった。

岩辺は日本のシャープの社員で、今はハンブルク支店に勤務。技術系。

ハンブルグ　10月27日（日）

昨夜は朝まで岩辺と飲んでいたので、起きたのは昼過ぎ。ちょうど日曜日なので、岩辺が一日つきあってくれる。

風車

北の方、キールまでドライブ。キールは有名な軍港のある所。あと一時間も走ればデンマーク。車はアメリカ車のマンタ。アウトバーンを常時130km〜140kmで走る。帰りは170km出した。雨に濡れた道を走るので、恐いことこの上ない。岩辺は高校の時はおとなしかったのに変貌ぶりに驚く。

雨が降り始め、物凄く寒いのですぐ引返す。道沿いには風車がたくさん回っている。オランダより数が多いらしい。

市内をあちこちドライブ。もうクリスマスの飾りつけをやっている。ブロックハウスというレストランで夕食。ステーキとじゃが芋とサラダ。ワインが1／2で700円。ステーキもワインもうまい。有名な店だそうで、出がけにはたくさんの人が待っていた。

帰って風呂に入り、ビールを飲んで寝る。羽根布団が軽くて、とても暖かい。

翌日、岩辺は出勤。昼から一人で出かけて、市内のレストランで念願の本物のハンバーグを食べる。7ドイツマルク(800円)。昨日の昼のハンバーグもそうだったが、硬くてまずい。それにポテトチップスがたくさん出て、とうとう食い残してしまった。

市庁舎や戦争記念の壊れた教会などを見て、市内を二時間くらい歩く。

ブラスバンドの人達　ビアホールにて

ここは爆撃で滅茶苦茶破壊された所で、古いものはそのレンガを使って建て直している。新しい高層ビルもたくさんあるが、いずれも柱が極端に細い。地震のない国はうらやましい。

夕方、岩辺と落ちあい、日本レストラン「富士」で夕食。私はうな丼、岩辺は天婦羅定食。彼のは吸い物、おひたしなどついて豪華。私のは丼だけ。うなぎは大きくてうまかったが、ヒトの頼んだものの方がうまそうなのは、いつものこと。地下では日本人が麻雀をやっている。

食後、典型的なビアホールに連れていってもらう。劇場ほどの大きなホールで、舞台には民族衣装を着たブラスバンドが九人。ドイツのマーチなどをやっている。

中ジョッキが3.5マルク(400円)、ウェイトレスが両手に十杯もジョッキを抱えて配達する。黒ビールや焼酎もある。

二十分に一回は「乾杯の歌」をやるので、皆立ち上がってジョッキを飲みほす。じゃんじゃん飲むので、トイレにも度々行く。トイレは有料で爺さんが番をしている。小便だけなら10ペニッヒ(12円)。手を洗うと50ペニッヒ(60円)。トイレはいつも満員。

かなり酔ったところで、バンドマスターが客席へ降りてきて、帽子を私の頭にかぶせる。「舞台で指揮せよ」との合図らしい。酔った勢いで舞台の上で二曲指揮。一曲目は何と「軍艦マーチ」。さすがに日本の元盟友ドイツ人だけあって、皆で手拍子をしてくれ、「今度はイタリア抜きでやろう」と言われた。

バンドの皆や岩辺と記念写真を撮って、写真はあとで送ってくれるという。

国籍不明の船員が隣にきてしゃべる。いつの間にかフランス人四、五人も一緒になって騒ぐ。二人共すっかり酔っ払って、いつ終わったか覚えていない。

朝3時半頃、あまりの寒さに眼がさめたら、店の前に停めた岩辺の車の中で寝ていた。

ハンブルグ→フランクフルト　10月29日（火）

昨夜飲みすぎて、起きたのは午前10時。岩辺ももちろん遅刻。下宿の婆さんに別れと礼を言い、岩辺の車で出発。彼も遅れついでにと、アルスター湖を一周してくれる。珍しく、本当に珍しく、素晴らしい天気で、ハンブルグの街全体が生き生きして、特に湖の風景が美しい。お年寄りがたくさん日向ぼっこをしている。

岩辺には400ＤＭ（5万円）借りた。これで旅を続けることが出来る。岩辺には本当にお世話になった。

空港へ着くと、三十分後にフランクフルト行きがあり、飛び乗る。疲れていて、一眠りするともうフランクフルトだった。

この街は交通が発達していて、トレインで空港から中央駅へ行く。歩いてホテルを捜す。目についたのがアンバサダーホテル。1泊44ＤＭ（5300円）だと言う。高いと言うと「君のためにスペシャルルームを35ＤＭ（４２００円）で作る」と言う。まあまあなのでチェックイン。

バス付きでなかなか良い部屋である。ゆっくりバスにつかり、頭を洗う。さっぱりした。

夕食に出る。飲み屋があり入る。ビールとフランクフルトソーセージを頼む。どちらも本場だけあって本当にうまい。ビールのジョッキに目盛がついている。ドイツのグラスには全て目盛がついている。カクテルグラスにまでついている。生真面目な国民性が表れていて面白い。

また、ドイツ人は議論好きで有名だ。盛装して犬を連れた紳士と他の客とウェイターが、「クレイ」か「フォアマン」かで論争している。明日、クレイとフォアマンのボクシングヘビー級、世紀の一戦があるのだそうだ。すっかり楽しい雰囲気である。

ソーセージとポテトフライと中ジョッキ三杯で10ＤＭ（１２００円）。これは安かった。

そのあと散歩。この辺りは極端な歓楽街で、セックスショップ、セックスムービー、セックスインがたくさんある。

セックスインはいわゆる飾り窓の女のいる所だ。五階建てのビルの中に通路があり、両側に部屋が連なっている。ドアが閉まっているのが「使用中」で、空いていて女性が立っているのが「いらっしゃい、どうぞ中へ」なのだ。ちなみに料金を聞くと、50ＤＭ（６０００円）。女性は何十人もいて、そのほとんどが映画俳優並みの美人。黒い髪や金髪につぶらな瞳。よほど国際親善に努めたかったが、見るだけに止めた。

ホテルへ帰ってビールを飲みながら、日記を書く。「残念至極」と記された。

フランクフルト→ハイデルベルク→フランクフルト　10月30日(水)

朝食はホテルで、おなじみのコンチネンタルブレックファースト。ティーとパンとハム。アンバサダーホテルとあって、客は皆、品の良い紳士、淑女ばかり。

午前中、フランクフルト市内を散策。この町の中心を流れる川はライン川の支流マイン川。旧市街の建物は5階建てで、クローステップ（カラスの階段）と呼ばれる段々の破風を持っている。時々雨に見舞われる。

劇場があって、ジュリエットグレコが出演している。文豪ゲーテの生家と隣にゲーテ博物館。生家は4階建ての大きな建物。家具などがそのまま残っている。若き日のゲーテになったつもりで興奮する。

昼食は、フランクフルトソーセージ二本とビール。安上がり。

午後、鉄道に乗って一時間、ハイデルベルグへ行く。

ネッカー川の流れの上に壊れかけた大きな古城がそびえる美しい町。旧市街からハイデルベルグ城に到るアルテ橋が印象的。古くからの学生の街として

カールテオドール橋（アルテ橋）とネッカー川

知られており、ゲーテやショパンなど多くの詩人や芸術家がこの街を訪れ、この街をたたえる歌や詩を残した。学生とビヤホールの娘の恋を描いた「アルト・ハイデルベルグ」はつとに有名。この町にいるだけでコマンチックな気分になる。

カールテオドール橋を渡って、哲学者の道を歩く。空気は冷たいのに汗が出る。ハートが熱を持っているのかもしれない。

ハイデルベルグ大学は14世紀の創立。ノーベル賞学者を八人出しているという。学内に罪をおかした学生を収容する学生牢がある。

ハイデルベルグ城から見下ろした街は、オレンジ色の屋根が統一されていて美しい。そしてネッカー川はあくまで青い。


夕刻、ハイデルベルグからフランクフルトへ帰る。

昨日のバーで夕食。又々フランクフルトソーセージとビール。テレビでボクシングの世界戦クレイとフォアマンをやっている。クレイも大分年だったのが、トレーニングをしたようで身体が引き締まっている。初めはフォアマンが有利だったが、最後はクレイの逆転勝ち。異国で見るボクシングも特別な感じ。

日本人が四人連れで来て、隣へ座る。男二人、女二人。妻と妹だという。話が合って、結局昨日の飾り窓を男三人で冷やかして歩く。映画スターのような美人がいる。

ドイツ女性はビール好き

10時、ホテルに帰り、少量のビールを飲む。

西独で気づいたこと。お婆ちゃんが随分多い。二度の戦争で男手を失ったせいだと思われる。

夜、酒場で女同士飲んでいるのをよく見かけた。岩辺の下宿のお婆さんも同じで、一人暮らし。煙草をよくのんでいた。

全体にドイツはすごく友好的で楽しかった。

フランクフルト→チューリッヒ→ベルン　10月31日(木)

フランクフルトの今頃は夜が明けるのが遅い。7時でもまだ薄暗い。おまけに夕方4時頃から暗くなる。

12時45分、フランクフルト発、スイスのチューリッヒへ向かう。例によって免税店でスコッチウィスキーを買う。今日はバランタインだ。1500円。ルフトハンザは昼食が出るのでうれしい。今までで一番短い飛行で、上ったらすぐに降りた。

チューリッヒはあまり寒くない。スイスならどこでも見えると思ったアルプスが全く見えない。たまたまエアーターミナルと鉄道駅が隣だったので気が変わって、首都ベルンへ行くことにする。

往復3300円。片道一時間半の道のり。スイスらしい景色が続く。もう雪が降っていて、山々は真白だ。

夕方6時、ベルン到着。ここはスイスの首都、人口26万人、アーレ川という深い川が大きく蛇行した間の台地にたつ町、首都なのに人が少ない。

ホテルもあまりなく、市電に乗ったりして捜す。やっと1泊3500円のホテルが見つかった。トイレ、シャワー共同。部屋はキレイ。スイスは銀行、時計、観光などで儲かっている国。夕食はホテルのレストランで。豪勢にターキー、700円。お金はコインが大きくて重い。札は恐らく世界最大。

チューリッヒ新市街

ベルン→チューリッヒ→ローマ　11月1日(金)

11月1日、晴天。ベルンを歩く。町の下をゴーッと川が流れている。町は統一感があって美しい。大聖堂に登る。狭い階段が348段。オープン階段なので、何度か気を失いそうになる。

この教会は１４２１年に着工し、472年かかって完成したという。高さ100ｍに上るとアイガー、ユングフラウがかすかに見える。ちょうど12時になり、鐘楼の鐘が鳴る。目の前で鳴るものだから耳が痛い。そして、高さに眼がくらむ。

あと、時計塔や牢獄塔、クマの銅像、アーケードなどが眼についた。

そして、ここはアインシュタインの街。ドイツで生まれ、チューリッヒ大学を卒業してこの街に住み、特許局に勤めながら特殊相対性理論など数々の論文を発表した。その小さな家がある。なお、アインシュタインはベジタリアンだったという。

午後2時半、鉄道でチューリッヒに帰り、今夜のローマ行きを予約。少し時間があるので、チューリッヒの街とチューリッヒ湖を散策。湖に白鳥、黒鳥、かもめなどがたくさんいて、すごく人懐っこい。

ライオン退治のレリーフ（ベルン）

汽車の中で兵隊さんが自動小銃を裸で持って旅行しているのと隣りあう。さすが、徴兵制の国だ。さて、あすはローマだ。

チューリッヒ空港はチューリッヒの街から近いので楽。夕方、もう暗くなった中を出発。飛行機の中で隣に座ったサルデニヤ島出身のジョージがビールをおごってくれた。金がだんだん少なくなって心細いのでありがたい。お礼に扇子をあげた。

天気がよく、アルプスの雪が月明かりを映して美しい。そして、谷間には決まって街がある。ミラノの上空にくると、そこは絵のように美しい夜景。

午後9時、ローマ着。寒い。5℃だという。案内所で紹介してもらったホテル、ビミナールに入る。到着したのは11時。4000リラ（2000円）。恐ろしく古いホテルだ。天井が高く、階段は大理石貼。出来たときは豪華だっただろう。

一緒に入ったアメリカの建築家リチャードと三十分程スカッチを飲みながら話して、12時就寝。（リチャードはその後超有名になったリチャード・マイヤーだったかもしれない）

ローマ　11月2日（土）

11月2日（土）、9時、朝食。パンとティー

サンタ マリア マッジョーレ大聖堂

テルミニ駅　ローマ

を飲み、今までで最低の朝食だったが、あるだけでもありがたい。暖房が全くないので一晩中震えた。

午後は、すぐ近くのサンタ・マリア・マッジョーレ寺院へ。折しも礼拝が始まっていて、儀式と歌と説教がある。映画で見るように懺悔のためのボックスがいくつもあって、イタリア語、フランス語、英語とそれぞれある。寺院の外は古ぼけているが、中は金ピカ。金だらけ。

テルミニ駅（ローマの終着駅）、共和国広場などを通り、ＪＡＬへ。帰りの行程を決める。ローマ（4泊）からアテネ（2泊）、カイロ（3泊）、テヘラン（2泊）、ニューデリー（2泊）、バンコック（2泊）、香港経由で11月19日に東京着の予定。

これで文字通り世界一周となる訳だ。ＪＡＬでは、日本で払った55万円が5万円程少ないと言っていた。

残り十七日。これから残り少なくなったお金との闘いだ。そして、面白そうな国が多い。

ＪＡＬで帰りのキップを整えて、安心して昼食、スパゲッティとローストビーフ。スパゲッティが凄く安い。隣に座った太ったおばさんが、昼なのに赤ワインを一本一人で飲んでいる。話に聞いた通りだ。さすがローマ。

食後、中央郵便局へ向かって歩く。一向に郵便局がない。その代わり、トレビの泉、スペイン広場がある。スペイン広場は、映画「ローマの休日」でオードリー・ヘップバーンがグレゴリー・ペックとアイスクリームをなめながら降りてきた有名な階段だ。

トレビの泉は、後ろ向きにコインを投げ入れると再びローマに戻ってくることが出来るという。私はもったいないのでコインは投げなかった。

それからどんどん歩くと、フォロロマーノ、コロッセウムへ着く。広大なアメリカで歩く癖がついているので、ヨーロッパでの距離は3分の1くらいの感じがする。

フォロロマーノは、見るからに大廃虚群だ。列柱があちこちに壊れながらも建っている。あの大ローマ帝国の栄光がしのばれる。時を遡って見ることができたら、楽しいなと思う。

コロッセウムも大きい。一部欠けてはいるが、その威容は変わらず、まるで喚声が聞こえてくるようだ。夕方なので中には入れず、後日来ることにする。

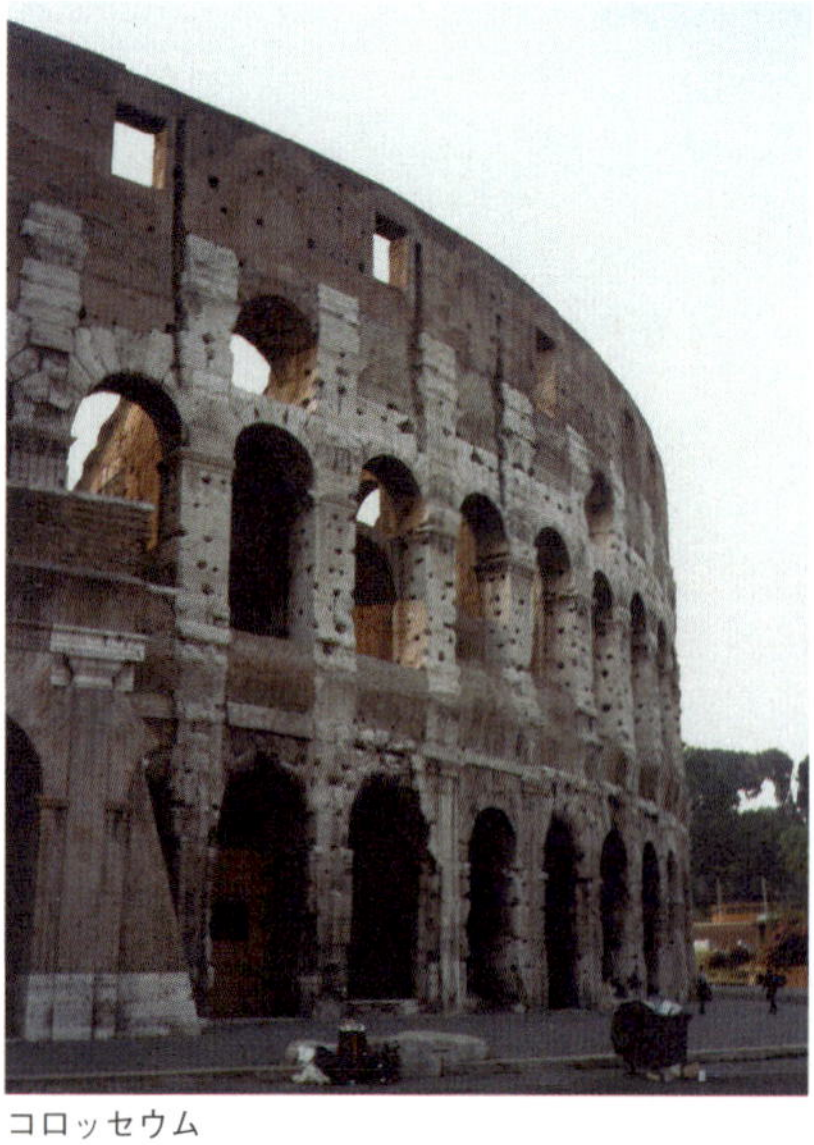

コロッセウム

スペイン広場

今日も随分歩いた。ローマの名所をいくつも見て、満足。

慰労のため、チンザノ（養命酒のようなもの）とつまみを買って帰る。500円と安い。酒屋で見ると、スコッチウィスキーがロンドンより一割は安い。為替のせいなのか、税金が安いのか。どちらにしても酒が安いのは喜ばしい。チンザノを飲むと、香草の香りがしてローマに来たという実感が湧く。五ケ月近いアメリカから始まった旅行を振り返って、感慨深いものがある。

今日一日天気に恵まれた。ヨーロッパで初めての晴天、気持ちが良いことこの上ない。

バチカン方面に向かって三拝。

エウルの銀行

ローマ　11月3日（日）

昨日に続き慎ましい朝食後、珍しく靴下を洗う。シャツなどは上下左右、裏表と何日も着られるが、靴下はそうはいかない。

サンマリア寺院で、昨日JALで会った若い女の子二人に会う。写真を一枚。日本人の可愛い子に会うと、何かとても嬉しい。

地下鉄に乗ってE・L・R（エウル）へ行く。ムッソリーニによって開かれた新都市。万博が開かれる予定だったそうだが、戦争で中止になった。シンプルで印象的な建物があったので守衛に聞くと、政府の金融機関だという。国際会議場や博物館、テニスクラブなどがある。

昼食に、名物の焼き栗を食べる。12個120円。パン（60円）とビール（100円）。イタリアは物価が安い。

さらに歩いてカラカラ浴場へ。着いたのが午後3時で、ピッタリ閉められて「明日来い」。カラカラ帝がつくった大浴場なのだが、今は使われていないので、中はカラカラ。うまいネーミングだと思った。それにしても1700年も前に、こんなデカイものを造ったエネルギーは凄いと思う。

さらに歩いて、旧ローマ時代の城壁へ。デカイ。サンセバスチアーノの門からアッピア街道が始まる。シーザーが軍隊を引き連れて出陣し、また凱旋したことを想像しながらさわりだけ歩く。

夕刻、再び地下鉄でホテルへ帰る。地下鉄は50リラ（25円）と安い。貧乏旅行者にはありがたい。駅の近くで、安くてうまいカフェテリアを見つけた。ローストビーフにスパゲティ、サラダ、ワインで900円。

ヨーロッパでは、水とジュース、ビール、ワインがほぼ同じ値段。ワインを飲むと儲かった気がする。

今日も歩いた、歩いた。歩きすぎて、膝がピノキオのようになっ

古代ローマの城壁

て、足の裏の肉と皮が離れそうになる。天気も良かった。

ローマ　11月4日(月)

昨日歩きすぎて足が痛いので、10時半頃まで寝る。掃除のおばさんに起こされた。今日はイタリアの祭日で、商店なども休み。開いているのは、バー、レストランだけ。駅前のスナックで昼食。サンドイッチとホットドッグとビールで、1050リラ(525円)。300リラ高いので、なぜかと聞くと、椅子に座って食べると高いのだそうな。小額なのでそのままにしておく。

フォロロマーノの野良猫

地下鉄にてコロッセウムへ。日本の団体さんも数組いる。昔は足場を使わずに土を盛って足場代わりにし、完成してから取り除いたそうな。古代人の知恵。フォロロマーノの入口と思って坂を上ったら入口がないので頭へ来て、3m程の石垣を蔦をつたってよじ登ったら大変疲れた。

歩いて、真実の口の広場へ。ローマの休日で、グレゴリーペックが手を入れたところ。思い出深い。私も色々言って手を入れたが、咬みつかれなかったので正直者らしい。

テベレ川のほとりを散策。更に歩いてゆくと、大きな劇場跡がある。コロッセウムもそうだが、ここも野良猫が多い。「シーザーは猫を好んだか?」は、面白い研究題目である。

建物の陰にヒッピーが一人。名をジョセフと言う。25、26才か。聞けば、インド人と車のラジオを盗んで捕まり、二年間実刑を受けてきたという。出所してからも受刑者ということで働かせてくれず、ここに住みついて、猫と一緒に暮らしているのだという。大分疲れている様子。たくさんの猫の内2匹だけが仲良く、友達だという。仲良しの猫がボスに首を切られてしまい、ボスを殺すと言っていた。食事はレストランの残り物をあさり、猫には釣人が魚をくれると言う。帰りに100円(200リラ)やってきた。裕福ならもっとやったのだが、彼もこのままではどうしようもあるまい。そのまま別れたが、どうなるのだろう。

更にどんどん歩いて、パンテオンへ。門は閉められている。大きい。紀元前に建てられた大ドームがある。ナボナ広場へも行く。似顔絵描きがたくさんいる。なぜかローマはパリやロンドンと違い、広場には観光客ばかりで市民がいない。なぜだろう。

パンテオンからあてずっぽうにバスに乗り、一周してコロセウムから地下鉄にて帰る。夕食、米と野菜のゴッタ煮にスパゲッテイ、ビールで、1000リラ。ワインの安いのを買って帰るが、日本の合成酒に似た味がして、うまくない。

三連休の明けとて、市内はやたら車が多い。

例のスバルに似たのやらホンダに似たのやら、小さいのばかり。フォルクスワーゲンが大きく見える。

朝から小雨。テルミニ駅よりバスでバチカン市国へ。昨日、バチカンを見ずにフォアロマーノへ行ったのは正解。小降りだが時折かなり降る。宮殿等にやたらお巡りが多い。誰

サンピエトロ寺院

か偉い人が来たらしい。

まず、バチカン博物館に行く。ライトのグッゲンハイムの美術館の原形がここにある。ただ少し違うのはスロープの昇り降りが別なのと、スロープに少しずつ段があることだけ。入場料1000リラと高いので、本館に入るのはやめる。

大、大、大有名なサンピエトロ寺院。キリスト教カトリックの総本山。ミケランジェロ、ブラマンテ、ラファエロ、ベルニーニなどの苦心の末の傑作。大きい。中に入ると、外界の音がまったく遮断されて、静かで心が休まる。人が少ないのもうれしい。さすがに大理石の本場だけあって、床、壁、すべて大理石で、各種の石によりたくみな紋様を作っている。ただキリスト教に興味がない私にとって、感動はそれほどでもない。

帰り、JALに寄り、切符を貰う。明日12時40分、アテネへ。テヘランの午前2時発とニューデリーの午前6時50分発がかなりしんどいが、なんとかなるだろう。

JALの月刊誌があり、貰ってくる。祖谷の記事が巻頭にあり、懐かしい。

ホテルへ帰り少し休んで夕方、明日の支払い分の金を替え、夕食。例のカフェテリアだが、相変わらずのスパゲッティにサラダ。しかし、ここのスパゲッティは安いしうまい。

ホテルも寒いが、外はもっと寒いので、ホテルに帰る。ローマ最後の夜。よくこの暖房もシャワーもない部屋に五日間も辛抱したものだ。朝方、ジーンと足元から冷たくなるので、靴下をはいて寝たことは、ローマの思い出として一生忘れることはないだろう。クロークの立ち居振る舞いからしゃべり方まで、今にも消えてしまいそうな老人と共に。どうもイタリア人はのんきで、とそんどでいかん。昼間は店を閉めるし、とろいし。ドイツ人がやはり日本人によく似ている。

イタリアはわりあい小男が多く、私より低いのが大分いたから、その点、優越感を味わった。

ローマ→アテネ　11月6日(水)

朝から降ったりやんだり。9時半、check out。

バスにて空港へ。空港ではヨーロッパで初めて、空港税を取られた。雨のためか、出発が一時間遅れた。その間、某貿易商社の人で、プラハに二ケ月いた人と話す。奥さんに会いたいと言っていた。機械の輸入をやっている人。感じの良い人で、50リラ(25円)もらい(絵ハガキの切手の足りない分)、絵ハガキを一枚やる。チェコの硬貨を一枚くれる。

アテネの家並みと風の塔

悪天候のため、ずいぶん揺れた。初めてのTWAだし、この前、落ちたばかりなので、気分が悪かった。しかし、昼食が、ローストビーフにチキン、サラダ、パン、パイ、チーズ、トマトジュースとFull Dinerに近いのが出て、ご機嫌。

一時間半で、アテネ着。バスにてダウンタウンへ。ホテルはAPHRODITI。21ドラクマ（2150円）、シャワートイレ付き。部屋もきれいで、一週間振りにシャワーにかかり、せんたく。

外は暖かい。久し振りにシャツで外を歩ける。夕食、近くの店で、米の煮たのと、ミートボール、ビールで590円。ライスがあるのもうれしいし、安い。ギリシャは安いと聞いていたが、空港バスも180円で最安。なんとなくうれしくなる町だ。

ホテルはシンタグマ（憲法広場）の近く、繁華街の少し裏通り。ブラブラ歩いてみる。

公園にはたくさんの椅子がおいてあり、飲んだり食べたりしている。大きな飲食店があり、入ろうと思ったが8時で終わりのようだった。

酒屋は酒の種類が少なく、輸入物は高い。イタリアの豊富さ、安さに比べると、だいぶ違う。

ローマ時代の城壁と格闘してから、少し疲れやすくなったかな。

シンタグマ広場の若者達

アテネ　11月7日(木)

昨日少し疲れ気味だったので、朝アリナミンを三錠飲むと元気モリモリでカッカしてきた。

アゴラの遺跡など見ながらアクロポリスへ上がる途中、日本人の女の子の二人連れ、中年の夫婦などに会う。ここで会う日本人は感じが良い。坂で数人の外人グループがブルースリーなどと言うので、空手の格好をしたら大喝采。

アクロポリスの丘の上に立つ神殿、なかなか良い。上で日本人の男の人と話し、一緒に廻ることにする。国会議員の中川一郎の秘書で、34歳。六十日間の世界一周旅行で、東南アジアから来たそうだ。言葉が通じないのと、日本人がいないので、だいぶ参っている様子。毎日、凄い金を使っているそうだ。スタジアム、ローヤルパレス等に行く。

カフェテリアで食事。ホテル以外で食うのは二度目だと喜んでいた。夕方から、彼のホテル、Athene Palaceで話す。話してみるとなかなか面白く、北海道の建設会社の息子で専務、二年間、中川一郎の秘書として無償で年季奉公したそうだ。ゴルフ、ハンデ17。雨になったので、外に出ず、ホテルのバーで飲む。政治の裏話や奥さんとの出逢いなど聞き、

リカヴィトスの丘

パルテノン神殿

私も色々と話す。金はあるし、日本人と話すのは金に換えられないと全部おごってくれる。

11時過ぎ、ホテルを出る。今日は愉快だった。それになにか人助けをしたような感じ。飯食ってホテルへ帰り、寝る。

アテネ→カイロ　11月8日(金)

11月8日、朝食の後、彼のホテルへ行き、一緒にタクシーにてピレウス港へ。タクシーは安い。メーターが3円ずつ（0.3ドラクマ）上がる。

ヨットハーバーでなく、大きい客船やフェリーの港である。港はいい。人が多く、閑そうなのがスナックで座って、レモネードや焼酎を飲んでいる。ギリシャも大男が少なく、やや優越感。教会や建物がHuman scaleで大きくなく、暖かく、物価が安いのでギリシャは好きだ。

昼食、ワカサギのフライ(?)、マカロニ、トマトの飯づめ。二人でビールを飲んで、計1000円。彼も本当に喜んでいた。日本でいるように、図々しくたくましくなってくれることを望む。

ピレウス港

1時頃ホテルに帰り、荷造り。彼のホテル24ドル、私のホテル7ドル。設備ほとんど同じ。彼に送ってもらって2時頃、空港へ。バスも180円と今迄で一番安い。また、雨が降り出している。

飛行機が遅れ、空港で手紙、日記を書く。郵便料金も安い。六枚で270円。二時間近く遅れて、8時頃、カイロ着。税関やパスポートコントロールがしっかりしてなくて、民間人が入ってウロウロしている。案内人がいて、通貨のチェンジ（最小80USドル）や、ビザ取得などやってくれたが、JALの案内書には50PTとあるが、200PT（2.0LE）取られた。空港バスがなく、タクシーは1.5LEと言う。高いので断ってウロウロしていると、ペパルという老人が来る。英語が達者で、歯がないが実は若い。

市内までのバス（10PT）とホテルを紹介してくれる。ホテルは古いが、1泊1.85LE（約1000円）今までで一番安い。一応シャワー付き。チェックインが10時。彼と近くの酒場へ飲みに行く。エジプト人ばかりで、JALのバスの運転手をしている人らもおり、親切で朗らか。

ビールが大瓶一本150円で、あまりうまくないが安い。そしてアルコール度が高い。タミヤという豆を擦ってボール状にし、揚げたのがなかなかうまい。ビール四本とブランデー一杯、つまみ、総計で1.5LE。いい気分で12時頃寝る。

カイロ　11月9日（土）

8時半、ペパルが起こしに来る。観光バスを紹介してくれるが、5ポンドと高いのでばからしくてやめる。今度はタクシーを紹介してくれ、往復で10ポンドというのを3.5ポンドまでまけさせて、9時過ぎ、出発。ギゼーのピラミッドへ。（1ポンド＝約500円）

カイロもずいぶん人が多く、ほとんどの人は貧しい。観光地では物売り、案内人、その他がゾロゾロ来る。ピラミッドはさすがに大きい。中へ入る。10PT。案内料20PT。はいっていくとだいぶ入った所に王の墓の安置所がある。内部もすべて石造。出てからラクダに乗る。ああ、ラクダ、ラクダ。75PT。

スフィンクスはピラミッドから少し離れた所にある。一枚岩である。タクシーの運ちゃんがいろいろと知恵を授けてくれて、だいぶ金が助かった。ピラミッドの案内料100PT↓20PT。ラクダ200PT↓75PT。スフィンクス100PT↓5PT。（1PT＝5円）

とにかく、金をくれとうるさい。あんまりしつこいのは怒鳴ってやった。

カイロにはモスク（回教寺院）が多いが、最大のモハメッド・アリモスクへ行く。バチカンのサン・ピエトロ寺院より大きい。なかなか豪華で、大理石、金をふんだんに使ってある。例の、頭をこすりつける祈りをしている。

ギゼーのピラミッドでラクダに乗る

ホテル近くで昼食。ライスとサラダにシシカバブ（羊肉を揚げたもの）。不潔であんまり食欲はわかない。飯は割合うまい。二人前で1ポンド。2時頃、タクシーツアー終わり。チップを加えて4ポンドは安い。今回の旅行で初めてのタクシーツアー。バスや電車は大変安いが、超満員で乗れたものではない。

ホテルに帰って少し休む。

夕方、ナイル流域や市内を散策。信号が滅多になく、交差点を渡るのが大変。昼間も事故で人が死んでいるのを見た。

とある現地人の食堂へ入り、夕食。タミヤが四個にメキシコのトルティーリャのようなやつと、キュウリの漬け物、ほうれん草の葉っぱで、9PT、45円である。たまげた。史上最安の夕食。レジで金を払っていてふとさっきのテーブルを見ると、ウェイターが雑巾とバケツを持って私が食べた皿をさっとひと拭き、そしてテーブルの上に置いた。このレストランには皿洗いの仕事はないようだ。夜、例のバーで少し飲んで寝る。

カイロ→テヘラン　11月10日（日）

11月10日、朝10時、エジプト国立博物館へ。おびただしい数のエジプト王朝文化のコレクション。4500年も前の石造芸術。金細工。パピルスに記された象形文字。特にツタンカーメンの遺品は素晴しい。

世界で最も早く、文明が開けた国。現在はどうか。世界の三流国ではないか。人々は働かず(働けず?・)、衣食住ともに貧しく、行動はがさつでずる賢い。エジプト人民と政府は４５００年も何をしてきたのかと、少々腹が立つ思い。４５００年、進歩が止まっている感じ。

昼、捜しに捜して、やっと古いがレストランらしいレストランを見つける。29回目の誕生日をカイロにて一人でお祝い。ビールで乾杯。メニューがフランス語なので、ビーフと思って頼んだらエビのオニガラ焼きが出てきた。間違って、かえってうれしい思い。次に、タベルナを頼んだら本当にビーフが出てきて、二日ぶりの食事らしい食事をする。

14時にホテルを出て、道で会ったペパルに50ＰＴやって空港へ。40分くらい走って65ＰＴ(330円)。この国のタクシーは安い。１ポンド出したら、こっちが請求するまでおつりをくれない。空港には、荷物持ちや(タクシーの)ドアボーイ、便所にまで人がいて、チップ、チップ。もっとも、私はめったにやらないが。

時間があるので空港近くの砂漠へ出て、飛行機の発着を眺めたり、歌を歌ったり、悠久を思ったりする。

空港の税関やImmigrationの態度の悪いこと、のろまなこと。いちいち腹が立つ。空港もボロボロで、動線がめちゃくちゃ。

待ち合いで、韓国人のダンサーと一緒になり話す。日劇ダンシングチームに六年いたそうだ。日本語がうまい。踊り子を連れて廻っているそうだ。オレンジジュースとビールをごちそうになる。踊りをやっているだけあって痩せ形で締まっている。感じの良い人だった。

久しぶりの日航。8時20分発が一時間程遅れた。機内は日本人がたくさん。隣は造船会社をやっている人で、スペインに二ケ月半いたそうだ。話が面白くて話し込む。ウイスキーをダブルで2杯、ごちそうになる。会社を始めて六年で資本金を300万から3000万にしたそう。44～45歳くらいか。同じエンジニアなので、うまがあって船の話や建築の話をする。大波小波の話。三時間あまりの時間を感じなかった。

後ろの席に女性が二人が乗っていて、面白い話が聞こえてくる。初老のおばさんが「わたしゃね。日本に帰ったら山谷《さんや》で暮らすんだよ」。理由は、「エジプトに憧れて財産を一切処分して、移住した。しかし住んでみると期待とは大違いで、半年で嫌になったのさ」。「金もなくなってしまい、日本へ帰っても住む所もないので山谷に住むのさ」そのおばさんの妙に覚悟を決めたような話ぶりが印象に残った。

時差の関係もあって、テヘランに着いたのは午前2時頃。手続きは簡単で、さっきの山谷に住まない方の女性がテヘランで降りたので一緒にタクシーにてダウンタウンへ。彼女はホテルを予約していたので、値段を問うと、1000リラ(5000円)＋15％tax。高いので断って、夜の町をホテルを求めてさまよう。

今日の誕生日は、ジュース、ビール、ウイスキー、タクシー代と、ずいぶんとおごってもらった一日だった。

深夜の街を歩く。通りは広く、やたらと警官が多い。ホテルは高かったり、部屋がなかったりで午前4時過ぎ、もうあきらめて、とある路地で野宿する。新聞紙を敷いて30分ほどいたが、寒いのでまた歩く。焚き火をしている警官二人に会い、火にあたらせてもらい話す。パーレビ国王が近代化を進めているが国民の不満が高まってきて不穏な空気があるので、夜通し警戒しているのだそうだ。

もう一軒と、また歩く。Hotel Teheran palace に部屋があり、チェックイン。1000リラ+15%tax。なんだ、それならさっきの女性のホテルと同じ値段だ。高いが、部屋はなかなか良い。シャワーを取り、機内でもらった朝日新聞を読んで、寝たのは午前7時。ずいぶんと波乱に富んだ1日だった。

テヘラン　11月11日(月)

昼頃まで寝て、11時半、JALへ。深夜2時のインドへの到着と朝6時半の出発がキツイので、金も少なくなったし、インドへは寄らずに、明日午後11時25分発の Air France で直接バンコクへ行くように切符を変更。

帰り、昨日の女の人と会い、カフェテリアみたいな土地の人が入る食べ物屋で昼食。キャベツで巻いた肉と豆、パン。高校生がわっと来て、すごい混雑だった。食後一緒に観光することにし、バスにてバザールへ。銅製の食器やペルシャじゅうたんなどの店が、おびただしくたくさんある。テーブルクロスとバッ

王の宝剣

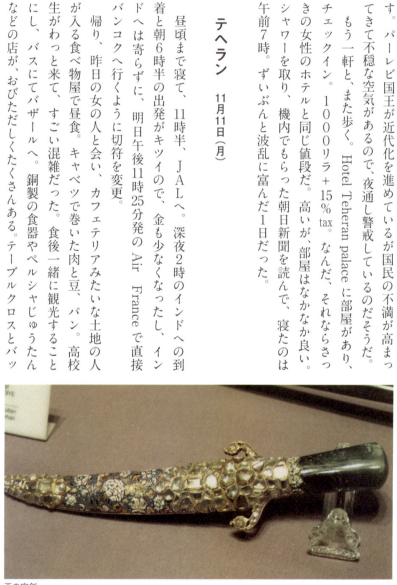

グを買う。200リアル（1000円）と60リアル（300円）。

あちこち歩いて、次は王宮へ。鏡を最大限利用した各部屋が美しい。そのあと、イラン中央銀行へ。地下にペルシャ王室の宝石の陳列所がある。これはまた、おびただしくたくさんの信じられないくらい大量のダイヤモンド、真珠、ルビー、エメラルド、王冠、刀剣。世界最大のダイヤモンド、真珠、時価にしたら何兆円あるのか。ダイヤモンドの本当の美しさを初めて見た。昨日の日航のパイロット、スチュワーデス等にも会う。彼等も見物している。

ブラブラ歩いて、ホテル近辺へ。立食の食堂で夕食。スパゲティにシシカバブ、パン、ビール、安い。食事はあまりうまくない。胡瓜のピクルスはなかなかいける。

彼女のホテルで酒屋で買ったワインを飲み、彼女の体験談、人生観など聞く。40才で、独身で、世界中を旅行している。彼女の父親は日本で最後の官費留学生だったそう。娘の方を「あなた」と呼び娘は父を「あの人」と呼ぶのが面白かった。テヘランからはイスファハン、シラーズ、そしてアフガニスタンに行くと言っていた。

テヘラン→バンコク　11月12日（火）

午後、昨日の女性と一緒にバスにて……寺院（テヘラン最大のモスクで、現在も事ある時には王が使っている）へ。バスが途中から違う所へ曲がったので降りて歩くが、なかなか行きつけない。

テヘランの下街で、鍛冶屋や商店や食べ物屋、市場などがあり、楽しい。ある建築現場でカメラを向けると、皆集まってポーズを取る。何の代償も要求しないし、とても人なつこい。カイロでもそうだったが、人柄はとても良いようだ。ただカイロは貧しさが、人品《じんぴん》を卑しくさせているのだろう。テヘランも国自体は石油輸出で富んでいるが、国民はまだ貧しいようだ。食事がとても安いのがその表れと思う。

　とあるモスクに行き当たり、入る。お堂の中へも入れてくれ、コーランの読経の最中。低音の異国情緒豊かな声である。紅茶の接待をしてくれる。女性も一緒に入れた。

　更に歩いて、やっと目的のモスクへ。近辺は露店市で、果物や魚や肉の店が並んでいる。温州ミカンみたいなのを、葉っぱ付きで売っているのはうれしい。

　イランのモスクはどこでもそうだが、外壁はタイル貼で、特に黄色が美しい。内壁は腰が大理石、壁はタイルで、〝あい〟〝黄〟が巧みな調和をしている。天井も同じタイルで、様々な紋様を描き出し、サンピエトロ寺院

モスクの青と黄色のタイル

のような金《きん》を多く使ったのと、また趣きを異にしている。

夕刻、ホテルに帰る。途中、高校生二人が話しかけてきたので、話しながら歩いて帰る。二人共とても英語がうまい。パーレビ国王が近代化を進めており英語に重点をおいているそうだ。

ホテル代1250リラ（6000円）。但し、一日分しか取らなかった。昨日、朝5時にcheck inしたので、二日分取られるはずなのだが。一日20ドルもする所で、一日分浮いたことは大きい。ラッキーだった。（後で分かったことだが、イランやインドの空港は地理上深夜に発着する便が多く、ホテルの1泊は到着してから二十四時間が1泊と勘定するそうだ。）

夕方、二日間つきあってくれた女性と別れ空港へ。何日かたってハッと思い出したことがある。あれほど親しくなったのに、名前も連絡先も聞かなかった。異郷で、しかもイスラムの国での体験が名前を聞くことすら忘れさせたのだろうか。

後日談がある。

「ローマ人の物語」という大作を書いた塩野七生の短編集の中に「カイロから来た男」という一文があるのを見つけた。その「男」はカイロからテヘランに来た建築家で、その男との出会いが文章になっている。あまりに符合することが多いので、ひょっとしたらその女性は塩野七生本人ではなかったかと今でも思っている。


飛行機は夜11時25分発、Air France。久しぶりのジャンボ。日本人のスチュワーデスも一人乗っていて、日本語の放送がある。日本の28歳の商社マンの隣に座り、話しながら過ごす。

若い時、ソ連から入って欧州を回ったことがあるそう。一つ年下なので、年令を言うと、言葉使いが変ったのは面白い。中近東にナイフ、フォークなどの洋食器を売っているそう。ただ大商社の人間と違い、少し自信のなさがうかがわれる。三井、三菱などの連中は傲慢なくらいなのだが。

バンコク　11月13日（水）

11月13日、朝11時過ぎ、バンコク到着。気温26度。フランスの団体さんや、どじな婆ちゃんなどがいて、税関や immigration でだいぶ手間どった。

ホテルを予約、1泊8ドル（税込9ドル）。八人乗りのバス（トヨエース改造）にて、市内へ。ホテルへ一人ずつ送って行くものだから、ずいぶん時間がかかり、私は最後でタップリ二時間は乗った。もっとも、その間、市内見物が出来て良かったけれど。

バンコクの屋台

ホテルはmajestic Hotel。入ったのは午後3時過ぎ。少し古びかけているが上等の部屋で、バスもあり、クーラーも入っている。

荷物をおくと外へ出て、昼食。近くの憲法広場の裏に露店の食堂があり、女学生がたくさんいて食事や氷を食べている。野菜と豚肉、ワンタンを炒めたものと、冷麺を食って、8バーツ(120円)。久し振りにうまいものを食った。しかも安い。箸が出てくるのもうれしい。

飛行機で眠れなかったので、ホテルへ帰り夕方まで眠る。

夜9時頃起きて、外へ出る。だいぶ涼しい。近くの広い歩道に、夜店のように食堂が出来ている。ビール(大)二本とソーメンみたいなやつ、あじのフライあんかけ(辛い)。ライスの上に八宝菜がけを食って49バーツ(750円)、これも安い。

近くを散歩。大通りがとても広く、信号がないので渡るのが大変。ナイトクラブがいくつかあり、着飾った女性が入っていく。中に時々きれいな人がいる。一般にタイ人はあまり美人ではないが、可愛い感じ。

バンコクの水上市場

ホテルに帰ると、酒屋で買った中国の五加皮酒をなめる。

翌日昼頃に起きて、例の露店食堂で昼食。安くてうまい。Down town の方へ行こうと思い、あてずっぽうにバスに乗る。一回10円。ラッキーなことに、思ったところへバスが行く。まるでタクシーを捕まえたようなもの。

まず、蛇病院を見物。東南アジアは毒蛇が多いせいか、大きな病院にSnake farm があり、血清を作っている。緑色の美しい蛇がいる。

病院を出てからブラブラ歩く。バンコクは新しいキレイな建築が多い。1BMのでっかいのなどがある。街角に露天商があり、楽しい。

またバスに乗り、メナムの河畔へ。水上マーケット観光の船に乗ろうと思ったが、150バーツ（2250円）と高いのでやめた。代わりに老婆の漕ぐ渡し船に乗って、対岸のトンブリへ行く。往復で20バーツ。150年前はここは首府で栄えたらしいが、メナム川に橋が少ないので、バンコクと比べて火が消えたように寂しい。パンツをはかない子供達も多い。バンコク側に帰り、とある青空食堂でラーメンを食う。かまぼこやミンチボール、すりみ等が入っておいしい。75円。

ホテルに帰ろうと、またまたあてずっぽうにバスに乗る。だいたい方角が良く、ホテル近くの王宮へ着く。途中、メナムの支流の両側に店を作った夜景のきれいな飲み屋街があり、入ってビールを飲む。タイのビールはアルコール分が10％と強く、2本飲んだら酔う。するめをかじり、子供が来て靴をみがくので、まかせると30円。

ホテルに帰って少し休んで、隣のこれまた露店食堂で夕食。店の女の子が珍しそうに行く度に笑う。勘定を手のヒラに書いてくれるのが愉快。

ホテルのボーイや観光案内業者が女を買え買えと毎度のごとく言うので、断るのに大変。ちなみに一晩では400バーツ（6000円）だそうな。

バンコク　11月15日（金）

今日も起きたら、昼。例のごとく、飯を食う。焼飯。日本のと同じ。

銀行で金を両替。最後の1枚50ドル。ホテルに四日分の宿泊料を払って、残ったのは360バーツ。これで、明後日まで暮らす訳だ。

JALにTEL。予約の確認と、香港を素通りして直接日本に帰るように頼むが、17日は空席がない。金がないのに、香港など寄ったら帰れなくなる。一応18日の分を予約したが、何としても17日中に帰らなければ……。

バスにて王宮へ。ネクタイ着用でないと王宮へは入れ

ワット・プロケオ王室寺院

てくれない。他にもエメラルド寺院など、たくさんの金ピカの寺院がある。

見物していると、若いタイ人が話しかけてくる。彼の説明を聞きながら、寺院や、メナムの露天商を見る。そして、ある食堂でビールを飲む。自己紹介によると、銀行員で、27歳。明後日、東京へ遊びに行くという。ケンブリッジ大に二年留学していたそうで、英語はうまい。日本語学校にも通っているそうで、日本語も時々話す。割といい奴そうなので、半分信用する。ビール代も払ってくれ、音楽を聴きに行こうと言う。

言われるままにタクシーに乗って、行くと、例のトルコ風呂である。若い女が何十人もいる。日本の藤圭子の歌などもあり、聴きながらビールを飲む。そのうち、「風呂に入ってマッサージをしてもらい、一時間後に私の家に行き、市内を見物しよう」と言う。そして女を呼ぶが、自分は呼ばないので聞くと「後で」と言う。「300バーツしか持ってない」と言うと、「自分が払う、no problem」と言う。それでまあ部屋に入ったが、どうもおかしいのでマネージャーを呼んで、「本当に彼が払うかどうか確

タイ王宮

認してくれ」と言う。彼が来る。「300バーツ持ってると言ったじゃないか」と言う。「それはホテルで、今ここには20バーツしかない」と言うと、「ホテルまで取りに行こう」と言う。

「君が払うと言ったじゃないか」

「いや、私のは小切手なので今は払えない」

「じゃあ、銀行なりホテルで換えれば良い」

「とにかく君のホテルへ行こう。それとも今、ドルか円を持ってないか」

本当は300バーツ持っているのだが、あくまで「20バーツしかない」「君の小切手を見せろ」と粘る。彼はポケットをさぐるが、見せない。

「君は僕を信じてないのか」

「もちろんだ」

「我々は今、問題に直面している。ビール代60バーツと、部屋に入ったので160バーツ払わなければならない」

「部屋に入っただけで何もしていないのに、どうして払わなければならんのだ」

とにかく悪い客引きか何かだと思ったから、

「私は何も知らない。君が払うと言ったから来たので、全ては君の責任だ。君が何とかしろ。私は全財産の20バーツだけ払う」

そして、「歩いて帰る」と20バーツ渡して外に出て、バスに乗ってホテルに帰る。

私もずいぶん強くなったと、内心愉快。タクシー代の一部20バーツと、さっきの20バーツ、計40バーツでビールを二本飲み、タクシーで見物し、音楽を聴き、トルコ風呂を見聞してきた訳だ。随分ともうかったのである。

部屋に帰ると、ひとりで笑いが出た。


昨夜、夜中に起きて、眠れず、日本の人のことや、これからの仕事のことを漠然と考えていて、眠ったのは朝方である。

起きたのは12時。昨日 no necktie だったので王宮に入れなかった。今日はブレザーにネクタイをしめて行くが、あいにく土曜日で非公開日。何とまあ。それでも、王宮の外部やエメラルド寺院をのんびり見物。昨日、素晴らしいと思ったキンキラキンが今日はもう子供のおもちゃのように見える。観光客は米国人が多いようだ。

少し雨が降り出したので、メナム湖畔のとある食堂に座ってビールを飲み、そこはかとなく、人々の生活を見る。斜陽気味の欧州に代わって、東南アジアがこれから伸びるぞという気がした。

王宮前の広場に今日はでっかい市がたっている。高知の日曜市の何倍もあるやつで、ありとあらゆる物を売っている。客も多い。小さい女の子が手伝っているのが可愛い。タコヤキとエビのフライを買う。両方で60円。小学校の運動会を思い出す。

夕刻、ホテルに帰る。タイのビールは本当に酔うので、いつの間にか眠ってしまう。20時頃、例によって夕食。途中、雨が降り始める。優しい雨だ。旅行の最後の夜。

バンコクの夜を、しっとりと眺める。

バンコク→日本（羽田）　11月17日（日）

運良くキャンセル待ちで17日の日本行きの便がとれた。暑い暑いバンコクに別れを告げ、ＪＡＬに乗る。

半年近い「旅が終わり、やっと日本へ帰る」という感慨が湧いてくる。日本までは約六時間のフライト。飛行機はダグラスＤＣ10。長胴型の大型の飛行機で最後尾に座った私には最前列がとても遠く見えた。日本の上空に差しかかった時、気流が悪く機体が折れ曲がったように見え「もうこれまでか」と覚悟したくらいだ。

夕刻、羽田到着。所持金は１５００円しかなかった。この金で藤沢までの切符を買い、出発を見送ってくれた杉村君の家で泊めてもらうことにする。帰りの旅費は杉村君に借りて帰ろう。

おわりに

自己満足のために私が書いた本を最後まで眼を通していただいてありがとうございました。

つまらない本だったと思いますが、もしほんの少しでも読んで下さったあなたに刺激が与えられたとしたらうれしいです。

あと何年生きるかわかりませんが、私はこれからも高知に住んで、そして海外へ出かけます。

読んで下さったあなたと、外国や人生の話をすることができたら楽しいな。

お暇なとき連絡ください。

[著者プロフィール]

小谷 匡宏　おだにただひろ

1945年11月　高知県夜須町生れ
夜須小学校、土佐中・高等学校、芝浦工業大学建築学科卒業
ASA設計事務所勤務（1967～1974）
小谷匡宏建築設計事務所設立（1974）
株式会社小谷設計設立　代表取締役（1980）
株式会社小谷設計　取締役会長（2016）
元高知県バスケットボール協会々長
元夜須町議会議員

・受賞
高知市都市美デザイン賞
・針木東グリーンハイツ　　・帯屋町一番街アーケード
通産省グッドデザイン賞
・梼原町、雲の上のホテル・レストラン ※隈研吾氏と協働

・著書
土佐の名建築［高知新聞社 共著］
土佐の民家［高知新聞社 共著］
大二郎の挑戦［小谷設計］
大二郎現象［小谷設計］
アールヌーヴォーの残照［創英社／三省堂書店］

・連絡先
〒781-5106　高知市介良乙822-2
電話 088-860-1122／携帯 090-1174-9195
FAX 088-860-5346
E-mail　odanis@mocha.ocn.ne.jp

海外遊学紀行

著　者：小谷 匡宏
発行日：2017年10月10日
発　行：株式会社 南の風社
〒780-8040　高知市神田東赤坂2607-72
TEL：088−834−1488
FAX：088−834−5783
E-mail：edit@minaminokaze.co.jp
http://www.minaminokaze.co.jp